日本語歴史統語論序説

ひつじ研究叢書〈言語編〉

第116巻　英語副詞配列論　　　　　　　　　　　　　　　　　　　鈴木博雄 著
第117巻　バントゥ諸語の一般言語学的研究　　　　　　　　　　　　湯川恭敏 著
第118巻　名詞句とともに用いられる「こと」の談話機能　　　　　　金英周 著
第119巻　平安期日本語の主体表現と客体表現　　　　　　　　　　　高山道代 著
第120巻　長崎方言からみた語音調の構造　　　　　　　　　　　　　松浦年男 著
第121巻　テキストマイニングによる言語研究　　　　　　岸江信介・田畑智司 編
第122巻　話し言葉と書き言葉の接点　　　　　　　　　　石黒圭・橋本行洋 編
第123巻　パースペクティブ・シフトと混合話法　　　　　　　　　　山森良枝 著
第124巻　日本語の共感覚的比喩　　　　　　　　　　　　　　　　　武藤彩加 著
第125巻　日本語における漢語の変容の研究　　　　　　　　　　　　鳴海伸一 著
第126巻　ドイツ語の様相助動詞　　　　　　　　　　　　　　　　　髙橋輝和 著
第127巻　コーパスと日本語史研究　　　　　近藤泰弘・田中牧郎・小木曽智信 編
第128巻　手続き的意味論　　　　　　　　　　　　　　　　　　　　武内道子 著
第129巻　コミュニケーションへの言語的接近　　　　　　　　　　　定延利之 著
第130巻　富山県方言の文法　　　　　　　　　　　　　　　　　　　小西いずみ 著
第131巻　日本語の活用現象　　　　　　　　　　　　　　　　　　　三原健一 著
第132巻　日英語の文法化と構文化　　　　　　　　秋元実治・青木博史・前田満 編
第133巻　発話行為から見た日本語授受表現の歴史的研究　　　　　　森勇太 著
第134巻　法生活空間におけるスペイン語の用法研究　　　　　　　　堀田英夫 編
第137巻　日韓対照研究によるハとガと無助詞　　　　　　　　　　　金智賢 著
第138巻　判断のモダリティに関する日中対照研究　　　　　　　　　王其莉 著
第139巻　語構成の文法的側面についての研究　　　　　　　　　　　斎藤倫明 著
第140巻　現代日本語の使役文　　　　　　　　　　　　　　　　　　早津恵美子 著
第141巻　韓国語citaと北海道方言ラサルと日本語ラレルの研究　　　円山拓子 著
第142巻　日本語史叙述の方法　　　　　　　　　　　　　大木一夫・多門靖容 編
第145巻　日本語歴史統語論序説　　　　　　　　　　　　　　　　　青木博史 著

ひつじ研究叢書
〈言語編〉
第145巻

日本語歴史統語論
序説

青木博史 著

ひつじ書房

目　次

序章　歴史統語論の方法 … 1
1. はじめに … 1
2. 先行研究 … 2
3. 本書の特徴 … 3
4. おわりに … 5

第1章　名詞の機能語化 … 7
1. はじめに … 7
2. 節の脱範疇化 … 8
3. 節の語化 … 10
4. 機能語化と歴史研究 … 12
5. おわりに … 15

第2章　述部における節の構造変化と文法化 … 17
1. はじめに … 17
2. 「げなり」から「げな」へ … 18
3. 構造変化と文法化 … 21
4. 外接モダリティ形式の成立 … 23
5. おわりに … 27

第3章　「句の包摂」と文法化 … 31
1. はじめに … 31
2. 「句の包摂」の2種 … 32
3. 接頭辞の場合 … 33
4. 接尾辞の場合 … 36
 4.1　述語句への拡張 … 36
 4.2　接続句への拡張 … 39
5. 拡張と収縮 … 41
6. おわりに … 43

- 第4章　文法化と主観化　47
  1. はじめに　47
  2. 「〜きる」の展開　48
     - 2.1　語彙的複合動詞から統語的複合動詞へ　48
     - 2.2　〈可能〉の発生　51
  3. 「げな」の展開　53
     - 3.1　モダリティ助動詞「げな」の成立　53
     - 3.2　〈推量〉から〈伝聞〉へ　56
     - 3.3　助動詞からとりたて助詞へ　58
  4. おわりに　59

- 第5章　項における準体句の歴史変化　63
  1. はじめに　63
  2. 中古語における準体型名詞節の使用範囲　64
     - 2.1　主語の場合　65
     - 2.2　目的語その他の場合　66
  3. 現代語におけるノ型名詞節・コト型名詞節　68
     - 3.1　「の」と「こと」の使い分け　68
     - 3.2　古典語との対応　69
  4. 「の」の文法化　72
     - 4.1　準体句の2種　73
     - 4.2　準体型名詞節の歴史　75
  5. おわりに　77

- 第6章　述部における名詞節の歴史　81
  1. はじめに　81
  2. 先行研究　83
  3. 「連体なり」の行方　86
  4. 文末名詞節の歴史　90
  5. 「だろう」と「のだろう」　96
  6. おわりに　99

- 第7章　接続助詞「のに」の成立　103
  1. はじめに　103
  2. 格から接続へ　105
  3. 準体助詞「の」の成立と発達　109

- 4. 接続助詞「のに」の成立 　112
- 5. 「の」の機能 　115
- 6. 接続助詞「のに」の定着 　119
- 7. おわりに 　121

第8章　条件節における準体助詞「の」　125
- 1. はじめに 　125
- 2. 議論の前提 　125
- 3. 準体助詞「の」の発達と定着 　129
- 4. 「∅」と「の」 　131
- 5. 「のなら」の成立 　135
- 6. おわりに 　139

第9章　終止形と連体形の合流　141
- 1. はじめに 　141
- 2. 先行研究 　142
- 3. 準体句の文末用法の衰退 　146
  - 3.1 喚体文（擬喚述法） 　146
  - 3.2 「連体なり」文 　148
- 4. 名詞句の脱範疇化 　150
  - 4.1 接続部の場合 　151
  - 4.2 述部の場合 　152
- 5. 述体文としての係り結び文 　154
- 6. 終止形終止の衰退 　158
- 7. おわりに 　160

第10章　「こと」の機能　163
- 1. はじめに 　163
- 2. 「コト＋用言」 　165
- 3. 複文における「こと」 　168
- 4. 準体句とコト名詞句 　170
- 5. 「こと」の機能 　174
- 6. おわりに 　177

第11章　原因主語他動文の歴史　181
- 1. はじめに 　181

2. 文献資料における様相 … 183
      2.1 擬人法 … 183
      2.2 漢文系の資料 … 185
      2.3 和文系の資料 … 186
   3. 原因主語他動文の発生と展開 … 187
      3.1 《コト》主語と《モノ》主語 … 187
      3.2 翻訳文としての原因主語他動文 … 189
   4. 名詞句の意味役割 … 192
   5. おわりに … 196

第12章 ミ語法の構文的性格 … 199
   1. はじめに … 199
   2. ミ語法の構造 … 201
   3. ミ語法の史的位置 … 206
   4. おわりに … 208

第13章 複合動詞の歴史 … 211
   1. はじめに … 211
   2. 古代語の「動詞連用形＋動詞」 … 212
   3. 古代語と現代語の相違点 … 214
   4. 複合動詞の発達 … 217
   5. 語彙化と文法化 … 220
   6. おわりに … 223

第14章 クル型複合動詞の史的展開 … 225
   1. はじめに … 225
   2. 「〜まくる」の文法化 … 227
      2.1 中古・中世 … 227
      2.2 近世・近代、現代 … 229
   3. 「〜たくる」 … 232
   4. 「〜こくる」 … 234
   5. クル型動詞 … 236
   6. クル型複合動詞の展開 … 239
   7. 歴史的観点から見た「統語的複合動詞」 … 240

終章　まとめと今後の課題　　　　　　　　　　245

参考文献　　　　　　　　　　251

使用テキスト　　　　　　　　　　261

あとがき　　　　　　　　　　263

索引　　　　　　　　　　265

序章
歴史統語論の方法

1. はじめに

　日本語を対象として「歴史統語論」を冠した研究書は、未だ見ない。これまでの日本語文法史研究は古典解釈が中心であり、統語論的観点からの研究はあまり活発でなかったからであろう。しかしながら、言語の構造や歴史変化を考えるうえで、統語的特徴に注目した分析はきわめて重要である。本書は、統語論的観点からのアプローチを意識的に行い、日本語史上におけるいくつかの重要な文法現象について考察したものである。
　言語の歴史的研究において、文献資料に現れた用例に基づく帰納的・実証的な方法論は必要不可欠である。したがって、テストを用いて文の容認性を測りながら分析を進めるような、理論的研究は成り立ちにくい。しかしながらこれは、歴史的研究が、特定の一時代の観察に基づいた記述的研究しか成り立たないことを意味しない。一般化・抽象化を図ることによって理論的貢献を目指すべきであるし、逆に、現代日本語や他言語の観察から得られた理論を、歴史的研究に援用することも必要である。現在の文法史研究は、記述と理論の両輪を欠くことができない。
　近年における「文法化」研究の隆盛は、まさにこうした、歴史変化に一般性を見出す考え方に基づいている。ただし、他言語で起こった歴史変化が、必ず当該の言語でも起こるとは限らない。もちろん、同じ方向への変化の蓋然性は認められるし、記述の妥当性も上がることにはなろう。しかし、歴史は一回的な出来事であることを念頭に入れ、普遍性と個別性には十分に注意を払う必要があるだろう。
　日本語は、世界でも指折りの豊富な歴史文献資料を有しており、歴史的観点からの記述も多くの蓄積がある。日本語から積極的に成

果を発信することにより、世界の言語学へ多大な影響を与えることが可能となる。本書は、日本語における文法変化を必要十分な形で説明することを目指した、歴史統語論的研究の序説である。

2. 先行研究

　統語論的観点からの日本語文法史研究がさほど活発でなかったとは言っても、優れた研究は数多く存在する。ここでは、まとまった書物の形で発表された成果のいくつかにつき、特に本書の内容と関係の深いものを中心に紹介しておく。

　まず、歴史統語論的研究の嚆矢は、石垣（1955）に見出される。解釈文法が中心の時代にあって、稀代の本格的な統語論的研究として貴重な一書である。本書中でもたびたび言及するところとなるが、準体句の構造、主語となる準体句と述語との関係における規則、主格助詞「が」の成立、格助詞から接続助詞への変化など、今なお色あせない多くの重要な成果が示されている。

　ついで、北原（1981）が挙げられる。意味的観点をふまえたうえで、統語的観点から助動詞の体系について貴重な分析が示されている。助動詞間の相互承接によってその文法的性格を考える手法は、現在のスタンダードになっている。これも本書中で言及するが、活用語連体形に続く「なり」（＝「連体なり」）の統語的特徴の記述は、きわめて重要な成果である。こうした成果は、たとえば高山（2002）などに発展的に引き継がれている。

　そして、近藤（2000）である。古典語と現代語の対照研究の手法が前面に押し出された、画期的な書といえる。生成文法理論やコンピュータ処理を用いた分析を取り入れるなど、従来の古典語研究に衝撃を与えた。格・ヴォイス・モダリティ・ダイクシス・係り結び・複文など、主要な分野はすべて網羅されている。石垣（1955）の業績に光が当てられることになったのも、この書によるところが大きいだろう。「解釈文法」から「記述文法」への質的転換が反映された、21世紀の文法史研究の始まりを実感させる書である。

　一方で、小田（2006）も重要な業績である。古典文献を徹底的

に読み込んだうえで、文の基本的な構成から逸脱した形式が中心的に記述されている。こちらは伝統的な「解釈文法」の延長にあるものといえ、さらにその成果は、小田（2015a）に結実している。古典語の「参照文法」であり、統語論的観点からの記述もきめ細やかに行われており、きわめて有用である。

最後に、本書の内容と直接的には関わらないが、金水（2006）を挙げておく。「ある」「いる」「おる」を用いた存在構文の体系と歴史について、意味的・統語的観点から重要な分析が数多く示されている。理論と記述のバランスに大変優れており、様々な方面に大きな影響を与えた一書である。準体句や係り結びなど、本書と関わりの深い文法現象に対して統語論的観点から行われた分析としては、金水（2011）が大いに参考となる。

3. 本書の特徴

以上のように、歴史統語論的研究は深化してきているといえるが、歴史変化を説明するものとして必要十分であるか、という問いには必ずしも十分に応えられていないように思う。もちろん、古典語の共時態における記述、古典語と現代語との対照など、それぞれの明確な目的に基づいた研究であるので、それはそれで十分な価値を持つのであるが、やはり古典語から現代語への歴史変化をダイナミックに描くところに、歴史的研究の醍醐味があるように思う。本書は、そうした言語の動的な歴史（ストーリー）を描くことを目的とするものである。

本書で扱う内容として特徴的であるのは、まず「名詞」に注目するという点である。名詞成分は、「意味」自体はそれなりに理解できるため、古典解釈においてはあまり問題とならなかった。しかし、文中で果たす名詞の統語的振る舞いは、言語のしくみを考えるうえできわめて重要である。さらに、名詞という範疇から転じ、文法語となる変化は数多く観察されるのであり、そうした点に注目することもきわめて興味深いといえる。特に、助詞や助動詞といった機能語へと転じる変化は文法化研究が刮目するところであり、日本語か

ら一般言語学への貢献を示す格好の題材である。

　ただし、本書にとって重要な点は、そうした歴史変化を文法化の事例として紹介することではない。当該の事例が、文法化の枠に当てはまるかどうかは問題ではなく、文法変化が、いつ、なぜ、どのようにして起こったのかを必要十分な形で説明することこそが、本書における重要な課題である。本書の目次にはあえて「文法化」という用語を多く持ち出しているが、あくまでも記述のスタンスのひとつであって絶対的な説明原理ではない。

　名詞的なものの中にあって、古典語における「準体句」は古くから多くの研究者の興味を惹いてきた。これは、とりもなおさず準体句が現代語には存在せず、古典解釈においても支障を来たすからである。本書でもこれら先学の研究成果に多くを負うのであるが、その歴史変化に関しては、新しい解釈を示している。この背景には、現代語の記述的研究の進展がある。歴史的研究において現代語研究の成果を参照することはもはや当たり前になってきているが、現代語までを視座に収めて歴史変化を記述するにあたっては、先にも述べたように必須の方法論であるといえよう。日本語の歴史を、「複文」や「名詞節」といった用語・枠組みに基づいて記述することにより、理論的研究や類型論的研究などと同じ土俵に乗せられることになるわけである。

　一方で、歴史変化を記述するにあたっては、「当時の人々の使用意識」にも注意を払うよう心がけた。言語は人間が使用するものであるから、使用する人間の側からかけ離れた、あまりに理論的にすぎる解釈は、言語変化を説明するものとして妥当なものとはいえないだろう。これは、近年クローズアップされている「歴史語用論」に通ずる見方であるように思うが、こうした歴史観は伝統的な「国語学」「国語史」の中にも根付いている。積み重ねられてきた先学の成果は、発展的に継承していきたいと思う。

　統語論的観点を意識的に用いるとは言っても、「意味」への注意はもちろん怠ることがあってはならない。文法を記述するとは、形態と意味の関係を記述することであるから、統語情報のみの記述などはありえないだろう。実例に即し、意味変化についても、本書全

体を通じて、丁寧に観察・記述を行なっている。

　言語史を記述するに際して重要な課題の1つに、文献に見られる言語の「位相」をどのように解釈するかという点がある。文献に現れた言語が何者であるかを常に考えなければならないわけであるが、そうした問題を、「原因」が主語となる他動文や、「ミ語法」と呼ばれる構文を通じていくらか提示している。文献学と一体となった方法論は、まさに「国語学」「国語史」の説くところであるが、これは歴史的研究を行う上での最低限の前提であろう。この点も、本書全体を通じて実践するよう、心がけていることである。

　青木（2010）でも取り上げた「句の包摂」と「複合動詞」の問題については、統語論的な分析を前面に出す形で考察を深めている。特に複合動詞に関しては、古典語から現代語に至るまでの歴史変化を俯瞰的に示している。現代日本語の理論的・記述的研究に加え、朝鮮語など他言語の研究成果も視座に収めて記述したものである。日本語史からの成果の「発信」という点でも、興味深い題材を示しうるのではないかと思う。

4. おわりに

　ここ最近、求めに応じて自身の研究の方法論についてやや抽象的なレベルで語ることがいくつかあった（青木2013a、2013b、2016a、2016b）。「日本語史」あるいは「日本語文法史」を構築する上で重要と思われることはそこであらかた述べたので、ご参照いただけると幸いである。ただ、そこでも述べたことであるが、そうした方法論を大上段に振りかざすよりは、具体的な文法現象についての説明を提示していくことこそ、重要であると思っている。「歴史統語論」とは何ぞやという方法論をここで語るのではなく、以下に展開する、本書の具体的な言語分析を見て納得していただけたらと思う。読者諸賢の大方のご批正をお願いする次第である。

　なお、本研究の遂行にあたっては、以下の研究費の交付を受けた。ここに記して謝意を表したい。

・JSPS 科学研究費補助金（若手研究（B）、平成 14～16 年度、課題番号 14710295）「「語」と「句」の構造についての歴史的研究」
・JSPS 科学研究費補助金（若手研究（B）、平成 17～19 年度、課題番号 17720105）「複文における名詞句の歴史的研究」
・JSPS 科学研究費補助金（若手研究（B）、平成 20～22 年度、課題番号 20720201）「構文論的観点から見た語形成の歴史的研究」
・国立国語研究所共同研究プロジェクト「日本語文法の歴史的研究」（平成 23～25 年度、独創・発展型、リーダー：青木博史）
・JSPS 科学研究費補助金（基盤研究（C）、平成 23～25 年度、課題番号 23520555、「「節」の構造に関する歴史的研究」
・JSPS 科学研究費補助金（基盤研究（C）、平成 26～28 年度、課題番号 26370541）「複文構文の歴史的研究」

第 1 章
名詞の機能語化

1. はじめに

名詞が機能語化する典型的なケースは、次の 2 つである*1。

(1) a. ちょうど今、論文を書いているところだ。
　　b. いくら時間をかけたところで、いい論文は書けそうにない。

1 つ目は、名詞がコピュラを伴って述部で用いられる場合である。(1a) では、本来〈場所〉を意味する「ところ (所)」という語が、〈時間〉的な意味を表すようになるとともに、「ところだ」という一種の助動詞へと変化している。もう 1 つは、接続部で用いられる場合である。(1b) に示したように、ここでも「ところ」は〈場所〉の意味を失い、「ところで」という逆接を表す接続助詞へと変化している。

　これらの「助動詞」や「接続助詞」は、歴史的変化によって出来たものである。このような事象は、近年の「文法化」研究の隆盛によってよく知られるところとなったが、助動詞としては上記の「ところだ」の他、「そうだ」「ようだ」「はずだ」「わけだ」「つもりだ」など、接続助詞としては「あいだ」「うち」「ころ」「ため」「場合」「拍子」など様々な形式が挙げられる。後者の接続助詞は、「ところ」にしても「〜ところ」「〜ところが」「〜ところで」「〜ところに」など、後に続く助詞にも様々なバリエーションが見られる。

　これら機能語化する名詞は、その多くが形式名詞を出自とする点が注目される*2。形式名詞は、それ自体実質的な意味を持たないため、連体修飾語を伴って用いられる点が特徴的である。つまり、

常に「連体節＋名詞」という名詞句を形成するという点で通常の名詞とは異なっており、使用される環境に制約がある。また、実質的な意味が薄いということは、内容語としての資質が弱いということであり、そもそも機能語としての側面を多分に持っているともいえる。本章では、このような形式名詞の機能語化をめぐって、本書における「歴史統語論」的観点の一端を示しておきたい。

2. 節の脱範疇化

　形式名詞が機能語化し、助動詞や接続助詞へ変化するということは、同時に形式名詞を修飾する連体節の性格が変化しているということでもある。

(2) a.　ここは飛行機が／の **飛び立つ**ところだ。
　　 b.　これから飛行機が／*の **飛び立つ**ところだ。

（三宅 2005 より）

　(2a) は、主格標示において「が／の」交替が起こり得るため、「ところ」を主名詞とする名詞句が構成されているといえる。したがって「飛び立つ」は、〈場所〉を表す「ところ」という名詞を修飾する連体節ということになる。しかし、(2b) は「が／の」交替が起こらないため、名詞述語文ではない。「ところ」は〈時間〉を表す「ところだ」という助動詞へ変化しており、したがって述語「飛び立つ」は主節ということになる。

　上の(2)では述部の場合を示したが、このような連体節の脱範疇化 (decategorization) *3 は、接続部の場合でも同様に起こる。中世末期の「ところで」の例を示しておこう。

(3) a.　然ればこの宝は国王に捧げうずるものぢやと**云うた**ところで、シャント大きに驚いて、　（エソポのハブラス・p.420）
　　 b.　Tocorode（所で）は Fodoni（程に）と同じく理由を示す。例へば、Sayŏni vôxeraruru tocorode mŏsarenu.（さやう

に仰せらるる所で申されぬ。）Nai tocorode xinjenu.（無い所で進ぜぬ）、等。　（土井訳ロドリゲス日本大文典・p.445）

　古典語では、現代語の「が／の」交替のような統語的なテストができないため、解釈の多くを意味に拠らざるをえない。しかし、(3b)の記述から見てとれるように、この時期の「ところで」は原因・理由を表すものとして用いられている。そして(3a)では、「ところで」の直後に「シャント大きに驚いて」という文があることから分かるように、「ところで」を含む「（エソポが）…と云うた」という節は副詞節と見ることができる。
　さて、ここで興味深いのは、このような節の脱範疇化が、古典語の準体節*4（名詞節）でも同じように、述部と接続部において起こるという点である。まずは、接続部の場合を示しておこう。

(4) a.　見も知らぬ花の色**いみじき**が、咲きみだれたり。
　　　　　　　　　　　　　　　　　　（宇治拾遺物語・巻13—11）
　　b.　女二人**ありける**が、姉は人の妻にてありける。
　　　　　　　　　　　　　　　　　　（宇治拾遺物語・巻3—15）

　(4a)は、「見も知らぬ花の色いみじき」が、「咲きみだれたり」の主語になっているため、「…いみじき」は名詞節である（したがって「が」は主格助詞）。一方の(4b)は、「女二人ありけるが」の後に「姉は」という別の主体が現れていることから分かるように、「が」の後に独立した文が生じている。これは「が」が、格助詞から接続助詞へと変化したことを示すものであるが（石垣1955）、同時に、従属節が名詞節から副詞節へと変化したことをも示している。
　そして、名詞節の脱範疇化は、次のように述部（文末）においても起こる。

(5) a.　雀の子をいぬきが**逃がしつる**。　　（源氏物語・若紫）
　　b.　心ニ慈悲有テ身ノ才人ニ**勝タリケル**。（今昔物語集・巻19—2）

第1章　名詞の機能語化　　9

(5a) は助詞「が」が現れるため、名詞節であると見られる*5。詠嘆・余情などの表現価値を担う、いわゆる「連体形終止文」の起源は、このような名詞（節）述語文であると考えられる。ところが、院政鎌倉期以降、(5b) のように文を連体形で終えることが普通になる（＝連体形終止の一般化）。この変化の過程については、本書第9章において詳しく述べるが、述部における名詞節が脱範疇化によって主節となっている。

　以上のように、歴史変化によって節の脱範疇化が起こること、これには連体節と名詞節（準体節）の場合があるが、いずれも接続部と述部において起こるという共通性が見られることについて述べた。

3. 節の語化

　ところで、前述のような節の脱範疇化現象を観察するとき、思い出される文法現象がある。まずは、次の例を参照されたい。

(6) a.　庭の草、氷にゆるされがほなり。　　　　　　（蜻蛉日記・下）
　　 b.　サテ此ノサシ図ヲミセサマニコロサウトシタゾ。
　　　　　　　　　　　　　　　　　　　　　（叡山本玉塵抄・巻13・33オ）

(6a) は、「〜がほ（顔）」という複合名詞（＝語）を形成する形式が、「氷に許され顔」のように、句（用言句）を含んだ形になっている。(6b) も同様で、「〜さま」という形式が、「此の指し図を見せさま」のように、やはり用言句を含んでいる。このような語形成における「用言句の包摂」においても、述部における場合と接続部における場合の2種が存在するのである。

(7)　a.　述部　　　　　　　　　b.　接続部
　　　　 [夏を待ち] 顔なり　　　　　　[酒を飲み] さまに
　　　　 [御参りを妨げ] 様なり　　　　[声が近] さに
　　　　 [あはれを知り] げなり

それぞれの具体例を、もう少し示しておこう。

(8) a. ［この御参りをさまたげ］様に思ふらんはしも、めざましきこと。　　　　　　　　　　　　　　（源氏物語・竹河）
　　b. 御前いとあまた、ことごとしうもてないて渡い給ふさま、いみじう［心に入り］げなり。　（浜松中納言物語・巻3）
(9) ［身ヲ正直ニモチタ］サニ此カサヲキルゾ。
　　　　　　　　　　　　　　　　　　　（蒙求抄・巻5・21ウ）

(8)では、「〜やう（様）」「〜げ（気）」という語が、それぞれ「この御参りを妨げ様」「心に入りげ」のように用言句を含んでいる。重要なのは、これらがいずれも「なり」を伴って述部において用いられているという点である。これは（6a）と同じタイプのものであって、（7a）として一般化することができる。一方の（9）は、「〜さ」という形容詞を名詞化する接辞を伴った語が、やはり「身を正直に持ちたさ」のように用言句を包摂している。これは（6b）と同じタイプであり、（7b）に示したように接続部で用いられているものとして一般化されることになる。

　（7a）のような述部タイプをよく観察してみると、いずれも「〜がほ（顔）」「〜やう（様）」「〜げ（気）」といった形式名詞が「なり」を伴って「〜様子だ」という意味を表すのであるから、機能語化した「ようだ」とよく似ていることが分かる。

(10)a. こなたかなたの目には、杏を二つつけたるやうなり。
　　　　　　　　　　　　　　　　　　　（竹取物語・龍の頸の玉）
　　b. 今夜は大ぶ土手が永いやうだ。　　　（遊子方言・発端）

「やう（様）」は、そもそも「様子」という抽象度の高い意味を表す形式名詞であるため、コピュラを伴って述部で用いられると「様子だ」という意味になり、現代語の「ようだ」と意味的にはかなり近い。それでも、中古・中世にかけての例は、「［連体節＋やう］＋なり」と解釈すべきものであり（＝10a）、現代語の「ようだ」の成

立は近世中期まで待たなければならない（＝10b）（山口2003など）。

　（7a）の諸形式と「ようだ」が異なるのは、(7a) の ［　］ 内の部分はあくまでも動詞連用形であるため、「〜がほなり」などはこれ全体で「語」とみなす必要があるという点である。述語の終止連体形に付接する「ようだ」は助動詞であるが、「がほなり」は、あくまでも語以下の形態素（＝接辞）として記述せざるを得ない。それでも、ここで重要な点は、形式名詞が「なり」を伴って述部で用いられる際に、文法的な形式が生み出されているという点である。

　このように見てくると、(7b) の接続部タイプも、「名詞の機能語化」という点では、全く等しいといえる。「さまに」「さに」といった形式は、接続助詞という文法的形式として機能しているからである。しかも接続部で用いられる場合は、述語用言は従属節を形成するため、動詞連用形や形容詞語幹といったテンスが現れない形式であっても違和感はない。「て」「つつ」「ながら」、あるいは動詞連用形それ自体でも従属節（副詞節）を形成することができるからである。いずれにしても、名詞出自の形式が機能語化（接続助詞化）することが、「連用形＋名詞」（＝語）の場合でも、「連体形＋名詞」（＝句）の場合と同じように起こり得るという点は注目に値しよう。

　青木（2010：205–221）では語形成の観点からこの形式を記述したため、「語」が用言句を包摂する現象（「句の包摂」：影山1993）としてこれを捉えた。しかしこれを、あらためて逆の面から捉え直すこともできるだろう。すなわち、「用言句＝節」を「語」の形で表していると見るわけである。これを、「節の語化」と呼ぶこととすると、これも一種の脱範疇化と見てよいであろうと思う。そして、このような節の脱範疇化（＝節の語化）は、述部と接続部において起こっているのである*6。

4. 機能語化と歴史研究

　これまで、名詞が機能語化する場合の述部と接続部に注目して記述してきた。節の脱範疇化に伴って、これらの歴史的変化が起こっ

ているわけである。しかし、節のタイプに注目すれば、このような統語環境においてのみ起こるというのは、事実の指摘としてはある意味当然ともいえる。節それ自体が名詞としてはたらく名詞節、名詞を修飾・限定する連体節に対し、接続助詞を伴って叙述を展開する副詞節、主文の叙述をつかさどる主節のほうが、述語らしく振る舞うことができるのは当然であるからである。

　しかしながら、同じ文法形式が、統語位置によってその性格が異なるという観点は重要である。例えば、先にも触れた古典語の名詞節（準体節）を例にとると、(11a)のように述語の項として用いられる場合、(11b)のように接続部で用いられる場合、(11c)のように述部で用いられる場合と、様々な場合がある。

(11)a.　［いみじき愁へに沈む］を見るに、たへがたくて、

（源氏物語・明石）

　　b.　このほどの宮仕へは［堪ふる］に従ひて仕うまつりぬ。

（源氏物語・夕霧）

　　c.　はやても［龍の吹かする］なり。　（竹取物語・龍の頸の玉）

　現代語では、名詞節は節末に「の」を伴うことが必須になるが、これは(11a)のような項となる場合の話である。(11b)のような「に」に続く場合を「接続部」と呼ぶのは適当でないかもしれないが、「するにしたがって」「するにあたって」などは「の」を伴わないことのほうが多い。2節の(4)で示したように、助詞の前部が名詞節から副詞節へ変化するとともに格助詞から接続助詞へと変化するわけであるから、(11b)のようなものはその中間的なものと言えようか。(11c)は、「…ノダ」と訳せそうなところであるが、「準体節＋なり」と「述語＋のだ」が一続きのものであるかどうかについては、疑問も提出されている＊7。「のだ」を使用しない方言が多くあることも注意しなければならないだろう。詳細は本書第5章以下に譲るが、統語的環境によって「の」の使用にばらつきがあること、すなわち名詞節の名詞性に差があることは確認することができるだろう。

統語的環境によって名詞性の度合いが異なることと、名詞の機能語化がかかわる問題として考えておかねばならないのが、新屋（1989）の「文末名詞文」、角田（1996）の「体言締め文」（角田2011では「人魚構文」）である。これは、次のようなものである。

（12）a.　太郎はどうしても東京へ行く気だ。
　　　b.　彼は辞職する考えだ。

通常の名詞述語文とは異なり、(12)に示した「気だ」「考えだ」などは、一種の助動詞として用いられているといえる。このことを端的に示すのが、2節でも触れた「が／の」交替である。

（13）a.　太郎が／*の ちょうど出かける前だった。
　　　b.　花子は、太郎が／の 出かける前に着いた。

（13b）のように、通常の名詞句であれば「が／の」交替を許すが、（13a）ではこれを許さないため、名詞述語文ではないというわけである[*8]。
　ここで重要なのは、これが現代語という共時態において観察される現象であるという点である。「そうだ」「ようだ」「はずだ」などは、「形式名詞＋コピュラ」、つまり名詞述語文から歴史的変化（文法化）によって助動詞化したものと見られる。しかし、「文末名詞」は実質的意味を残しており、歴史的変化を経て機能語化したものではない。（13）に示したように、コピュラを伴って述部で用いられると名詞性を失うのである[*9]。
　このような観点からすると、現代語のモダリティ助動詞とされる「ものだ」や「ことだ」などを、歴史的変化による所産と見るか、それとも文末で用いられることによる名詞性の喪失と見るかは非常に難しい。

（14）a.　ヲヤ〰、むづかしいもんだネヱ。　（浮世風呂・3編・巻下）
　　　b.　梅の花いつは折らじといとはねど咲きの盛りは惜しきも

　　　　　のなり（乎思吉物奈利）　　　　　　（万葉集・巻17・3904）
(15)a.　イヤこりゃ富樫、犬坊が願い、余儀ないことだ
　　　　　　　　　　　　　　　　　　　（男伊達初買曽我・1：土屋2009）
　　 b.　世人の心のうちもかたぶきぬべき事なり　（源氏物語・竹河）

　(14a)(15a)のように、近世に見られる「ものだ」「ことだ」を現代語に通じるものと見ることに問題はないであろうが、(14b)(15b)のような上代・中古の用例との違いを説明するのは難しい。「もの」「こと」が名詞句の主要部となる用法は、古今を通じて普遍的に見られるからである。歴史的観点から機能語化を考える際には、この点に注意する必要があるだろう＊10。

5．おわりに

　「機能語化」と聞くと、即座に「文法化」という用語(ターム)を連想する向きも多いのではないかと思う。しかし、日本語における文法変化について、それがいつ、なぜ、どのようにして起こったのかを必要十分な形で説明したいという欲求に対し、このタームは直接的に答えるものではない。これまで積み上げられてきた先学の成果を「文法化理論」に照らし合わせ、「意味の抽象化」や「一方向性」などから整理し直すだけでは、研究が進んだとは言えないだろう。
　日本語には、歴史研究の対象として豊かな土壌が広がっている。これまではあまり取り上げられることが多くなかったが、名詞に関する意味・形態・統語的研究は、その最たるものであるように思う。本章では、本書で展開される分析の大まかな見取り図を示した。以下、本書では、先学の成果に十二分な敬意を払いながら、既存の枠組みを当てはめるだけでない、歴史変化を必要十分な形で説明することを目指した記述を行なっていく。

*1 この他、副助詞になるもの(「だけ」「ほど」「くらい」など)もあるが、本書では取り上げない。
*2 ここでは、「形式名詞」の名称は、名詞としてのカテゴリーを保ったもののみに与えるものとする。
*3 本書では、元の語の形態論的・統語論的特性を失い、異なる文法範疇を表すようになることを「脱範疇化」と呼ぶ。文法範疇を"脱する"わけではなく、ある範疇から別の範疇へ"転じる"のであるから、「転範疇化」と呼ぶほうが相応しいのかもしれないが、広く用いられている用語に従っておく。
*4 本書では、主名詞が示されずに連体形述語単独で名詞句が構成されたものを「準体句」と呼ぶ。ここでは節を構成する述語を問題にするため、「準体節」と呼んでいる。
*5 中古語においては、「が」「の」が現れると従属節であることを示すため、連体形終止文は名詞節述語文であると考える。本書第9章参照。
*6 この点については、本書第3章を参照されたい。
*7 福田(1998)、土屋(2009)など。
*8 もちろん、「が/の」交替は、名詞述語文でないことの必要十分条件ではないが、根拠の1つにはなりうるため、本書ではこうした記述に従っておくこととする。
*9 こうした現象は、日本語に限ったことではない。それほど多くの言語に見られるわけではないが、日本語と同じSOV言語である東南アジア諸語など、通言語的にもいくらか観察されるという(角田2011)。
*10 古典語では、終止形と連体形が異なる形態をとるため、「連体形+名詞」の形は、コピュラを伴って文末で用いられたとしても、名詞述語文と見るべきであろうと思う。したがって、古典語に「人魚構文」は存在しなかったものと考える。勝又(2014)では、古代語の「ものなり」の意味的・統語的特徴から、人魚構文と「同種の構文が存在していた可能性」が指摘されるが、「その前提にあたる」ものという慎重な見方が示されている。

第2章
述部における節の構造変化と文法化

1. はじめに

　現在方言において、次のような伝聞・推量を表す「げな」という形式が、西日本を中心に広く用いられている。

(1) a.　桃が流れて来たげな（島根県）
　　b.　彼は知らんげな（山口県）　　　（『日本方言大辞典』小学館）

この「げな」が中世末から近世にかけてよく用いられたことは、すでに多くの先行研究の指摘がある。

(2) a.　斉カラ衛ヘ行ハ此河水ヲ渡ライデハエイカヌゲナゾ。
　　　　　　　　　　　　　　（毛詩抄・巻3・28オ：仙波1972）
　　b.　ヤレ杜鵑ハ吾ガ心中ヲ知テ不如帰トナクゲナヨ。
　　　　　　　　　　　　　　（中華若木詩抄・巻上・42ウ：湯沢1929）

(2)は推量の意で用いられたものであるが、近世前期頃から次第に伝聞の意で用いられるようになる。以下に、いくつか伝聞の例を掲げておく。

(3) a.　きけば夏かやをもつらせひでねさするげなが、そのやう
　　　　などうよくな事するものか。（虎明本狂言・清水：山口2003）
　　b.　聞けば道中双六が有るげな。
　　　　　　　　　　　　　　（丹波与作待夜の小室節：仙波1972）

　このような助動詞「げな」は、形容動詞を形成する接尾辞「げな

り」に由来すると考えられる（土井1938など）。これは、次のようなものである。

(4) a.　顔こそなをいとにくげなりしか、となむかたりしとか。
　　　　　　　　　　　　　　　　　　　　　　　　　（大和物語・65段）
　　b.　午時許より雨になりて、しづかにふりくらすゝゝ、したがひて世中あはれげなり。
　　　　　　　　　　　　　　　　　　　　　　　　　（蜻蛉日記・下）

(4) の「げなり」は、形容詞および形容動詞の語幹に付接している。これに対し、(1)(2)(3) の「げな」は、活用語の終止連体形を承けたものである。すなわち、「げなり」から「げな」への変化は、「語」の形成に関与する接辞要素から、文相当句に付接するモダリティ形式への変化を示していると考えられる*1。従来、推量から伝聞へという意味の変化に注目された分析は多くあったが（仙波1972、前田1993、山口2003など）、モダリティ形式としての「げな」がどのようにして成立したのかという問題について、正面から扱われることはなかった。本章では、あらためてこの形式の歴史的変化について分析するとともに、一般的な文法変化という観点から、言語史上の位置づけについても考察を試みる。

2.「げなり」から「げな」へ

中古における「げなり」については、村田（2005）で「ゲナリ型形容動詞」と呼ばれるなど、これまでにも多くの分析がある。前節では形容詞・形容動詞語幹に付接する例を掲げたが、ここでは名詞および動詞連用形に付接する例を掲げておく。

(5) a.　「あな童げや」と笑ふ。　　　　　　　　　　（落窪物語・巻1）
　　b.　息も絶えつつ、聞こえまほしげなる事はありげなれど、
　　　　　　　　　　　　　　　　　　　　　　　　　（源氏物語・桐壺）

中古では（5b）のように、動詞に付接する場合は連用形であっ

たが、中世に至ると、連体形に付接する例も見られるようになる*2。

(6) a. 御内の雑色二人も「何事もあらば一所にて候」と申候間、留まるげに候。　　　　　　　　　　　　　　（義経記・巻5）
　　b. 我ヲアナヅルゲナト云テ腹立テ辞去ゾ。
　　　　　　　　　　　　　　　　　　　　（史記抄・巻11・16ウ）
　　c. 水ガ流ルヽゲデ聲ガスルゾ。　（四河入海・巻1ノ1・53ウ）

形容詞連体形・助動詞連体形に付接した例も掲げておく。

(7) a. 兆ノナリガ我ガ方ヘ向タガヨイゲナゾ。
　　　　　　　　　　　　　　　　　　　　（史記抄・巻17・43オ）
　　b. ヨク実ガナラウズゲデ今年ハ花ガ多クツイタゾ。
　　　　　　　　　　　　　　　　　　　（四河入海・巻6ノ1・31オ）
　　c. 鮑永ハコハ物デ有タゲニ候ゾ。　　（蒙求抄・巻3・59オ）

　(6)(7)の例で注意されるのは、「推量の助動詞」とされる「げな」が、「ゲニ」「ゲデ」のように活用するという点である。近現代語において、「推量」などの「主観的」な意味を表すモダリティ助動詞は「不変化型」であって、もっぱら文末で用いられるという（金田一1953a）。その点からすると、この頃の「げな」は活用するのであるから、そのような「主観性」の高いモダリティ形式とは異なっているものと考えられる。
　特に注目されるのが、(6c)(7b)のような、連用形「ゲデ」の形である。中古の「ゲナリ型形容動詞」の時代においては、連用形は「ゲニ」であって「ゲデ」という形ではない。すなわち、これは「〜げ」という一まとまりが意識されることによって生み出された形式であり、「ゲ+デ」と分析されるようなものであると考えられる。そしてこのとき、「げ」に承接する活用形は連体形なのであるから、結局のところ、中世におけるこの形式は、「連体形+ゲ」という「名詞句」に、コピュラの「ニ」「デ」「ナ」が付接している構

造と捉えることができよう。

　これまでの研究においては、連体形接続の例が見られることをもって、助動詞「げな」の成立と見る向きが多かった*3。確かに、(6)(7)の諸例は、「〜らしい」「〜ようだ」「〜みたいだ」のように、現代語に置き換えたとき、推量系の助動詞を伴って訳したくなるところである。しかし、そもそも「げ」という接尾辞は「気」に由来すると考えられるため、何らかの「様子」を表している。そのため、「なり」を伴った「ゲナリ型形容動詞」は、「様子だ」さらには「〜ようだ」といった意味になる。そして、この「げ」が形式名詞のように捉えられた「ゲ＋ナ」においても、「げ」という形式が「様子」という意味を表すがために、「様子だ」「〜ようだ」といった意味を表している。いずれにしても、これらの述語文における「判断」は、形容動詞文・名詞文にそなわる「判断」の現れにすぎないのであって*4、「主観性」「現実性」などの基準をもって語られるところの「判断のモダリティ」とは異なっている。したがって、意味の面から見ても、中世における「げな」は〈名詞句「〜ゲ」＋「ナ」〉という構造と見てよいものと考えられる。

　前期抄物では、このように活用する「げな」の例が多い。ところが、後期抄物の「げな」は、活用せずに文末で用いられるものの方が多くなる*5。

(8)　a.　大衆ハタシカニ如此シテアルゲナゾ。

　　　　　　　　　　　　　　　　　　　（碧巌雷沢抄・巻上・83オ：早野1986）

　　b.　コヽノ賀茂ノ競馬モ此ノ心ヂヤゲナゾ。

　　　　　　　　　　　　　　　　　　　　　　　　　（玉塵抄・巻1・54オ）

　　c.　槐色ハ井ノソバニハ槐樹ヲモウユルゲナゾ。

　　　　　　　　　　　　　　　　　　　　　　　（詩学大成抄・巻3・77ウ）

ここにおいて、「げな」は、判断のモダリティを表す形式へと変化してきている。「ゲ＋ナ」という形式は、「様子だ」といった「様態」に関する判断を示すものであったが、次第に「判断」の主観的側面がクローズアップされ、「げな」自体にその意味が焼き付けら

れ、切り離されるに至ったものであると考えられる。

　以上を通観すると、「げなり」から「げな」への変化には、次のような3段階があったものと考えられる。

(9) a.　語「〜ゲナリ」。「〜」は形容詞語幹・動詞連用形。
　　　　にくげなり、あはれげなり、ありげなり
　　b.　名詞句「〜ゲ」＋「ナ」。「〜」は活用語連体形、「ナ」は活用する。
　　　　［NP 流るるげ］な、［NP 有ったげ］な
　　c.　文「〜」＋「ゲナ」。「〜」は活用語終止連体形、「ゲナ」は活用しない。
　　　　［S 此の如くしてある］げな、［S 此の心ぢゃ］げな

3. 構造変化と文法化

　前節では、中古から中世後期に至る「げなり」から「げな」への変化を観察したが、そこには3つの段階があることが分かった。本節では、その変化の過程ならびに変化を引き起こす要因について、もう少し詳しく考察することとしたい。この問題を考えるにあたって重要な手がかりとなるのが、中古における次のような構文である。

(10) a.　御返など、［あはれをしり］げに聞えさせかはさんを、いと憂くのみおぼゆれば、　　　　　　（夜の寝覚・巻3）
　　b.　ひとをだに、［あやしうくやしと思ひ］げなる時がちなり。
　　　　　　　　　　　　　　　　　　　　　　　（蜻蛉日記・上）
　　c.　御前いとあまた、ことごとしもてないて渡い給さま、いみじう［心に入り］げなり。　　（浜松中納言物語・巻3）

「動詞連用形＋げなり」の形で「語」を形成しているが、［　］内では「を」や「に」が現れるように「動詞句」が形成されている。すなわち、これらは、「語」の内部に「句」が包み込まれるような構造になっている。

青木（2010：205-221）では、「げなり」「ざまなり」「やうなり」「がほなり」のように、「形式名詞＋なり」を起源とする形容動詞の場合に、このような「句の包摂」現象が起こることを指摘した。他の形式の例もいくつか掲げておく。

(11)a.　庭の草、[氷にゆるされ]がほなり。　　　　　（蜻蛉日記・下）
　　 b.　あざやかに抜け出でおよすけたる方は、[父大臣にもまさり]ざまにこそあめれ。　　　　　　　　（源氏物語・藤裏葉）

　(10)(11)の諸例で表現されるのは、あくまでも「語」レベルで表すことができる一まとまりの内容である。(10a)を例にとると、「知っているような様子」を「知りげ」で表しているが、「知る」の必須補語（＝項）である目的語「あはれを」を含む形となっている。(10b)では「思う」内容をト節で示したもの、(10c)では「入る」場所をニ格で示したものをそれぞれ包摂しており、いずれも述語の補部を含んでいる。つまり、「語」としての一まとまり性を保持しながら、述語で表される意味内容を補う形で、「句」を含む構造へと拡張している。
　このように、通常の「語」レベル以上の情報を含む「句の包摂」構造であるが、叙述する上においてひとつの大きな制限を有している。先に、[　]内は「動詞句」を形成していると述べたが、この場合の動詞述語はいずれも連用形である。すなわち、テンスの分化を許さない形式であるため、個別的な事態を表すことができない。ここに、「連体形＋げな」が発生する契機が存在するものと考えられる。佐田（1972）では、史記抄における「連体形＋げな」の例について、107例中、42例が「た」に付接することが示されている。このようなテンス形式を伴った出来事に対する判断は、「連用形＋げな」では決して表すことができない。「〜ようである」という叙述内容は、いつの時代にあっても必要とされたと考えられ[*6]、次第に個別の出来事に対する判断を示す形式を要求することになったものと考えられる。
　「連体形＋げな」の形で、実際に起こった（あるいはこれから起

こる）個別の事態に対して「〜様子だ」という判断を行うことは、必然的に主観性を帯びることとなる。例えば「ありげな」（＝「連用形＋げな」）といえば、「あるようなそんな様子だ」という内容であるから、実際に「ある」ことを述べているわけではない。ところが「あったげな」（＝「連体形＋げな」）というと、「あった様子だ」というわけであるから、実際に「あった」かどうかに対する「判断」が問われることになる*7。すなわち、「様態」についての判断であったものが、事態の成立について「推量」することになるわけである。「あるげな」でも同様で、今現在「ある」かどうか、あるいは未来において「ある」かどうかを推量することになる。ここにおいて「げな」はモダリティとしての用法を獲得することになり、したがって、構造が変化するその契機は、連体形に接続する用法が生まれたところに認められるといえよう*8。そして、この「推量」用法への変化は、「げな」が文末用法のみに収斂していくこととも連動する。いわゆる「判断のモダリティ」は、文中には現れることがないのであって、文末専用となった「げな」はモダリティ形式への変容を端的に示していよう。

　以上のような「げな」の変化は、文法化（grammaticalization）の観点からも非常に興味深い。「ゲ＋ナリ」という、ある種の形式名詞述語文であったものから助動詞「げな」が生じる変化は、内容語から機能語への変化を示している。そして、「様子だ」という名詞文としての「判断」から、事態に対して推量するという「判断」への変化には、主観化（subejectification）が認められる。「げな」における変化は、典型的な文法化の現象として位置づけることができよう。

4．外接モダリティ形式の成立

　前節で見たような形で「げな」はモダリティ形式として成立することとなったが、古代語のそれとは大きく異なるものとなった。古代語のモダリティ形式としては、「む」「じ」「まし」「けむ」「らむ」「べし」「まじ」「らし」「めり」「終止なり」などが挙げられるが、

これらは「未然形＋む」「連用形＋けむ」「終止形＋らし」といったように、前接する動詞と一体となって「モダリティ」を表している。このあたりの議論は尾上（2001）などに詳しいが、例えば「未然形」で表される事態は「未実現」であって、それに「む」が付接することで「非現実事態を仮構する（＝設想）」といった、モダリティとしての意味を有することとなるという。この場合、推量・意志・勧誘などの意味は文中の要件によって決まるのであって、最初から「推量」などの意味が用意されているわけではない。

　ところが、「げな」は文相当句の外側に付接して「推量」「伝聞」の意を付け加えるのであって、古代語の場合とは大きく異なっている。すなわち、尾上（2001）で「文末外接形式」と呼ばれる助動詞群と、同じ性格を有するものと考えられる。尾上論文では、述語の一角ではなく半ば文の外に位置する「文末外接形式」として、現代語の「ようだ」「らしい」「だろう」などの助動詞が挙げられている。本書では、これらの形式を「外接モダリティ形式」と呼んでおくこととする。

　このような「外接モダリティ形式」に属する助動詞群のうち、「そうだ」「ようだ」「らしい」と「げな」は、歴史的観点から見たとき、いくつかの共通点を有するものと予想される。「そうだ」「ようだ」は、起源的に「形式名詞＋コピュラ」という語構成をもつものとして「げな」と近いことが直感的に感じられる。また、「らしい」は語形成に関わる接辞要素から変化したものと考えられており、この点において、やはり「げな」との近さを示している。つまり、これらの形式は「げな」と同様の構造変化によってモダリティ形式へと変容している可能性が考えられる。

　まず、「そうだ（さうな）」であるが、「げな」同様、当初は名詞、形容詞・形容動詞語幹、動詞連用形に付接するものであった。

(12) a.　此等ハアマリ乞食サウナホドニ我ハサウセマイト云心ゾ。
　　　　　　　　　　　　　　　　　　　　（史記抄・巻11・89ウ：佐田1972）
　　 b.　…ト読デヨサウナレドモサモナイゾ。
　　　　　　　　　　　　　　　　　　　　（史記抄・巻4・68オ：山口2003）

  c. 酔テコロビサウナ體ゾ。 （蒙求抄・巻2・5オ：湯沢1929）

これが、時代が下がると、次第に終止連体形に接続するようになる。

(13)a. 「やれ〰雨が降るそふな、子ども苫をふけ」といひもあ
   へず。   （猿源氏草紙：仙波1972）
  b. あの人とわいと訳ある様に見さんしたそうなれ共、みぢ
   んもそんな事ではない。 （心中二枚絵草子・16：湯沢1936）

 ここで注意されるのは、(13)のような終止連体形接続の「さうな」は、①活用する、②「様態」の意味を表す（「伝聞」の意味の発生は遅れる）、という点である。つまり、先の「げな」の様相に鑑みると、「～サウ＋ナ」（＝「名詞句＋コピュラ」）という構造であると考えられ、助動詞としてモダリティを表す段階には至っていないと考えられる*9。文末専用の「不変化型」として、事態に対する「判断」がクローズアップされるようになったとき、モダリティ形式としての成立を見ることができよう（岡部2000など参照）。
 次に、「ようだ」であるが、これは平安時代の「やうなり」にさかのぼることができる。漢文訓読語の「如し」と対応する和文語の例とされている。

(14)a. いみじく定者などいふ法師のやうに練りさまよふ。
                 （枕草子・5段）
  b. 風いと重き人にて、腹いとふくれ、こなたかなたの目に
   は、杏を二つつけたるやうなり。 （竹取物語・龍の頸の玉）

 (14a)のように、名詞に付接する際には「の」を介することからも、構造としては「～ヤウ＋ナリ」（＝「名詞句＋コピュラ」）と見るべきであろう。ただし、(14b)のように活用語を承けたものは、現代語の「ようだ」と意味的に近くなる。古今を通じて、「やう（よう）」は、「様」という意味に基づいて比喩・例示の用法をもち、「ヨウニ」「ヨウデ」「ヨウダッタ」のように活用するため、どの段

階で形式名詞述語文からモダリティ形式へ「変化」したのか見極めることは難しい*10。本書では、山口（2003）、大鹿（2004）などに従い、モダリティ形式としての成立は近世以降と見ておく。副詞と共起した、近世後期の例をいくつか掲げておこう。

(15) a.　イヤこゝらが、どふかあさいよふだ。

（東海道中膝栗毛・3編下）

　　 b.　お前様は何だか、外にお楽みが出来た様だね。

（花暦封じ文：岡部 2002）

このように、「形式名詞＋コピュラ」であった「ヤウ（ヨウ）＋ダ」の段階から、モダリティ形式「ようだ」への変化を想定することができると考えられる。そうすると、ここにおいても、「様態」から「判断」へという「主観化」を認めてよいものと考えられよう*11。

最後に、「らしい」であるが、これはもともと、「男らしい」「まことらしい」（土井訳ロドリゲス日本大文典・p.353）のように、体言に付接して「それらしく見える」という意味の形容詞を形成する接尾辞であった。これが次第に活用語に承接するようになり、助動詞として成立したものと考えられる（此島 1973 など）。

(16) 何でもあの内儀さんは、おぬしに余程気があるらしいぜ。

（いろは文庫・70 回：湯沢 1957）

ただし、江戸期においては活用語を承けた例がほとんど見当たらず、発達したのは明治期以降とされている。モダリティ形式化する契機については、山本（2012）に詳しいが、ここでは「様態」から「判断」へという「主観化」の過程、接辞要素から機能語へ、という変化の過程が見られることを指摘するにとどめておく*12。

以上、細かな相違は存するものの、「げな」「そうだ」「ようだ」「らしい」について、①客観的「様態」から主観的「判断」へ、②活用型から不変化型へ、③接辞要素からモダリティ形式へ、といっ

た同種の変化が見られることについて述べた。「げな」「そうだ」「ようだ」については、「形式名詞＋コピュラ」から助動詞へ、という構造変化が見られるのであって、内容語から機能語へという典型的な文法化の例として位置づけることができるだろう＊13。

5．おわりに

本章は、個々の形式が「モダリティ形式」として成立するという文法変化について、一般的な観点から記述を試みたものである。したがって、それぞれの形式間の関係についての考察は、全く行なっていない。しかし、例えば現代口語で、次のような「げ」の言い方があることは、「そうだ」との関係を想定しないことには説明できない。

(17)a. 国連改革ってアナンの辞任のことでも<u>なさげ</u>
(http://finalvent.cocolog-nifty.com/fareastblog/＊＊＊)
b. 「なんで急に連絡とれんくする！？」と、かなり<u>怒りげ</u>。
(http://blogs.yahoo.co.jp/poupou196/folder/＊＊＊)

これは、通常ならば「そうだ」を使う場面であるといえる（「なさそうだ」「怒っていそうだ」）。「さびしげ」「意味ありげ」のような、「語」としての「〜げ」の形式が存在するため、同じ構造を有する、「様態」を表す「動詞連用形・形容詞語幹＋そうだ」を言い換えるような意識で使用されているのだろう（注12の「らしい」→「ぽい」も参照）。

このように、それぞれの変化の契機として、他の形式との関係を考えることは必須の手続きである。「げな」から「さうな」への交替を論じた、仙波（1972）、佐田（1972）、鈴木（2002）などは重要な成果である。この他にも、前代の「らし」「めり」「なり」「べし」等との関係、「らしい」発達以前の「体言＋らしい」と「体言＋さうな」の関係、「ようだ」発達の際の他形式との関係など、考えるべき課題は多い。また、近世における「げな」は次第に上方語

となっていった可能性が高く、「そうだ」との勢力関係については、このあたりの事情も考慮に入れる必要があろう。いずれも今後の課題としておきたい。

---

*1　モダリティの定義は様々なものがあるが、ここでは「文内容(事態)と現実との関わり」と考えておく。「判断のありように対応する意味上の概念」(大鹿 2004：193) ということになるが、その範囲としては、仁田(2000)、高山(2002)などの「認識のモダリティ」「判断のモダリティ」とほぼ重なる。

*2　本文では室町期の例を掲げたが、連体形承接の例は鎌倉期にもすでに見られる。

- 此女、時々は見かへりなどすれども、わがともに蛇のあるとも知らぬげなり。　　　　　　　　　　　　　　　　(宇治拾遺物語・巻4—5)

上の例に鑑みると、次のような例も、「連体形承接であるという確認はできないが、その可能性を認め(山口 2003：57)」てよいものと考えられる。

- サシモナクトモアリナン物ヲト難候ゲナリ。
　　　　　　　　　　　　　　　　　(教訓抄・巻8：土井 1938)
- 高声は大仏をおがみ、念ずるは仏のかずへもなど申げに候。
　　　　　　　　　　　　　　　　　(法然消息：山口 2003)

このような連体形承接の例をもって、土井(1938)では「「げなり」といふ推量の助動詞が鎌倉期に現れ」ると述べられている。

*3　注2参照。仙波(1972)、佐田(1972)などでも同様である。さらに山口(2003：57)では、「終止法や述語的用法で用いられた例には」、「承接法にかかわらず、助動詞として扱える点がある」として、動詞連用形や形容詞語幹に接続したものの一部についても、助動詞と認められている。

*4　川端(2004)の「形容詞文」に近いものを想定している。

*5　ただし、ロドリゲス日本大文典の記述に「ゲニ」の形が見られるように、室町末期における「げな」は、いまだ完全に「不変化型」のモダリティ形式にはなりきっていないと考えられる。

- 動詞の直説法現在に接続して、さうらしい(parecer)といふ事を意味する。例へば、Yomuguena(読むげな)、Aruguena(あるげな)、Tacaiguena(高いげな)、Naiguena(無いげな)、Vacaigueni gozaru(若いげにござる)。　　　　　　　　　　　(土井訳・p.351)

もっとも、「ゲニ」は「げに候」「げにござる」など、「丁寧形」の場合にのみ用いられた形である可能性が考えられる。近世においても、「げにござる」のような形式は引き続き用いられている(湯沢(1936：289)など参照)。日葡辞書には、文末で用いられる「ゲナ」の形しか記されていない。

- Guena ゲナ(げな) 他の語のあとに連接する助辞。例. Maitta guena. (参ったげな)来たらしい。¶ Vacai guena. (若いげな)その人は若者であるらしい。　　　　　　　　　　　　　　(邦訳・p.295)

*6　中古語では、「終止なり」「めり」などがこれに近かったであろう。これらの形式は、テンス形式が前接することもあるし、少数ながら後接する場合もある（高山 2002 など）。これらの形式は、中世に至ると衰退してきている。

*7　「連用形＋名詞」（＝語）と「連体形＋名詞」（＝句）の相違については、青木（2010：185–203）でも少しく述べた。「連用形＋名詞」の場合に述語で表される意味内容は、個別的な事態ではない、ある種の一般化を経たものである（青木 2010 では「例示一般化」と呼んだ）。

*8　中世後期において、「げな」に接続する動詞の活用形は、連用形から連体形へ完全に移行する。ただし、「あり」に限っては、依然として連用形に接続した例が多く見られる。

　　・声取スマイテ啼テ居タ者アリゲナ。　　　　　　（杜詩続翠抄・巻9・25 ウ）
　　・傳国－ト云ツケテ云ヘドモ傳デアリゲナゾ。
　　　　　　　　　　　　　　　　　　　　　　　（四河入海・巻10 ノ4・22 オ）

　形容詞語幹に付接して「語」を作る方法は、古代から現代まで一貫して用いられており（ex. さびしげ、不満げ）、「あり」と形容詞の性格の近さを示しているものと考えられる。

*9　「様態」を表す「連用形＋そうだ」は、モダリティ形式とは認めないという立場をとる。

*10　山村（2013）では、中古の「やうなり」が名詞述語文である根拠として、モダリティ形式が前接・後接した例が見られることに注目されている。

　　・絵よくかきたらむ屏風をたてならべたらむやう也。　　（更級日記）
　　・かへりて、物さわがしきやうならむ。　　（源氏物語・行幸）

モダリティ形式の後接については、山口（2003：185）にも指摘がある。

*11　「ようだ」は、「連体形＋ヤウナリ」→「連体形＋ヨウダ」という単純な変化のようであるが、中古中世に次のような「句の包摂」の例が見られる点は興味深い。

　　・［物モ不思ズ］様ニテ臥タレバ、湯ヲロニ入ルレドモ、歯ヲヒシト咋合
　　　セテ不入レズ。　　　　　　　　　　　　　　（今昔物語集・巻28―32）
　　・檀越ノ帰依モ残ル処ハ在ルマイト云ガ［明覚大師ヲ請ジ］ヤウダ。
　　　　　　　　　　　　　　　　　　　　　　　（高国代抄・巻2・9 オ）

「連体形＋ヤウ」という「句」の形で表現できるにも関わらず、「連用形＋ヤウ」という「語」の形で表そうとするのは、やはり「一まとまりの内容」を表現しようとする欲求からであろうと思う。このような形式を経て、モダリティ形式化した可能性も考えられるが、抄物資料においては洞門抄物にのみ多用されるのであって、史的位置づけについては保留しておく。

*12　三宅（2005）で指摘されるように、現代語における「ぽい」の変化は、この形式の変化を考える際に参考となるだろう。本書第3章も参照されたい。

　　・男らしい、男っぽい
　　・ケータイ忘れたっぽい（≒らしい）

*13　接辞要素から助動詞へ、という変化については、典型的な「文法化」の例にはならない。しかし、当該の文法変化が「文法化」に該当するか否かという議論よりも、同じ方向性を持った文法変化が起こっている事実の集積こそ、史的変化を説明する文法論においては重要であろうと思う。本書第4章参照。

第3章
「句の包摂」と文法化

1. はじめに

　青木（2010：205–221）では、次のような形式を、影山（1993：326）にならい「句の包摂」と呼んだ。

(1) a.　［世界のあじさい］展、［暮らしを彩る器］展
　　b.　［西洋の中世時代］風、［「新宿系」でブレイクした某アーティスト］風
　　c.　［関連サイトへの入り口］的サイト、［ジャパニーズ・ハードロックの先駆け］的なバンド

「展」「風」「的」は、元来、形態素ないし語を対象とする語彙的な接辞要素であり、「個展」「洋風」「神秘的」のように用いられるのが通常である。しかしこれらは、上に示すように、合成語の前部分が句に拡張した形でも用いられる。例えば「展」は、「個展」の「個」のような形態素や、「写真展」の「写真」のような語に付くのが基本であるところが、その前部分が句の単位にまで拡大して、「世界のあじさい展」といった形で用いられているのである。
　このような「句の包摂」現象は、古代日本語においても見られる。小田（2015a：20–21）には、以下のような例が挙げられている。

(2) a.　よろづのこと、昔には劣りざまに浅くなりゆく世の末なれど、
　　　　　　　　　　　　　　　　　　　　　　　（源氏物語・梅枝）
　　b.　雨そそきも、なほ秋の時雨めきてうちそそけば、
　　　　　　　　　　　　　　　　　　　　　　　（源氏物語・蓬生）
　　c.　雨風につけても、悔しきことがちなる眺めには、

それでは、こうした文法現象は、現代語と古典語では、どこが同じでどこが違うのだろうか。また、そうした観察から、日本語のどのような文法的性格が見えてくるだろうか。本章では、青木（2010）を承け、その後得られた知見を交えながら、通時的な観点から「句の包摂」現象について俯瞰する。

2.「句の包摂」の2種

　前節で掲げた（1）（2）のような例は、できあがった合成語の語構成から見れば、語が句を「包摂」している。しかしこれを、語形成という動的な観点から見れば、接尾辞に前接する要素が語から句へと「拡張」していると捉えられることになる。古典語における「めく」「だつ」の例を掲げておく（関1993：205–248、南2002：117–140など参照）。

（3）a.　今めく、［あやしの山賤］めく、［遠き別れ］めく
　　 b.　気色だつ、［かの大弐の甥］だつ、［うるはしき法服］だつ
　　　　　　　　　　　　　　　　　（用例はいずれも源氏物語より）

接尾辞「めく」「だつ」の前部要素が、「今」「気色」のような"名詞"から、「あやしの山賤」「かの大弐の甥」のような"名詞句"へと拡張していることが見てとれる。
　ただしこのとき、（1）および（3）の例において、合成語全体の文法的性格は変わっていない。「〜展」は名詞であるし、「〜めく」は動詞である。前部要素の「拡張」も、いずれも名詞から名詞句への拡張であって、「名詞」という性格自体は変わっていない。
　これに対し、以下のような「拡張」は、文法的性格の変更を伴う「拡張」であるといえる。

（4）a.　庭の草、［氷に・ゆるされ］がほなり。　　（蜻蛉日記・下）

  b.　［身ヲ正直ニモチタ］サニ此カサヲキルゾ。

（蒙求抄・巻5・21ウ）

　「～がほ（顔）」は、「したり顔」「知らず顔」、「～さ」は「長さ」「面白さ」のように、動詞連用形や形容詞語幹に付接して複合名詞や派生名詞を作るのが基本である。ところが(4)に示したように、「氷に許され顔」「身を正直に持ちたさ」のように、格助詞を含んだ述語句へと拡張している。

　また同時に、(4a)は「～がほなり」という形で形容動詞のように、(4b)は「～さに」という形で原因・理由節のように用いられている。合成語全体の性格が、名詞であったものから「述語句」「接続句」へと変化しているのである。このように、述語成分を含む形で「拡張」を起こす場合は、文法範疇の転換を伴っており、きわめて興味深い。以下では、こうしたタイプの「句の包摂」＝「句への拡張」現象について、詳しく観察していくこととする。

3．接頭辞の場合

　合成語が述語成分を含む形で「拡張」する現象について、これまでの研究では、その前部要素ばかりが注目されてきたが、ここではまず、後部要素が拡張する場合について見てみたいと思う。

　まずは、以下の例を参照されたい。

(5)　a.　こいずみ、こいも、こうた、こごえ、こざかな、こがら
　　　b.　こすさまじい、こさむい、こたのしい、こざっぱり
　　　c.　こさしいづ、こなまる、こうなづく、こづく
　　　d.　こうそを吹く、こ才が利く、こ耳にはさむ、こ首をかたむける

　これらは、いわゆる接頭辞「こ（小）」の例である。古代語では、(5a)のような名詞と結びつく場合がほとんどであり、形容詞の例は宇津保物語に「こくろ（黒）し」が見られる程度で、きわめて限

定的である。これが、中世後期の抄物資料に至ると、(5b)として挙げたような、様々な形容詞と結びついた例が見られるようになる(寿岳1954)。

そしてさらに、(5c)のような動詞、(5d)のような動詞句へも拡張する。(5d)は、寿岳論文でも述べられるように、「こうそ」「こみみ」といった「こ＋名詞」と「吹く」「はさむ」という動詞の組み合わせではなく、「うそを吹く」「耳にはさむ」といった動詞句に「こ」が付接した、「句の包摂」構造と見たほうがよいであろう。

このように見てくることによって、こうした接頭辞も「句への拡張」を示す現象として位置づけることが可能になる。接頭辞に関して、後接する要素が句に拡張するタイプと拡張しないタイプに分けられるわけである。中世後期語における「ま」「うそ」の例を掲げておこう。

(6) a.　語諸―<u>マツ</u>秦穆公ガ如ナゾ。

(史記抄・巻13・5オ：柳田1977)

b.　カマイテ<u>ウソ</u>腹立テ、ノマズシテイルナト云ゾ。

(四河入海・巻11ノ1・27オ)

「ま(真)」は「まがお(顔)」「まったいら(平)」「まっくろい(黒)」のように、名詞・形容詞に付くのが主な用法であるが、中世後期語では「まっかう(斯)」「まっそれ(其)」のような指示詞にも付いている*1。ここからさらに(6a)のように後部要素が拡張し、「秦穆公が如くな」といった述語句を包摂した例が見られるようになる*2。

「うそ」は「うす(薄)」の音転化によって生じたものであるが、「うそかすみ(霞)」「うそくらい(暗)」「うそえむ(笑)」のように、やはり名詞・形容詞・動詞に付くのが通常である。これが(6b)では、「腹が立つ」という動詞句に付接している。もっとも、「うそ腹」という合成語と「立つ」が結びついたとも考えられるが、現代語の「うす気味が悪い」が、「うす気味」が「悪い」ではなく、「なんとなく」「気味が悪い」であることをふまえると、やはり「うそ」

が述語句を包摂しているものと見たほうがよいだろう。

「こ」は「ちょっと」、「ま」は「まさに」、「うそ」は「なんとなく」といった意味を表し、述語成分と結びついている。そのような状態であることを副詞的に修飾するところから、次第に独立性を高める形で"句"を後部要素にとるようになったのであろう。

そのような意味では、現代語の「ちょう（超）」も同じような「拡張」を起こしているといえる。

(7) a.　超人、超感覚、超能力、超現実主義
　　 b.　チョー気持ちいい、チョーうける、チョーお嬢さま生活

「超」は本来、(7a) のように、何らかの超越した概念を表し、漢語に付くものであった。これが（7b）のように、和語の動詞・形容詞にも付くようになり、完全に副詞として独立することになった（このときは「チョー」とカタカナ書きすべきものであろう）。接辞にとどまった「こ」「ま」などよりも、一歩先へ進んだ変化であるといえる*3。

このように、語構成要素であった接辞（接頭辞）が自立語（副詞）になったものとしては、古典語においては、以下の「ただ」を挙げることができるだろう。

(8) a.　立て篭めたるところの戸、すなはち、ただ開きに開きぬ。
　　　　　　　　　　　　　　　　　　（竹取物語・かぐや姫の昇天）
　　 b.　堪ふべくもあらぬわざにもよく堪へしのぶは、ただ色を思ふがゆゑなり。　　　　　　　　　　　　（徒然草・9段）

(8a) は、関谷（1971）でも述べられるように、「ただ開き」という合成語がまず形成されたうえで、「ただ開きに開く」という重複構文が形成されている。すなわち、この段階での「ただ」は接頭辞であったが、後の時代になると副詞として自立語専用形式となるのである（= 8b）*4。

以上のように見てくると、接頭辞が付接する後部要素が、語から

第3章　「句の包摂」と文法化　　35

句へと拡張する現象は、通時的に普遍的に観察されることがわかる。さらに、接頭辞が独立して副詞となる現象も、古典語・現代語ともに共通して見られた*5。ただし、接頭辞の種類や数は、相対的に古代語のほうが多いように思う。例えば複合動詞において、後部要素が文法語化すること（「食べまくる」の「まくる」など）は現代語でも多く見られるが、前部要素の文法語化、すなわち接頭辞化は見られない。これに対し、古代語では「おし－」「かき－」「さし－」「とり－」「ひき－」など、多くのものが見られる*6。近代語以降に見られるようになった接頭辞は、日本語の外から輸入された、漢語（「反」「超」など）や外来語（「アンチ」「スーパー」など）にほぼ限られるだろう。

4. 接尾辞の場合

次に、前部要素が拡張する場合、すなわち接尾辞の場合について見ていきたいと思う。2節で見たように、これには合成語全体が述語句になる場合と、接続句になる場合の2種がある。これらを分けて、順に観察していくこととする。

4.1 述語句への拡張

句を包摂した合成語全体が述語句になるというのは、名詞が述語成分として用いられることであり、いわゆる形容動詞になるということである。(4a)には「～がほ（顔）」の例を挙げたが、ここでは「～やう（様）」「～げ（気）」の例を挙げておこう。

(9) a. ［この御参りをさまたげ］様に思ふらんはしも、めざましきこと。　　　　　　　　　　　　　　（源氏物語・竹河）
　　 b. 御前いとあまた、ことごとしくもてないて渡い給さま、いみじう［心に入り］げなり。　（浜松中納言物語・巻3）

「こだまやう」「作りやう」、「童げ」「ありげ」のように用いられる「～やう（様）」「～げ（気）」という語が、それぞれ「この御参

りを妨げ様」「心に入りげ」のように述語句を含む形へと拡張している。そしてこれらは、いずれも「なり」を伴って述部において用いられていることがわかる。

さらに興味深いことに、「述語連用形＋げ＋なり」という構造は、「述語連体形＋げ＋なり」という形を生み出し、述語連体形に「外接」する助動詞「げな」を生み出した。「げな」の歴史変化について、具体例を挙げつつ概観しておこう（本書第2章参照）。

(10) a. 此女、時々は見かへりなどすれども、わがともに蛇のあるとも知らぬげなり。　　　　（宇治拾遺物語・巻4―5）
b. 槐色ハ井ノソバニハ槐樹ヲモウユルゲナゾ。
（詩学大成抄・巻3・77ウ）

(10a) は、「げ（気）」が形式名詞のように解釈され、述語連体形によって修飾された例である。「連体形＋げ」という名詞句は、コピュラを伴って「～げで」「～げに」「～げなり」のように活用する。ここから次第に、「～様子だ」という意味が「げな」という形態に焼き付けられ、不変化助動詞としてのモダリティ形式として成立する（＝10b）。「げな」はさらに、「様態」から「伝聞」の意味へとシフトする（湯沢1936：288-289）。この形式は現代共通語には残っていないが、西日本方言には残存している（「彼は知らんげな（山口県）」）。

このように、接尾辞として語構成に与る形式であったものが、再分析（reanalysis）によって助動詞へと変化することは、他にも多くの形式において見られる。例えば「そうだ」は、中世後期までは「乞食さうな」「良さうな」「転びさうな」のように、名詞・形容詞語幹・動詞連用形に付接する語構成要素であった（＝11a）。これが「句の包摂」構造を経て*7、「連体形＋さう＋なり」を生み出し（＝11b）、さらに使用が文末に偏って「判断」的意味がクローズアップされ、モダリティ形式としての「さうな（そうだ）」が成立することになる（＝11c）*8。

(11) a. 酔テコロビサウナ體ゾ。　　　（蒙求抄・巻2・5オ：湯沢1929）
　　 b. あの人とわいと訳ある様に見さんしたそうなれ共、みぢんもそんな事ではない。　　　（心中二枚絵草子・16：湯沢1936）
　　 c. ヲヤばからしひ。今のさはぎで、ゆびの輪をおとしたそふだ。
　　　　　　　　　　　　　　　　　　　　　　　　（傾城買四十八手）

　「げな」「さうな（そうだ）」、さらには「やうだ（ようだ）」「だろう」「みたいだ」「はずだ」「わけだ」など、文相当句に「外接」するモダリティ形式は、中世以降のいわゆる近代語において成立している。これは、終止形と連体形の合流によって、連体形が文中だけでなく文末でも用いられる形式となったため、その再分析による構造変化を可能にしたものと考えられる。このような終止形・連体形合流以降、という限定つきではあるが、接辞（接尾辞）から語（助動詞）へ、という変化は、時代を通じてかなり普遍的に見られるといえる。「らしい」の例を挙げておこう。

(12) a. 男らしい、まことらしい、げにもらしい
　　 b. 大方酒にでも酔つて居て其様な話しをしましたらしい、
　　　　　　　　　　　　　　　　　　　（幸田露伴「酔興記」：山本2012）

　「らしい」の歴史変化については山本（2012）に詳しいが、前接する要素が名詞から名詞節へと拡張し、名詞節を構成する連体形述語（＝準体句）が主節述語に再分析されることによってモダリティ形式が生み出された、というプロセスが示されている。「にてあり＋む」というコピュラを含む形式を出自とする「だろう」が、前接する名詞節としての連体形（＝準体句）が主節述語に再分析されて生じたことと、並行的に捉えられるわけである（本書第6章参照）。

(13) a. ［ 準体句 ［　述語連体形］ラシイ］。
　　　 → ［ 述語句 ［　述語連体形］ラシイ］。
　　 b. ［［準体句 ［　述語連体形］ニテアラ］ム］。
　　　 → ［ 述語句 ［　述語連体形］デアラウ］。

助動詞「らしい」の成立は明治期半ばであるが、現代語でもこうした変化は起こっている。「ぽい」が、「怒りっぽい」「男っぽい」（接辞）から「先生が来たっぽい」（助動詞）へと変化したことは取り上げられることも多いが、ここでは「感」の例を見ておこう。

(14) a.　満足感、手作り感、ふんわり感、金利天井感
　　 b.　アイスのコーンポタージュ味というのは、やっちゃった感がある。

　中平（2012）によると、「存在感」「満足感」のように漢語のみに付接していたものが、和語・外来語・混種語にも付接するようになり、「感」が「〜という感じ」を表す形式名詞のように解釈されるようになった。これに伴って述語句を受ける用法が成立し、さらには（14b）のような述語用法、すなわちモダリティ形式相当の働きをする用法が生み出されたという*9。
　このように、接尾辞に前接する要素が語から句へ拡張することは、歴史を通じてしばしば観察されることであるといえる。さらに近代語以降においては、接辞要素が語（助動詞）へと変化する事例も、様々に見られることがわかった*10。

4.2　接続句への拡張

　次に、句を包摂した合成語が接続句となる場合について見てみよう。古典語において、「拡張」といえるのは、次の「〜さまに」「〜さに」くらいしか見当たらないように思う。

(15) a.　サテ［此ノサシ図ヲミセ］サマニコロサウトシタゾ。
　　　　　　　　　　　　　　　　　　（叡山本玉塵抄・巻13・33オ）
　　 b.　［アマリ御酒ガコワ］サニイトマゴイヲモマウサイデカヘラレテサウト云ゾ。　　　　（漢書列伝景徐抄・22ウ）

　「動詞連用形＋さま」「形容詞語幹＋さ」という形で複合名詞・派生名詞を形成していたものが、助詞「に」を伴って接続関係を表すも

のとなっている。同時に、前部要素は述語性を発揮しており、格助詞などの連用成分を伴った述語句を包摂する形になっている。(15a)は「この地図を見せると同時に」、(15b)は「あまりに御酒が強いので」といった意味を表している。

「〜さに」形式の拡張のプロセスについては青木（2010：223–240）で述べたが、準体句で対象語を示す「準体句＋が＋〜さに」という形（「［離れたる人をば入れ交ぜんが憎さ］に（宇津保）」）が契機になったのではないかと考えられる。中世において、「準体句＋が」という形から主格助詞「が」は発達しており、この発達とともに、「［準体句が…さ］に」（名詞句＋ニ）という構造が、「［準体句が…］さに」（述語句＋サニ）という構造へ再分析されたと見るわけである。

さて、このように、「述語句の包摂」が見られる形式を、接続句と形容動詞句に分けるという見方は、現代語を観察した影山（1993：329–330）にすでに見られる。そこで示された例を、いくつか挙げておこう。

(16) a.　［真実を知り］ながら　　b.　［いまにも雨が降り］そう（だ）
　　　　［そう思い］つつ　　　　　　　［なにか言いた］げ（だ）
　　　　［友人を訪ね］がてら　　　　　［授業を休み］がち
　　　　［学校から帰り］しなに　　　　［燗をし］たての酒
　　　　［後ろを振り向き］ざまに　　　［お金を借り］っぱなし
　　　　［仕事が片付き］次第　　　　　［仕事にかかり］っきり
　　　　［羽田を離陸］後　　　　　　　［ビールを飲み］放題

影山（1993）では、これらは「もともと句ないし節を対象とする句接辞（phrasal affix）」であるとされるが、(16b)のようなものの多くが「拡張」によって句を包摂するようになった過程は、すでに示したとおりである。

一方、(16a)の接続句の場合は、確かに「て」「つつ」「ながら」のようなものまでここに入れると、「もともと節を対象とする」と

いうことになろう。しかし、「ざまに」は、「さまに」「さに」などと同様、「連用形＋ざま」という複合名詞と助詞「に」の組み合わせから拡張したと見られる。また、「次第」「後」などは、自立語としての用法も持っているため、「連体形＋次第／後」で名詞句を作る用法もあった。こうした形式との交渉も視野に入れる必要があり、「日本語としてなんら不自然さは呈さない」ことをもって「もともと統語的な句接辞」と述べられるのはいささか早計であろう。現代語も歴史的所産によるものであり、また歴史変化の最中にあるものであるから、歴史的観点からの分析をふまえる必要があろうと思う。

　それでも、このような述語句への拡張が、接続部と文末述部において見られるという点は、きわめて重要である。こうした文法変化が、時代を通じて同じ環境において起こっているわけである。また、接続部と述部は、本書第1章で述べたように、名詞句を形成する連体形述語が脱範疇化（decategorization）を起こす環境でもある（「ところ＋で」は接続助詞「ところで」になり、「ところ＋だ」は助動詞「ところだ」になる）。文法変化を引き起こす環境として、今後も注目していくべきであろう。

5. 拡張と収縮

　さて、これまで合成語が句を含む形へと拡張する様相について様々に観察してきたが、実は、これまでに示した多くの形式は、一旦拡張するものの時代が下ると収縮する様相を見せる。まずは、3節で見た接頭辞「こ」「ま」「うそ」である。中世後期においては、「こ」「うそ」は拡張した述語句を包摂した例が様々に見られたが、現代語では「小耳にはさむ」「うす気味が悪い」のようなイディオムに限定されている。「ま」は句を包摂することはなく、いずれもその機能は収縮している。

　次は、接続形式としての「さに」である。現代語でも「あまりの暑さに我慢できない」のような使い方はあるが、中世後期において普通に用いられた「あまりに暑さに」の形は用いられない。「暑さ」は、通常の名詞へと機能が収縮しているわけである。ただし、「遊

ぶ金欲しさに強盗をはたらいた」「UFO見たさに北海道まで行った」のように、"句"を包摂しているかのように見える例はいくらか存在する。しかしこの場合も、①「さに」がとる述語は「ほしい」「〜たい」にほぼ限られる、②「遊ぶ金がほしさに」のように格助詞を表示した形よりも「遊ぶ金ほしさに」のほうが自然である、③書きことば的な文体に限られる、といった数種の制限が見られる。近世期までは、様々な文体の資料において、あらゆる形容詞と結びつくことができたが、現代では完全に収縮しているといえる。

「さまに」も同様である。ロドリゲス日本大文典にこの形式の記述があることから＊11、中世後期においてある程度広く一般的に用いられていたものと考えられる。しかし、現代共通語にはこうした言い方はなく、鹿児島方言など一部の方言に姿をとどめるのみとなっている＊12。「ちょうど〜しながら」「〜するやいなや」といった「さまに」の用法から考えて、「ざまに」はその後裔であると考えられるが、これにしても「すれ違いざまに」「振り向きざまに」などの語しか見当たらない＊13。様々な方面において収縮が起こっているといえる。

一方、形容動詞として句を包摂するタイプであるが、「〜がほ（顔）」「〜やう（様）」は消滅している。「〜様子だ」という判断を表す際には、「ようだ」が助動詞として独立し、「文相当句＋ようだ」という形式が確立したことが大きな要因であろう。興味深いのは、「〜さう（相）」「〜げ（気）」の消長である。すでに見たように、動詞連用形による「句の包摂」の段階を経て、「文相当句＋げな／さうな（そうだ）」の構造を生み出したのであるが、「連用形＋そう／げ」の形式もいまだにその命脈を保っている。連用形に付く「そうだ」は、「様態」を表すものとして"助動詞"の資格が与えられているが、「げ」のほうも、「そうだ」の"交替形"のようなポジションで息を吹き返しているように見える。

(17) a. 国連改革ってアナンの辞任のことでも<u>なさげ</u>
　　　b. 「なんで急に連絡とれんくする！？」と、かなり<u>怒りげ</u>。

(用例はいずれもヤフーブログより)

「さびしげ」「意味ありげ」のような"語"レベルに収縮したものの、現代口語では、「そうだ」の言い換えのような意識の下、(17) のような用法がよく用いられている。

　これは、出自も意味もよく似た、「らしい」と「ぽい」の関係とよく似ている。「ケータイ忘れたっぽい」のような言い方は、従来であれば「忘れたらしい」を用いていたところに、新しく入り込んできた用法であるように思う。文末に付加することで断定的に述べることを避けるこれらの形式は、互いに影響し合いながら推移しているものと考えられる。

　拡張と収縮という観点において注目されるものとして、最後に「～くさい」を挙げておこう。古代から現代までの歴史的展開については池上（2013）に詳しいが、語構成要素としての接辞の段階（＝18a）から、句を承ける助動詞の段階（＝18b）まで、丁寧に記述されている。

(18) a.　かびくさし、焦げくさし、男くさし、古くさし
　　 b.　「どうやら妾もお相伴になつたくさいのよ」と云つてみた。
　　　　　　　　　　　　（長与善郎「竹沢先生と云ふ人」1924）

ただし、岩崎（2014）でも述べられるように、助動詞の例は、大正期から昭和前期にかけて数例が拾えるのみで、現代語には見られないようである。すなわち、「くさい」は一旦"語"にまで拡張したものの、再び接辞へと収縮したものと捉えられるだろう[*14]。

6. おわりに

　歴史的観点に立てば、語彙的要素が文法的要素へ、あるいはまたその逆へという変化がしばしば起こりうるわけであるから、「語彙」と「文法」が連続的であるというのは、ある意味自明のことといえる。歴史的研究の現在は、こうした文法変化に対して、どこまで一般的な説明が与えられ、どこからは個別的な説明を与えるべきか、といったところにあるように思う。

小田（2015b）では、以下のような例が挙げられ、「古代語の「語」は、現代語よりも語内の形態素の結合がゆるやかである」と述べられている。

（19）a.　住みなれし 人影 もせぬわが宿に　　　　　　（和泉式部集）
　　　b.　式部卿と聞こゆるいみじう 古人(ふるひと) は　　　　（在明の別）

確かに、「もよほし顔」の敬語形として「もよほし聞こえ顔」があったり、「かたはらいたし」に助詞が挿入されて「かたはらぞいたく」になったりすることも考慮に入れると、「古代語の複合語の結合度の緩さ」を指摘したくなるところである。
　しかし、語の一部分を外部から修飾した（19）のような例は、それほど頻繁に見られるものではない。線状的に展開される書きことば世界の中で例外的に作り出された形式であって、助詞の挿入などの現象とは区別すべきではないかと思う*15。確かに、現代語の形態的緊密性に照らし合わせると、両者ともに"語"の定義に違反するものである。しかし例えば、古代語の複合動詞において、やはり「見なす」が「ご覧じなす」、「射殺す」が「射も殺す」となることはよく知られている。現代語の文法的性格を測る基準は、そのままの形では古代語には適応できないのであるから、史的研究においては、一般性と個別性を見極めることが重要であると思う。
　本章では、結果的に、「句の包摂」現象については、通時的な普遍性のほうを主張することとなった。これは、複合名詞と派生名詞の文法的性格と、「右側主要部の原則」が通時的に変化していないことを前提としている。今後も、こうした「拡張」や「収縮」は、繰り返し行われていくものと思われる。また、本章で扱った「句の包摂」形式は、"語"形成に与る形式であるため、通常の「文法化」研究では取り上げられにくい。しかしながら、"語"と"句"の連続性が認められるのと同じように、内容語と機能語の連続性が認められることをふまえると、これらの形式も「文法化」の議論の俎上に載せてしかるべきであろうと思う。

*1 キリシタン資料に次のような例が見られる
- Massŏ. マッサゥ（まっさう）副詞。そのとおり、あなたの考えどおりである。　　　　　　　　　　　　　　　　　　（邦訳日葡辞書・p.387）
- Massoconi（まっそこに）。Massono tocoroni（まっその処に）。丁度其処に。　　　　　　　　　　　　　　　（土井訳ロドリゲス日本大文典・p.409）

*2 恵村（未公刊）では、現代語には見られない「まっさう」「まっそのように」といった指示副詞と結びついた例に注目し、これらの指示詞が事態的意味を含むことから、「ま……様な／如くな」といった形での拡張を許容したのではないかと推測している。
- 福禄ハマツ先祖ノ如クナゾ。　　　　　　　　　　　（毛詩抄・巻14・11オ）

*3 ただし、「チョベリバ」に代表されるように、「チョー」ではなく「チョ」であり、「チョー安い」よりも「チョ安」のような、語構成要素としての使い方のほうがなじみ度が高い話者がいるという報告もある（『現代用語の基礎知識』など）。

*4 これに対し、「いや」はそれ単独では自立語化しなかった。
- 我が君に戯奴は恋ふらし賜りたる茅花を食めどいや痩せに痩す（弥痩爾夜須）　　　　　　　　　　　　　　　　　　（万葉集・巻8・1462）

時代が下って副詞化する際には、「いよいよ」という重複形である。

なお、「飲みに飲む」のような重複形について、影山（1993：89-92）では、「*飲みにサエ飲む」のような副助詞の介入ができないことなどを根拠に「語」と見て、「ひら謝りに謝る」「大もめにもめる」などは、重複部分に「ひら」「大」といった接頭辞が付接したものと見ている。しかし、古典語では「泣きにのみ泣きて（今昔・30-2）」のように副助詞が入ることなどから、重複部分は「句」であり、「ひら謝り」「大もめ」という合成語と「謝る」「もめる」という述語が結合したものと見たほうがよい。このように見ることによって、「男泣きに泣く」「韋駄天走りに走る」などの形式との整合性も保たれる（青木2010：265-271）。

*5 「なま」という形式は、古典語において、語構成要素としての接頭辞の用法と、独立した副詞の用法とを持っている。
- なま女、なま癒え、なま心ぐるし、なまあくがる
- 候ふ人も、うちうちには、なまいかにぞや思ひたりしかど、　　　　　　　　　　　　　　　　　　　　　　　　　　　　　（狭衣物語・巻4）

名詞としての用法（「魚を生で食べる」）は近代語以降の発生のようであり、古代語では「なまめく」「なましい」などの語構成要素としての用法が多く用いられていたことをふまえると、これも接辞から自立語へ変化したものと見てよいように思う。

*6 関（1977）、および本書第13章などを参照されたい。

*7 連用形に接続する「様態」の「そうだ」は、いわばこのような「拡張」による「句の包摂」構造を保ったものということになる。関（1977：287-310）も参照。

*8 「げな」同様、「さうな（そうだ）」も、「様態（推定）」から「伝聞」へと意味をシフトさせる（湯沢1957など参照）。

＊9 「やっちゃった感がある。」「筋肉ついた感。」のような場合は、「存在感」「ふんわり感」のような場合と同じ、複合語アクセントで発音される。「句」を受けると言いながらも、「語」としてのまとまりを示すような意識があるものと思われる。
　これに対し、比較的堅い文において、「自民党は腰砕けになった感があるが」「いかにも売れ残りという感は否めない」のように用いられる用法もある。中平（2012）では、この場合はアクセントも通常の句アクセントであり、「感がある／する／否めない」が組立モダリティ形式として機能しているという分析が示されている。

＊10 接辞（接尾辞）から語（助動詞）へという変化は、文法単位のうえでは大きな変化であるが、文法語という枠内には収まっている。ここからさらに、動詞や名詞のような自立的な語彙項目への変化は想定しにくいが、例外的なものとして「めかす」がある（阪倉1966：137）。動詞「めかす」の成立の過程は村山（2014）に詳しいが、いかにも動詞らしい「-asu」という形態が、「それらしく見せる、装う」という意味と合わさって、動詞として独立することを可能にしたと述べられている。

＊11 語根が名詞 Samani（様に）に接したものはその前に属格をとらないで、往々動詞の格をとる。例へば、Funeyori agarisamani.（舟より上り様に。）Saqueuo nomisamani.（酒を飲みさまに。）Yadoye cayerisamani.（宿へ帰りさまに。）　　　　　　　　　　　　　　（土井訳ロドリゲス日本大文典・p.392）

＊12 久保薗（2011）によると、「雨が降っせー、洗濯物が濡れた」のように、「雨が降って洗濯物が濡れた」といった、継起的な意味を表すこともできるという。これに従うと、「さまに」という形式は、鹿児島方言において独自の展開を見せているということになる。

＊13 この他「振り返りざまに」「追い越し／抜きざまに」などの例がweb検索によって得られた。いずれも動作を表す複合動詞に限られるようである。

＊14 ただし、ツイッターのような、きわめて口語的（俗語的）な文体では用例を拾うことができる。「チャットアイコンバグってるくさいな」「チャリカゴに入れたままにしてた時パクられたくさい」「無視られたくさい」のように、それなりの頻度で用いられている。表舞台には現れないものの、限られた位相において命脈を保っているといえよう。

＊15 （19a）は和歌の例であることも考慮に入れる必要があろう。

第4章
文法化と主観化

1. はじめに

　文法化（grammaticalization）とは、それまで文法の一部ではなかった形式が、歴史的変化の中で文法体系に組み込まれるプロセスのことをいう。したがって、自立性を持った語彙項目（名詞・動詞）が文法的要素（助詞・助動詞・補助動詞）に変化する場合が、その典型である。

　文法化現象は、このように統語的特性が変化すると同時に、意味の面においても漂白化（bleaching）と呼ばれる変化が起こる。例えば「今は論文を書いている<u>ところだ</u>」といった場合、「ところ」が名詞から「ところだ」という一種の助動詞へ変化するのに伴い、「ところ」は〈場所〉という本来の意味を失って〈時間〉的な意味を表すものへと変化している。

　このような意味変化の傾向性には、次のような一般的制約がある。

(1) 身体＞物体＞過程＞空間＞時間＞性質

すなわち、〈空間〉を表す語が〈時間〉へと変化することはあってもその逆はない、という一方向性（unidirectionality）である。上記の「ところだ」がこれに合致するように、(1)の傾向性については、多くの言語の様々な事象によって支持されている。

　これと同趣の変化の傾向性として、次のような主観化（subjectification）の増大という主張も行われている（Traugott 1995）。

(2) 命題的（propositional）＞感情表出的（expressive）／対人的

（interpersonal）

主観化とは、指示的、命題的意味からテキスト的、感情表出的・対人的への意味変化であり、英語における法助動詞 must や may の束縛的（deontic）意味から認識的（epistemic）意味への変化などが、例として挙げられる。日本語においても、たとえば敬語の意味変化（素材敬語：尊敬語・謙譲語＞対者敬語：丁寧語・丁重語）などは、同様に主観化の過程として捉えることができる（金水 2004）。

このように、「主観化」は一般性の高い意味変化の方向性であるといえるが、受動態の発達などの反例が挙げられるように（秋元 2002）、その一方向性についてはあらためて検証する必要がある。また、これが「文法化」とどのように関わるのかについても、なお検討の余地がある*1。本章では、そのような観点から、述語形式のいくつかを取り上げ記述する。すでに、別の箇所で詳述したものもあるが、重複を厭わず、本章の趣旨に沿って位置づけを与えることとする。

2.「～きる」の展開

2.1　語彙的複合動詞から統語的複合動詞へ

現代語の複合動詞が「語彙的複合動詞」と「統語的複合動詞」に二分されることは、影山（1993）以来、もはや常識的となっている。この2分類は形成される部門の違いに対応しており、両者間に連続性は認められないという。つまり、「語彙的」と「統語的」の中間段階は存在しないのであり、したがって「文法化」のような歴史変化を問題とする記述に利用されることを意図していない。しかし、歴史的観点から見た場合、複合動詞を形成する形式が語彙的レベルから統語的レベルへ変化するという事象は多々見られ、この枠組みに基づいて記述してみる価値はあるものと考えられる*2。ここではそのような事例の1つとして、影山（1993）で統語的複合動詞とされる「～きる」という形式を取り上げ、その歴史的展開について記述する。

中古における「〜きる」は、「射切る」「打ち切る」のように「切断」を表すものが圧倒的に多い。そのいくつかを以下に掲げておく。

(3)　a.　夏冬の御装束、朝夕さりの御物に多くのものを尽して、頭より足末まで綾錦を裁ち切りて、　（宇津保物語・忠こそ）
　　　b.　先ヅ干瓜ヲ三切許ニ食切テ、三ツ許食ツ。次ニ鮨鮎ヲ二切許ニ食切テ、五ツ六ツ許安ラカニ食ツ。
　　　　　　　　　　　　　　　　　　　　（今昔物語集・巻28―23）

　(3a)（3b）ともに〈物体〉の切断を表しており、本動詞「切る」の本義を残している。これが、次の（4）になるとやや異なってくる。

(4)　御几帳を奥の御障子より廂の柱までひまもあらせず立てきりて、　　　　　　　　　　　　　　　　　　（紫式部日記）

　(4)の「切る」対象は、〈空間〉というべきものである。すなわち、空間の「遮断」を表していると考えられる。ここにおいて、「切る」対象が、〈物体〉から〈空間〉へと抽象化が起こっているわけである。
　さらに、このような「切断」の意味が抽象化し、行為に「区切りをつける」という「終結」を表したものが、次の「言いきる」「定めきる」である。

(5)　a.　一の宮のことも聞こえきりてあるを、さりとて山のあなたにしるすべき人もなきを、　　（和泉式部日記）
　　　b.　今宵あしともよしともさだめきりてやみなんかし。
　　　　　　　　　　　　　　　　　　　　　　　　（枕草子・82段）

　すなわち、「切る」対象は〈時間〉ということになる。そして「言う」「決める」ことによって「区切りをつける」という意味から、「きっぱりと」のような強調のニュアンスが生み出されている。こ

第4章　文法化と主観化

の他「思い切る」にも「きっぱりと」といった意味があることから、人の認識・思考・発話といった行為を表す動詞と「きる」が複合した場合、「終結」という意味は「強調」のニュアンスを生み出すものと考えられる。

　以上、(3)から(5)に示した「切断」「遮断」「強調」の例は、後項動詞「切る」の意味変化として捉えることができる。すなわち、「切る」動作の対象が、「物体＞空間＞時間」と、抽象化する形で連続的に展開している。そしてこのときの「～きる」は、〈前項動詞の動作によって何かを「切る」〉といった意味を表し、前項動詞・後項動詞ともにその原義を色濃く残している。したがって中古の「～きる」は、結びつく動詞に制限がある「語彙的複合動詞」にあたるといえる。

　これが中世・近世に至ると、「きる」は様々な動詞と結びつくようになり、表す意味にも変化が見られるようになる。

(6) a. 澄靖トハスンデシヅマリキツタ者ゾ。（蒙求抄・巻3・63ウ）
　　b. 今ハサヤウノ事モナクシテ寂寞トサビキツテ有ゾ。

（四河入海・巻24ノ1・19オ）

(6)はいずれも、「極度」というべき意味を表している。例えば(6a)の「静まりきる」は、「静まる」という動詞で表される事態が「完全である・十分である」ことを表している。すなわち、「静まる」「寂びる」といった変化動詞と結合した場合、「～きる」は「極度の状態」を表すことになる。

　一方、次の(7)に示すように、動作動詞とも「きる」は結合する。この場合は、動作の「完遂」を表している。

(7) a. ながの在京なれは、つかひきつて、あたいが御ざなひによつて、いたさうやうがおりなひ。（虎明本狂言・かがみ男）
　　b. 跡に擁護の、神風や千波万波を押しきって、時もたがへず親子の船、もろこしの地にも着きにけり。

（国性爺合戦・第2）

このように、近代語以降の「〜きる」は、「変化動詞―極度状態」「動作動詞―動作完遂」という分布を形成している。すなわち、ここにおいて前項動詞の制限がなくなり、ほぼあらゆる動詞と結びつくことが可能となっている。「〜きる」は「統語的複合動詞」へと変化しているわけである。

文法化した「〜きる」の本質は、〈十分・完全な状態へ至る〉ことを表すものであると捉えることができる。前項動詞が変化動詞の場合には、その変化結果が〈十分な／完全な状態へ至る〉という、「極度」の意味を表す。一方の動作動詞の場合には、動作が〈完全な状態に至る〉こと、すなわち、動作を完全にやり遂げるという「完遂」の意味を表すことになる（青木 2010：147–165）。

2.2 〈可能〉の発生

「〜きる」の意味変化において興味深いのは、九州北部方言において〈可能〉の意味で用いられるという点である。「恐くて見ることができない」といった場合、「恐くて見キラン（福岡県）」といった言い方になる。

可能の定義については渋谷（1993）に詳しいが、「可能文の成立条件」として「話し手の期待」という、ある種の語用論的要素が設定されている。

(8) 補文の命題内容の条件：「ある動作が可能である」というときの「ある動作」とは、常に話し手が期待する（待ち望む）動作、より正確には、動作主体が期待している（待ち望んでいる）であろうと話し手が考える動作でなければならない。
　　・人は一生に一度いい人に出会うことができる。
　　・*人は一生に一度いやなやつに出会うことができる。
（渋谷 1993：9）

したがって、「〜きる」におけるアスペクト的な意味から可能の意味への変化は、話し手寄りの把握が行われるようになっているという点で、主観化が起こっているといえる。

このような意味変化が起こった背景について、もう少し詳しく見ておこう。「～きる」における可能の発生を考えるとき重要であるのが、九州南部方言に関する神部（1992：307）の次のような記述である。

(9) 薩摩・大隅を中心とする南部主域には、「能力可能」を表す「～キル」がない。ただし、「～きる」はある。が、それは、共通語にも通うもので、能力可能表現とは、直接には関係がないと言ってよい。その実例を、大隅の鹿屋の例についてとりあげてみよう。
　　・コン　ガケカイナ　トンキラン。（この崖からは飛びきれない。）
とあれば、これは、能力の問題ではなく、換言すれば、飛べる能力はあっても、勇気がなくて飛べない―ということだと言う。
　　・アタヤー　ユキラン。（私は言いきれない。〈とても言いだせない〉）
も、言いにくいことを誰が言うかとなったとき、白羽の矢の立った当人が尻ごみする場合のものである。この場合、
　　・アタヤー　タノンキラン。（私はとても頼みきれない。）
のように言うこともできる。これも、能力の問題ではなく、あえて言い出す勇気がないということであろう。上村孝二氏は、この種のものを、可能表現と区別して、「敢行表現」（上村1968）と言っている。

　薩隅地方の「～きる」は〈可能〉とは別物とされるが、「言イキラン」に「とても言い出せない」という訳があてられるように、〈可能〉の前段階とでもいうべき用法として位置づけることができる。いずれにしても、上村（1968）で「敢行表現」と述べられるように、「話し手の心情」が強く現れた表現であるという点は重要である。
　このような「話し手の心情」は、文法化した「～きる」の本質で

ある〈十分な状態へ至る〉という性質から導かれると考えられる。すなわち、鹿屋方言の「言いきらん」は、〈「言う」のに十分な状態でない〉という事態を、「とてもじゃないが」という思いを込めて表したものと考えられる。このような、〈～するのに十分でない〉という意味と「話し手の心情」が結びつけば、これは〈可能〉の意味へとつながっていく。すなわち、〈十分であるかどうか〉が、動作の実現可能性の有無として捉えられたものが〈可能〉であり、これが九州北部の方言であったものと考えられる*3。

　以上のように、中央語において「～きる」は文法化を果たしたが、意味変化の方向性としてはアスペクト的意味への変化であった。したがって、このとき主観化に相当する変化は見られない。しかしここから一部の方言では可能の意味が生じており、これは主観化に沿うものといえる。ただし、可能表現への変化は、すでに統語的（文法的）となった形式の意味変化であるため、「内容語から機能語へ」という典型的な文法化現象に伴う意味変化ではない点に留意する必要がある。

3.「げな」の展開

3.1　モダリティ助動詞「げな」の成立

　前節では複合動詞後項について分析したが、ここではより文末に近い位置で用いられる「助動詞」を取り上げることとする。現代共通語では用いられない形式であるが、西日本を中心とした広範な地域にわたって、次のような〈伝聞・推量〉を表す「げな」という形式が用いられている。

(10) a.　彼は知らんげな〔知らないようだ〕（山口県）
　　 b.　うすねたげな〔なくしたそうだ〕（香川県）

（『日本方言大辞典』小学館）

このような「げな」は、中世末から近世にかけて、中央語において

もよく用いられていた（湯沢1929、仙波1972、ほか）。

(11) a.　我ヲアナヅルゲナト云テ腹立テ辞去ゾ。
　　　　　　　　　　　　　　　　　　　　（史記抄・巻11・16ウ）
　　　b.　ヤレ杜鵑ハ吾ガ心中ヲ知テ不如帰トナクゲナヨ。
　　　　　　　　　　　　　　　　　　　　（中華若木詩抄・巻上・42ウ）

　この助動詞としての「げな」は、形容動詞を形成する接尾辞「げなり」に由来すると考えられる。これは、次のようなものである。

(12) a.　この児の顔のいとをかしげなりければ、目をとどめて、
　　　　　　　　　　　　　　　　　　　　（大和物語・169段）
　　　b.　人柄めやすく、世に用ゐられて心地よげにものしたまひしを、
　　　　　　　　　　　　　　　　　　　　（源氏物語・賢木）
　　　c.　息も絶えつつ、聞こえまほしげなる事はありげなれど、
　　　　　　　　　　　　　　　　　　　　（源氏物語・桐壺）

　(12)の「げなり」は「形容詞語幹／動詞連用形＋ゲナリ」であるが、(10)(11)の「げな」は「活用語終止連体形＋ゲナ」である。すなわち、「げなり」から「げな」への変化は、「語」の形成に関与する接辞要素から、文相当句に付接するモダリティ形式への変化を示している。
　モダリティ形式としての「げな」は、活用語連体形に続く次のような例をもって成立したとする見方も多い。

(13) a.　御内の雑色二人も「何事もあらば一所にて候」と申候間、留まるげに候。　　　　　　（義経記・巻5）
　　　b.　此等モ楽処ト思テアルゲナ也。　（杜詩続翠抄・巻7・3オ）
　　　c.　水ガ流ルヽゲデ聲ガスルゾ。　（四河入海・巻1ノ1・53ウ）

　しかしここで注意されるのは、(13)の諸例における「げな」が、「ゲニ」「ゲデ」のように活用するという点である。近現代語におい

て、推量などの主観的な意味を表すモダリティ助動詞は、活用しない「不変化型」であって、もっぱら文末で用いられる（金田一1953a）。その点からすると、この時期の「げな」は活用するのであるから、そのような主観性の高いモダリティ形式とは異なっている。

　特に注目されるのが、(13c)のような、連用形「ゲデ」の形である。中古の「ゲナリ型形容動詞」の時代においては、連用形は「ゲニ」であって（＝12b）、「ゲデ」という形ではない。すなわち、(13)におけるこれらの形式は、「連体形＋ゲ」という名詞句に、コピュラの「ニ」「デ」「ナ」が付接している構造と捉えることができよう。

　前期抄物では、このように活用する「げな」の例が多い。ところが、後期抄物の「げな」は、活用せずに文末で用いられるものがほとんどである。

(14) a.　羽ハ江東ノ者デアツタゲナゾ。　　　　（玉塵抄・巻1・5ウ）
　　 b.　一勤善慈老人ハ（然ゼン）トヨマレタゲナゾ。
　　　　　　　　　　　　　　　　（米沢本詩学大成抄・巻7・4ウ：山田2011）
　　 c.　更深ケタ時分ニ砧タノ声ノ聞エタハ如何サマ主人ハアルゲナ。　　　　　　　　　　（高国代抄・巻4・10ウ：早野1986）

『日葡辞書』にも、文末で用いられる「げな」の形が示されている。

(15) Guena. ゲナ（げな）他の語のあとに連接する助辞. 例, Maitta guena.（参つたげな）来たらしい．¶ Vacai guena.（若いげな）その人は若者であるらしい．　　（邦訳日葡辞書・p.295）

ここにおいて「げな」は、不変化型のモダリティ助動詞へと変化してきているといえよう。

　以上を通観すると、「げなり」から「げな」への変化には、次のような3段階があったものと考えられる（本書第2章）。

第4章　文法化と主観化

(16) a. 語「〜ゲナリ」。「〜」は形容詞語幹・動詞連用形。
をかしげなり、心地よげなり、ありげなり
   b. 名詞句「〜ゲ」+「ナ」。「〜」は活用語連体形、「ナ」は活用する。[NP 流るるげ]で、[NP 有るげ]な
   c. 文「〜」+「ゲナ」。「〜」は活用語終止連体形、「ゲナ」は活用しない。[s 若い]げな、[s 参った]げな

したがって、このような「げな」の変化は、典型的な文法化の現象であるといえる。形式名詞述語文（「〜ゲ」+「ナ」）から助動詞「げな」が生ずる変化は、内容語から機能語への変化として位置づけられよう。

　このときの意味変化について、もう少し詳しく見ておこう。そもそも「げ」という接尾辞は「気」に由来すると考えられるため、何らかの「様子」を表している。そのため、「なり」を伴った「ゲナリ型形容動詞」は、「様子だ」さらには「〜ようだ」といった意味になる（=12）。そして、この「ゲ」が形式名詞として捉えられた「ゲ+ナ」においても、同様に「様子だ」「〜ようだ」といった「様態」に関する判断を表している（=13）。これが（14）に至ると、判断の主観的側面がクローズアップされ、「げな」自体にその意味が焼き付けられ、切り離されている。「様子だ」という〈様態〉に関する判断から、事態に対して〈推量〉するという判断へと変化しているわけである。ここでの意味変化は、主観化に相当するものといえよう。

3.2 〈推量〉から〈伝聞〉へ

　上で見たように、中世室町期頃に推量の助動詞として成立した「げな」であったが、近世前期頃から次第に〈伝聞〉の意で用いられるようになる（仙波1972、山口2003ほか）。以下に、いくつか〈伝聞〉の例を掲げておく。

(17) a.　きけば夏かやをもつらせひでねさするげなが、そのやうなどうよくな事するものか
　　　　　　　　　　　　　　　　　　　　　　　　　　　（虎明本狂言・清水）

b. 聞けば道中双六が有るげな　　　　（丹波与作待夜の小室節）

　元々「げな」が表す〈推量〉は、事実と認定される蓋然性が高いという点で〈推定〉と呼ばれる意味に近い。これは古典語であれば、「めり」や「終止なり（＝終止形接続の「なり」）」が表していたとされるものである。

(18)a. 竜田川もみぢ乱れて流るめり渡らば錦なかや絶えなむ
　　　　　　　　　　　　　　　　　　　　　（古今和歌集・283）
　　b. 秋の野に人まつ虫の声すなり我かと行きていざとぶらはん　　　　　　　　　　　　　　　　　　　　（古今和歌集・202）

「めり」は視覚、「終止なり」は聴覚によってその情報を入手したことが示されるという、証拠的（evidential）な性格を有している。したがって、当該の様態についての話し手の認識・判断は、「む」などに比べると客観性が高いということになる。このため、「終止なり」などは、〈情報を聴覚で捉える〉という意味が拡張し、得られた情報の内容に即した推定、すなわち〈伝聞〉の意味を表すこともあったようである。

(19)龍の首に五色の光ある玉あなり　　　　（竹取物語・龍の頸の玉）

　「げな」の場合の推定から伝聞へという変化も、これとほぼ平行的に捉えることができる。すなわち、何らかの証拠（情報）に基づいて当該事態の観察の結果を述べていたものが、その情報を伝えることに重点がシフトしたわけである。このように見てくると、推定から伝聞へという意味変化は、話し手の観察・認識の関与が希薄になっているという点で、主観化とは逆の方向をたどっているといえる。近世後期の「げな」は、以下の（20）の記述に示されるように、もっぱらこのような伝聞用法に限られてくる。

(20)里に「ゲナ」といふ言葉は《げ隊》の言ひ化れるなるべし。

〔めり〕によく当たれり。古く〔何げなる〕と言へりける言葉より出でて、二三百年の前までは、すぐに〔めり〕といふ言葉に当つべく用ひたりけるを、<u>この頃はただ聞き伝へたることに限りて</u>、歌によまば〔てふとなむ〕などいふことに当つべきやうになりたれば、なかなかまぎらはしくやとて、今は当てず。　　　　　　　　　　　（富士谷成章『あゆひ抄』巻5・めり）

3.3　助動詞からとりたて助詞へ

「げな」は現在方言においても、多くの方言において伝聞への偏りを見せている。福岡県方言の例を掲げておこう。

(21) まごじょーなでけなさったげななー〔お孫さんがお生まれになったそうですが〕（福岡県）　　　　　（『日本方言大辞典』小学館）

筆者の内省（0才〜27才まで福岡市在住）においても、助動詞「げな」はもっぱら伝聞の意味で用いられる。
　ところが興味深いことに、福岡県方言においては新たな用法の展開を見せている。それが、次のようなものである。

(22) ナンデ数学<u>ゲナ</u>セナイカントー。イッチョンスカン。〔なぜ数学なんかしなければならないの。大嫌い！〕
　　　　　　　　　　　　　　　　　　　　　　（福岡市、女子中学生）

上の例のように、共通語の「なんて」「なんか」に相当する、否定的な評価を強調する「とりたて助詞」として用いられている。
　このような、助動詞〈伝聞〉からとりたて助詞〈否定的特立〉への変化については、松尾（2009）に詳しい。そこでは、次のような引用マーカーとしての用法に注目されている。

(23)「○○さんが私に仕事しろ」<u>ゲナ</u>言うとよ。（福津市、21才女性）

(23)の例では、不変化助動詞として文末で用いられていた「げな」が文中に現れている。このような用法において「げな」が文末

から文中へ移動することを可能にし、さらに「げな」の前の発話をとりたてる意識が働くことにより、述語部分が否定的評価を表すものへと変化したと説かれている。

　ここで重要な点は、文末で使われていた形式が文中で用いられるようになるという変化が、「げな」1語に限ったことではなく、他のいくつかの語においても見られるという点である。例えば「やら」という語は、「にやあらむ＞やらん＞やら」という変化を遂げたものであるが、「やらん」の段階では疑問を表すものとして文末で用いられていた。

(24) また問、「人は何として仏には成候やらん」と　（徒然草・243段）

これが、以下に示すように、中世室町期に間接疑問文（= 25a）、近世期に例示（= 25b）、それぞれの用法が発生している。

(25) a.　何ト義理ヲ付ウズヤラ知ラヌホドニ推シテ義ヲ付ルゾ
　　　　　　　　　　　　　　　　　（蒙求抄・巻5・21オ：高宮2004）
　　 b.　言訳やら顔見にやら、見苦しき身も恥ぢず、爰へ来て面
　　　　目もなき物語と涙に声を曇らせり　　（博多小女郎波枕・巻上）

　すなわち、「げな」同様、文末で用いられていたものが、助詞として文中で用いられるようになっているのである。「主観化」を「命題的意味から対人的意味への変化」と捉えるなら、これらは全く逆の変化ということになる。日本語の歴史的変化において、このような事例が少なくないことには留意する必要があるだろう（Kinuhata et al. 2009 など参照）。

4. おわりに

　以上、本章では複合動詞として「～きる」、モダリティ形式として「げな」を取り上げ、それぞれの変化の過程を記述した。これらの文法変化について、本章のキーワードである「文法化」と「主観

化」の観点から整理しておこう。

　まず、「〜きる」における「語彙的複合動詞」から「統語的複合動詞」へという変化は、文法化の現象として捉えることができる。ただし、意味の抽象化や前項動詞の選択制限がなくなったことをもって「統語的（文法的）」と言っているのであり、影山（1993）の言うような受身形や使役形、サ変動詞などの「統語的」要素が現れるかどうかは、文法化の要件ではない。またこのとき、主観化に相当する変化は見られない。この後、一部の方言において「〜きる」は可能表現への展開を見せる。「可能」は動作主寄りの把握を行う表現であるから、可能表現への変化は、主観化として位置づけることができる。

　ただし、ここでの可能表現化のプロセスは「内容語から機能語へ」という統語的特性の変化に伴うものではなかった。統語的な成分となった後に「可能」の意味が生じている。すなわち、「文法化」を「内容語から機能語への変化」のように範囲を限定してしまうと、「文法化」と「主観化」を結び付けられないことになる。しかし、そもそも可能表現形式は、いずれも元々「自発」や「完遂」などの意味を表していた文法的形式が、「可能」表現へと変化したものである（渋谷2005）。文法化の外延が議論されるゆえんであるが、むしろそうした議論が不毛であることを示しているともいえる。

　一方のモダリティ助動詞「げな」であるが、「形式名詞＋コピュラ」から助動詞へという変化は、主観化を伴った典型的な文法化現象であり、「ようだ」「そうだ」「はずだ」など同様の構造を有する形式は、同様の変化をたどっていると考えられる。したがって、ここに変化の方向の一般性を見出すことができるが、「げな」がその後たどった変化は「主観化」とはまったく逆の方向である。とりたて助詞としての「げな」は「否定的評価」を表すため、ここに主観化を認める可能性もあるかもしれない。また、推量から伝聞への意味変化、文末から文中への統語変化は、機能語へと変化した後に起こった現象であるから文法化とは関係ない、と切り捨てることもできるかもしれない。しかし、そうした枠組みにあてはめることが言語変化を記述することでは、決してないだろう。「一方向性」にあ

まりにこだわりすぎると、変化のありようを見誤ることになるのではないかと思う。我々は、歴史的研究が矮小化されることのないようにしてゆかなければならない*4。

＊1　「文法化」に関して、日本語で書かれた概説的なものとしては、秋元（2002）のほか、Hopper & Traugott（1993）の翻訳（日野資成（2003）『文法化』九州大学出版会）がある。また、『月刊言語』33-4（2004年）や『日本語の研究』1-3（2005年）に特集が組まれているほか、ナロック（2016）には平易な解説が述べられている。
＊2　複合動詞の歴史的展開の全体像については、本書第13章において述べる。また、歴史的研究における「語彙的複合動詞」「統語的複合動詞」という分類の有効性については、本書第14章において検証する。
＊3　このように、話し手の期待・心情は「可能」という意味にとって必須の条件であるため、渋谷（1993）で、いわゆる「能力可能」「状況可能」などと同じレベルで「心情可能」を設定されるのは首肯できない。
＊4　「主観化」については、本文中では触れられなかったが、本来は文法論における「主観」とは何かということから考えなければならない。その点、小柳（2014）は大いに参考となる。山田孝雄の文法論の流れを汲む森重敏、川端善明、尾上圭介、野村剛史などの諸論考と、「文法化」理論で議論されているところの用語の相違についても、我々は考えておくべきであろうと思う。

第5章
項における準体句の歴史変化

1. はじめに

　現代日本語において、文中に文相当を埋め込む形で名詞節を構成する代表的な形式としては、「の」と「こと」の2つがあるとされる。本章では、これらによって構成される名詞節を、それぞれ「ノ型名詞節」「コト型名詞節」と呼んでおく。

(1) a.　［太郎が走るの］を見た。
　　b.　［花子が帰ったこと］を伝えた。

　この「の」と「こと」が互いに重なり合う部分も多いことから、両者の使い分けに注目する形で、これまでに多くの議論が積み重ねられてきた（久野1973、坪本1984、工藤1985、橋本1990・1994、大島1996、益岡1997など）。その結果、それぞれの意味的・統語的特徴について、かなりの部分が明らかになった。
　一方、古代日本語では、名詞節は裸の用言連体形で構成することができ、この場合の連体形の機能は「準体法」と呼ばれている。この連体形準体法によって構成される名詞節は「準体句」と呼ばれ、やはり古くから注目されてきた。

(2) a.　［友の遠方より訪れたる］を喜ぶ。
　　b.　［友の遠方より訪れたる］をもてなす。　　（石垣1955より）

　準体句の構造については、石垣（1955：215–238）、近藤（2000：329–354）などに詳しいが、(2a)のようなタイプの他に(2b)のようなタイプが存する。〈コト〉の意味を表す(2a)に対し（＝友

の遠方より訪れたる〈事〉を喜ぶ)、(2b)は〈ヒト〉の意味を表しており(＝友の遠方より訪れたる〈者〉をもてなす)、大きく異なっている。(1)との関係において問題となるのは、(2a)のようなタイプである。以下、(2a)のような準体法によって構成される名詞節を「準体型名詞節」と呼ぶ。したがって、歴史的観点から見ると、複文における名詞節については、(2a)と(1a)(1b)、すなわち、「準体型」「ノ型」「コト型」の3形式を考察する必要があることになる。

準体句について通史的な視点から捉えられた研究としては、信太知子氏による一連の研究(信太1970、1976、1987、1996ほか)がある。そこで述べられたことをまとめると、以下のようになる。

(3) a. 準体法は院政期ごろより衰退していった。
　　 b. 連体形終止の一般化が、準体法衰退の要因となった。
　　 c. 衰退した準体法の機能は、最初のうちは形式名詞が補償した。
　　 d. 消滅した準体法を補償するために、準体助詞「の」が成立した。

(3)として掲げた4点はいずれも重要な指摘であるが、これまで具に検討されることのないまま、受け入れられてきた感がある。本章では、〈コト〉を表すタイプである「準体型名詞節」を中心に、準体句の歴史的変化について考察を行う。

2. 中古語における準体型名詞節の使用範囲

準体法の「衰退」と言うのであれば、まずはどのような部分から衰退していったのかを考える必要がある。そのためには、古典語においてどのような場合に準体型名詞節が用いられていたのかを見ておかなければならない。「準体型」が用いられる環境としては、柳田(1993a・b)に整理されるように、①連用格に立つ場合、②接続部に立つ場合、③述部に立つ場合、の3つが想定される。本来な

ら、これらすべての場合について記述する必要があるが、②③は区別して扱うべきであるという山口（2000：104-105）も考慮し、本章では①に限定する。すなわち、述語の項として用いられる場合である。その上で、主語節となる場合とその他の場合とに分けて観察することとする。

2.1 主語の場合

準体型名詞節が主語となる場合については、石垣（1955）に詳しい。夙に知られるように、この場合、主文の述語が「形状性用言」に限られる、という極めて重要な指摘がなされている。この制限を、以下「石垣法則」と呼ぶ。まずは、石垣論文に掲げられた用例を、以下にいくつか示す。

(4) a. ［手叩けば山彦の答ふる］、いと煩はし　　（源氏物語・夕顔）
　　 b. 一ノ牛ヲ殺シテ［其ノ報ヲ受ケム］、猶如此シ
　　　　　　　　　　　　　　　　　　　（今昔物語集・巻2―30）
　　 c. ［筆の行く］、限りありて　　　　　　　（源氏物語・絵合）
　　 d. かく迎ふるを［翁は泣き嘆く］、能はぬ事なり
　　　　　　　　　　　　　　　　　（竹取物語・かぐや姫の昇天）

(4a)は形容詞、(4b)は形容詞活用の助動詞、(4c)はラ変動詞、(4d)は「なり」で終わる名詞述語であり、このような例が大半を占める。これらはいずれも終止形が「イの韻」に終わる「形状性用言」であり、ここに先述の「石垣法則」が成り立つこととなる。

しかしながら、次に掲げるように、主文の述語が「イの韻」のものではない例も、少数ながら見られる。

(5) a. 下人も数多く頼もしげなる気色にて［橋より今渡り来る］、
　　　　見ゆ　　　　　　　　　　　　　　　（源氏物語・宿木）
　　 b. 汝ヂ出家ノ人［香油ヲ身ニ塗ル］、糞ヲ塗ルニ似タリ
　　　　　　　　　　　　　　　　　　　（今昔物語集・巻2―36）
　　 c. 現ニ［人ヲ馬ニ打成ケル］、更ニ不心得ズ

第5章　項における準体句の歴史変化　　65

石垣論文では、「見ゆ」「聞こゆ」などの一部の自動詞、さらに「たり」「けり」「り」「ず」などの助動詞が付接したものも「形状性用言」として整理されるので、(5) の諸例は例外とはなっていない。しかし、(5b)(5c) の述語用言は、それぞれ「似る」「心得」と解すべきもののようであり、(5a) の存在も考え合わせると、「イの韻」以外の述語の存在を認めざるをえない。

このように、「イの韻」に終わる「形状性用言」という枠組みで整理すると、若干の例外が存在する。これらの「例外」が後世の議論を招くこととなったが＊1、ある種の制限が存すること自体は間違いない。これは、次のように、同じく〈コト〉の意味を表す「コト型名詞節」と比較してみると明らかである。

(6) a. ［節を隔てゝよごとに金ある竹を見つくる事］かさなりぬ

（竹取物語・かぐや姫の生ひ立ち）

　　b. ［風の吹くこと］やまねば、岸の波立ち返る

（土佐日記・2月3日）

　　c. ［起き上りたまふこと］絶えて、日ごろ経ぬ

（源氏物語・若菜下）

(6) に示したように、「コト型」が主語となる場合、「重なる」「やむ」「絶ゆ」のような、「動き」を表す動詞を述語用言にとることができるのである。これに対し、(5) に示した「例外」は、心理状態・関係など、ある種の「状態」を表したものである。(4) に示した「形状性用言」が「状態性」を表したものであることは疑いないのであるから、「準体型」が主語となる場合の制限は、「動き」を表す動詞を述語用言にとらない、という形でやはり存在するものと考えられる＊2。

2.2　目的語その他の場合

次に、準体型名詞節が目的語となる場合について、用例をいくつ

か掲げる。

(7) a. ［いみじう泣く人ある］をきゝつけて、とゞめてとりかへし給うてけり　　　　　　　　　　　　　　　　（伊勢物語・6段）
　　b. ［いみじき愁へに沈む］を見るに、たへがたくて
　　　　　　　　　　　　　　　　　　　　　　　　（源氏物語・明石）
　　c. 「……」と、［いとねむごろに言ひかかる］を、いとむくつけく思ひて　　　　　　　　　　　　　　　　（源氏物語・玉鬘）

　目的語として用いられた例は非常に多く、一見自由に用いられているかのように見える。しかしながら、上に掲げたように、「聞く」「見る」「形容詞＋思ふ」など、述語用言が感覚・感情を表すものにほぼ限られる点には留意すべきである＊3。
　ニ格の場合の例としては、次に掲げるようなものがある。

(8) a. ［月ごろ風病重き］にたへかねて　　　　　（源氏物語・帚木）
　　b. ［内裏より大宮の御文ある］に驚きたまひて
　　　　　　　　　　　　　　　　　　　　　　　　（源氏物語・浮舟）
　　c. 功徳の方とても、［勧むる］によりたまひて
　　　　　　　　　　　　　　　　　　　　　　　　（源氏物語・薄雲）

「に」は接続助詞との境界が微妙な例も多いが、(8)の諸例はいずれも格助詞と見てよいだろう。ニ格において用いられた例は、「コト型」に比べ非常に多い、という点にはやはり留意しておく必要がある。
　さらに、次のような「〜につけて」「〜にしたがひて」といった形式に続く場合には、「コト型」が用いられることはなく、もっぱら「準体型」が用いられる。

(9) a. 「……」と［言ふ］につけてぞ、うちこぼるゝ涙のあつくてかゝるに　　　　　　　　　　　　　　　　　　（蜻蛉日記・中）
　　b. ［かやうなることを思しいそぐ］につけてこそ、ほのかに

　　　　あはれなれ　　　　　　　　　　　　（源氏物語・手習）
　c.　このほどの宮仕へは［堪ふる］に従ひて仕うまつりぬ
　　　　　　　　　　　　　　　　　　　　　（源氏物語・夕霧）

　以上を通観すると、中古語における準体型名詞節は、判断や感情・感覚の「対象」として用いられているといえる。名詞節の意味内容としては、ある種の「事柄」を表すのであるから、この点はよく理解できよう。ただし、「準体型」が名詞成分として自由に用いられていたわけではない、という点は重要である。「準体型」が主語あるいは目的語となる場合、事態の生起・変化など「動き」を表す題材においては使用することができなかったのである。
　逆に、ニ格においては、「準体型」は多用される傾向にある。「〜につけて」などの副詞的成分に付接する場合には専用されるという事実と合わせ、これらが意味するところについては、後に述べることとする。

3. 現代語におけるノ型名詞節・コト型名詞節

　前節では、中古語における準体型名詞節について観察したが、使用範囲に制限があるという結果と同時に、もう1つ重要な事実が明らかとなった。それは、特に主語節において顕著なように、「準体型」を用いることができない範囲を、「コト型」が担っていたという事実である。すなわち、「準体型」と「コト型」は、統語的に異なった振る舞いを示すものと考えられる。

3.1 「の」と「こと」の使い分け

　現代語における「ノ型」と「コト型」の使い分けに関しては、その使用の分布から、以下の3種が認められる（例文は橋本1990より）。

(10) a.　太郎は飛行機がふもとに墜落する　の／*こと　を見た。
　　b.　係員は雪雄が中にはいる　の／こと　を許可した。

c. 部長は政志に愛媛に転勤する　??の／こと　を命じた。

　先行研究に従い、(10a) のようなものを「ノ専用文」、(10b) を「ノ・コト両用文」、(10c) を「コト専用文」と呼んでおく。
　(10c) のようなコト専用文が成り立つのは、節の意味内容が「抽象化された概念」(久野1973)、「生産されることがら」(橋本1990)、「事象のあらまし」(大島1996) などを表す場合であるという。そして、主文の述語動詞が、「始める」「決める」「望む」「示す」「言う」「伝える」などの場合（工藤1985など）、コト専用文になる。
　一方、ノ専用文であるが、ノ型名詞節が「五感によって直接体験される具体的動作、状態、出来事」(久野1973) を表し、主文と補文の間に「緊密な意味的・構文的関係」(坪本1984)、「密接性」(橋本1990) が認められる場合に成り立つという。主文の述語動詞としては、「見る」「聞く」「待つ」などが挙げられる。
　これらの文は、古典語ではどのように表されていたのだろうか。次節では、現代語と古典語の対応関係について、観察することとする。

3.2　古典語との対応

　まずは「コト専用文」について見ることとする。この場合重要であるのは、2節で観察したように、準体型名詞節は判断・感覚の対象としてしか用いることができなかった、という点である。すなわち、ある事柄を「始め」たり、「示し」たりといった、事態の「動き」を表す場合には用いられなかったのである。したがって、現代語のコト専用文は、古典語では「準体型」で表すことができず、以下に示すように、「コト型」によって表されていたと考えられる。(11) として中古語、(12) として中世語の例を掲げる。

(11) a.　大殿在しあひて、[内裏に宮参り給フべきこと] をさだめ給ふ　　　　　　　　　　　　　　　　　　（宇津保物語・国譲下）
　　 b.　上の御ありさまなど思ひ出できこゆれば、[とく参りたまはんこと] をそそのかしきこゆれど　　（源氏物語・桐壺）

c. 「宮仕へもをさをさしくだにしなしたまへらば、などかあしからむ」と、［参らせたてまつらむこと］を、思しはげむ
(源氏物語・葵)

(12) a. ［定業の病いやさざる事］をしめさんが為也
(平家物語・巻3)

b. タガイニ［ムカシ同遊セシ事］ヲ語ラルヽ也
(中華若木詩抄・巻中・32ウ)

c. 我［この難儀を遁れさせられうずること］を教へまらせうず
(エソポのハブラス・p.418)

次に、「ノ専用文」について見ることとする。「密接性」の議論はここでは措くが、主文の述語に注目すると、これも2節の(7)に掲げたように、中古語における「見る」「聞く」などの目的語節としては、もっぱら「準体型」が用いられていた。(13)として、中世語の例を付け加えておこう。

(13) a. ［呉王ヲ亡ス］ヲ見ルベキト云ゾ
(中華若木詩抄・巻上・18オ)

b. ［その馬の名残もこよいばかりぢゃと言うた］を聞いて、郎等走り帰ってかうかうと言えば (天草版平家物語・p.262)

c. ［かの者の日々に同じ所へ行つては帰り、行つては帰りする］を見て
(エソポのハブラス・p.478)

「見る」「聞く」に限ってではあるが、その目的語節について調査したところ(源氏物語、平家物語、中華若木詩抄、エソポのハブラス)、「コト型」の例は1例もなく*4、全て「準体型」であった。したがって、現代語のノ専用文は、基本的に「準体型」で表されていたと考えてよいように思う。

このように、現代語のコト専用文は古典語でも「コト型」専用、ノ専用文は古典語では「準体型」専用、といった対応関係が認められる。したがって、古典語と現代語の名詞節は、以下の(14)のような対応を示すものと考えられる*5。

(14) 古典語「コト型」— 現代語「コト型」
　　 古典語「準体型」— 現代語「ノ型」

　そうすると、古典語における「コト型」と「準体型」の相違は、現代語における「コト型」と「ノ型」の相違とほぼ等しいものと考えられる。すなわち、形式が異なる以上、節が表す意味内容も異なっていると考えられるのである。現代語においては、「事柄」をある程度抽象化した「あらまし」と捉えて表現する場合には「コト型」が、「事態そのまま」（佐治1993）、「事象の全体」（大島1996）を表現する場合には「ノ型」が選択されると考えられ、この見方は古典語にも適用できるものと考えられる。これは、「コト型」が「こと」という名詞を主要部とする名詞句であるのに対し、「準体型」の主要部はあくまでも述語の連体形そのままである、ということからも首肯されよう。
　したがって、いわゆる「両用文」においても、両者の差異は存在していると考えられる。まずは現代語の例を、大島（1996）より掲げる。

(15) a.　私は太郎が池に落ちたことを　ありありと　覚えている。
　　 b.　私は太郎が池に落ちたのを　ありありと　覚えている。

大島論文でも説かれるように、(15b) の方は、「太郎が池に落ちた」という事象を直接に視覚で捉え、その視覚イメージを「ありありと覚えている」と解釈される。それに対し、(15a) はイメージが鮮明なのではなく、記憶の仕方が鮮明であると解釈され、両者には意味の相違が認められる。
　このようなノ・コト両用文は、古典語では「準体型」で表されていたと、一見考えられそうである。無印の連体形であった部分に、「の」あるいは「こと」がそれぞれ付け加えられたという説明である。

(16) a.　［月日のゆく］をさへ嘆くおとこ　　　　（伊勢物語・91段）
　　 b.　月日が過ぎていく　の／こと　をさえ嘆く男

しかし、現代語において「コト型」でも表すことができるということは、古典語でも「コト型」で表すことができるはずである。実際、(16a)に対し、(17)のような形式が存在する。

(17) [身の沈む事] を歎きつゝあるに　　　　　（宇津保物語・祭の使）

すなわち、現代語で「ノ・コト両用文」であるということは、古典語でも「準体・コト両用文」であるということを意味する。このような、「両用文」の古典語の例をもう少し掲げておく。

(18) a.　御前の御遊び、[にはかにとまりぬる] を口惜しがりて
　　　　　　　　　　　　　　　　　　　　　　（源氏物語・鈴虫）
　　 b.　御方々、[物見たまはぬこと] を口惜しがりたまふ
　　　　　　　　　　　　　　　　　　　　　　（源氏物語・紅葉賀）
(19) a.　「……」と、[をこ言にのたまひなす] をも知らず
　　　　　　　　　　　　　　　　　　　　　　（源氏物語・常夏）
　　 b.　[心深くたばかりたまひけんこと] を知る人なかりければ
　　　　　　　　　　　　　　　　　　　　　　（源氏物語・賢木）

「準体型」で表す捉え方と、「コト型」で表す捉え方の両方を許す場合、「両用文」が成り立つことになる。つまり、「嘆く」「口惜しがる」「知る」という行為の目的語の場合の「事柄」は、「事態そのまま」としても「抽象化した事態」としても、捉えることが可能であるということを意味していよう。

4.「の」の文法化

以上のように、「準体型」と「コト型」の間には、「ノ型」と「コト型」の間と同様に、統語的・意味的な相違が認められる。このことを歴史的観点から整理し直すと、「コト型」は、統語的にも意味的にも歴史的変化を蒙っていない、ということになる。「事柄」を表す名詞節として、古典語から現代語に至るまで変わらず用いられ

ているわけである*6。一方、「準体型」の機能は、「ノ型」が引き継ぐ形となっている。したがって、衰退した「準体型」を「コト型」が補償する、といったことはなかったと考えられる。そして、補文を構成する名詞節の史的展開は、「準体型」から「ノ型」へ、という変化として捉えられることとなる。

4.1 準体句の2種

これまでは、現代語の「ノ型」「コト型」に対応する準体句についてのみ観察してきたが、はじめに少しく触れたように、これとは異なるタイプの準体句が存する。石垣（1955）で「形状性準体」、近藤（2000）で「同一名詞準体」と呼ばれるもので、次のようなものである。

(20) a. ［もの思ひ知りたまふ］は、さまかたちなどのめでたかりしこと、心ばせのなだらかにめやすく憎みがたかりしことなど、今ぞ思し出づる　　　　　　　　（源氏物語・桐壺）
　　 b. ［人のむすめの［かしづく］］、いかでこのおとこに物いはむと思けり　　　　　　　　　　　　　　　（伊勢物語・45段）
　　 c. ［かの承香殿の前の松に雪のふりかゝりたりける］を折りて　　　　　　　　　　　　　　　　　　　（大和物語・139段）

このようなタイプの準体句は、形式的な面から、(20)のようにさらに3つの種類に分けられるが、ここではこのような下位タイプの差については言及しない*7。いずれも、顕在していない主名詞としては〈モノ〉〈ヒト〉が想定される点で、これまで見てきた〈コト〉を表す「名詞節」タイプとは異なっている。たとえば(20a)は、「もの思ひ知りたまふφ」の「φ」には〈ヒト〉が想定され、準体句を構成する連体形述語は、顕在化していない〈ヒト〉を連体修飾するような働きをしている。「山彦の答ふる」（= 4a）のように、述語の意味内容がそのまま名詞化されたものを「名詞節」と呼ぶわけであるから、(20)のような形で連体修飾する連体形述語句は「関係節」と呼ぶのが相応しいと言えよう。以下、〈コ

第5章　項における準体句の歴史変化　　73

ト〉を表す準体句を「名詞節」タイプ、〈モノ〉〈ヒト〉を表す準体句を「関係節」タイプと呼んで区別することとする。

　いわゆる準体助詞「の」の成立・発展を見るとき、この区別は重要である。〈モノ〉〈ヒト〉を表す関係節タイプの準体と、〈コト〉を表す名詞節タイプの準体では、前者の方から先に「の」の付接が始まったと考えられる（原口1978、金水1995など）からである。これは、「の」が（21）のような代名詞的用法からの発達であると考えられる（柳田1993aなど）ことに鑑みると、首肯される。

(21) a.　薬師は常のもあれど賓客の今の薬師貴かりけり貴だしかりけり　　　　　　　　　　　　　　　　　（仏足石歌・15）
　　 b.　前の守、今のも、もろともにおりて、今の主も、前のも、手取り交はして　　　　　　　　　　　（土佐日記・12月26日）

　山口（2000：99–101）ではさらに、「活用語連体形に接して用いられるようになる準体助詞「の」のより直接的な出自」は、次に掲げるような「〜がの」の「の」に求めることができる、と述べられている。

(22) a.　人妻と我がのとふたつ思ふには馴れにし袖ぞあはれなりける　　　　　　　　　　　　　　　　　　（好忠集・458）
　　 b.　其かたなをおこせひ／是は身がのじや　　　　　　　　　　　　　　　　　　　　　　　（虎明本狂言・二人大名）

　柳田（1993a、b）では、上の（22）のような「〜がの」における「の」との関わりについては否定的であるが、本書では、三矢重松以来説かれるように、（21）の代名詞用法から（22）のような用法が生まれ、ここから次に掲げるような、述語に付接する用法が生まれたものと見ておく。

(23) a.　古今の前書に歌奉れと仰せられける時とあるのは、歌の手本に奉れとあるのなり　　　　　　　　（耳底記：吉川1950）

b.　せんどそちへわたひた<u>の</u>は何としたぞ（虎明本狂言・雁盗人）

　（23a）の「あるの」は「歌」、（23b）の「わた（渡）ひたの」は「銭」を表しており、この場合の「の」はいずれも〈モノ〉である。〈モノ〉を表すという点で共通した性格を有する「の」が、次第に用法を拡張していったと見るわけである。そして、このような活用語の連体形に付接するようになった関係節タイプにおける「の」が、次の（24）のように、名詞節タイプにも及んでいったというストーリーが想定される＊8。

（24）a.　如何に申さんや、姫が肌に、父が杖をあてて探す<u>の</u>こそ悲しけれ　　　　　　　　　　　　　　（貴船の本地：吉川 1950）
　　　b.　そなたが嘆きやる<u>の</u>をば思ふては、今日は人の身の上、明日はわが身の上　　　　　　　　　　（狂言記・巻5・武悪）

ここには、①意味の抽象化、②機能の一般化、といった変化が観察され、「の」の発達は、一種の文法化であると捉えられよう＊9。

4.2　準体型名詞節の歴史

　コト型名詞節が、古代から現代に至るまで、形態はもちろん、統語的・意味的性格を変えていないことは、すでに見たとおりである。その一方で、準体型名詞節は「衰退」し、「の」を必要とするようになるというわけであるが、ここであらためて中古から中世末までの歴史を振り返ると、「準体型」は「衰退」などしてはいないように見受けられる。「準体型」でしか表し得ない部分、すなわち「見る」「聞く」の目的語の場合など、現代語のノ専用文にあたる範囲は、すでに見たように、「準体型」しか用いられない。さらに主語節となる場合、中古において中心的であった形容詞文における用法も、中世末でもやはり用例の大半を占める。

（25）a.　［春題ト云題ニ梨花ノ雪桃花ノ雨ヲツクラレタ］ガ妙也
　　　　　　　　　　　　　　　　　　　（中華若木詩抄・巻中・53ウ）

b.　［エソポ再び死せいで蘇生仕り、参内いたす］は不思議ぢや
　　　　　　　　　　　　　　　　　　　　　（エソポのハブラス・p.435）
　　　c.　［これこそ源氏の大将の弓よ、強いぞ、弱いぞとあざけら
　　　　　れう］が口惜しければ　　　　　　（天草版平家物語・p.338）

　そして、補文を構成する「の」は、室町末江戸初期に成立していたにも関わらず、江戸後期に至っても未だ定着していないのである（原口1978、金水1995ほか）。逆に見れば、江戸後期に至っても準体型名詞節は普通に用いられていたのであり、これらの事実は、準体型名詞節が何らかの理由により衰退し、その機能を補償するために「の」が成立した、という仮説の妥当性を疑わしめる*10。

　すなわち、「の」はまず〈モノ〉を表すことを明確に指し示すために、関係節タイプの準体句の句末に付接するようになったと考えられる*11。これがさらに抽象化することによって、名詞節タイプの準体句末にも付接するようになったのであり、〈モノ〉から〈コト〉への拡張が起こっている。ここで注目すべきは、現代語において、〈モノ〉を表す関係節タイプが「準体句」の形で残存したものは見当たらないが、〈コト〉を表す名詞節タイプが「準体句」として用いられる例はかなり見られるという点である*12。原口(1978)には、次のような形式が挙げられている。

(26)a.　スルガイイ、スルガ早イカ、スルガマシ、スルガイナヤ
　　b.　言ウニ言ワレズ、スルニ限ル、スルニ及バナイ、スルニ
　　　　ツレテ、……

(26a)は慣用句もあり、かなり文語的であるが、(26b)のように「に」に続くものはその種類も多く、口語で使われるものもある。(26b)の諸例は、橋本(1994)でも述べられるように、副詞的成分であり名詞性の低い形式をも許容する。すなわち、これらは「の」を必要としなかったと考えられる*13。

　主語節や目的語節など、述語の項として必須の要素となる場合には、統語的に「名詞」でなければならない（大島1996参照）。

「の」で〈モノ〉を指し示す用法が一般化するにしたがって、「名詞」であることが要求される場合には、「の」で〈コト〉を表す用法も少しずつ定着していったと考えられる。ここには、すでに存在していたコト型名詞節の影響もあるだろう。いずれにしても、準体型名詞節が何らかの理由によって衰退し、それを「の」が補償したのではなく、「の」の発達こそが、準体型名詞節を衰退させたものと考えられる。

5. おわりに

　以上のように、本章では、石垣法則を手がかりとし、「準体型名詞節」と「コト型名詞節」の異なりについて指摘した。「準体型」の機能は、そのまま「ノ型名詞節」が引き継いでおり、したがって、古今を通じて「コト型」と機能が重なることはなかったと考えられる。このことから、準体句が、他の形式名詞（「モノ」など）を主要部とする名詞句と機能が重なることも、やはりなかったものと考えられる。こうしたことに鑑みると、節そのものが名詞化されたものを「名詞節」と呼ぶ本書の立場からは、「コト型名詞節」と呼んできたものは、「こと」を主名詞とする名詞句（節の種類としては関係節）と見たほうがよい、ということになろう。

　準体助詞「の」は〈モノ〉を表す代名詞が文法化し、〈コト〉を表す形式へ拡張したものと考えられる。このような「の」の発達が準体句を衰退させたと見ることにより、従来問題とされてきたタイムラグの問題も解決されるように思う。すなわち、「の」は〈モノ〉であることを明確に指し示すために使用され始めたものであるため、当初はあってもなくてもよいものであった。近世初期の文献に現れ始める準体助詞「の」が、200年以上を過ぎた近世後期に至るまで使用率が上がらないのは、なくても意味が分かるようなものであったからであろう。中古中期から見られる「〜がの」から準体助詞「の」が「案出」され、「試行」を経て「採用」に至る*14まで600年以上かかったのもやはり、準体法の衰退という必要性に迫られたものではなかったことを物語っていよう。

第5章　項における準体句の歴史変化　77

＊1　青木（1956）松尾（1956）などの書評では、「石垣法則」について一定の価値は認められながらも、「形状性用言」の枠組みの再検討の必要性が提起された。これを承ける形で、重見（1994：165）では、「主部の「評価」的叙述」と捉え直され、近藤（2000：297–312）では、「能格性（非対格性）」の述語といった一般化がなされた。

＊2　主語として用いられる「準体型」と「コト型」の相違については、本書第10章も参照されたい。

＊3　西尾（1977）では、「聞く」「見る」「思ふ」「知る」「待つ」など、「知覚的動詞に結びつきやすい」と指摘されている。

＊4　「…といふこと」の形を除く。古典語における「といふ」は、現代語のような単なる「つなぎ」ではなく、「引用」的な性格があると考えられる（信太2004参照）。

＊5　現代語において、「う」「よう」「だろう」「まい」に続く場合は、コト専用文になる。

・太郎がここへ来るであろう　こと／＊の　は分かっていた。

しかし、古典語では「準体型」も「コト型」も用いられている。

・［その人近からむ］なむうれしかるべき　　　　　　（源氏物語・帚木）
・［心深くたばかりたまひけんこと］を知る人なかりければ
　　　　　　　　　　　　　　　　　　　　　　　　（源氏物語・賢木）

現代語のコト専用文は古典語でも「コト型」、という一般化の例外になるが、モダリティ形式の側の問題と考えられるので、ここでは保留しておく。

＊6　ただし、主語節となる場合は注意が必要である。近藤（2000：303–307）では、現代語の「コト型」の特徴として、次のような他動詞文・使役文での使用例が多いことが指摘されている。

・［手掛けにくい商品に取り組んだこと］がチャンスを広げた
・［名称を福祉としたこと］が決定的に国民を怒らせた

しかし、古典語においては、このような用法は一般的ではない。次のような例がいくつか見出される程度である。

・師子ノ様ナル狗ニ大ナル鈴ヲ付タリ、［鳴リ合タル事］空ヲ響カス
　　　　　　　　　　　　　　　　　　　　　　　　（今昔物語集・巻19—8）
・夫三世の諸仏、解脱幢相の法衣をぬぎ捨て、忽に［甲冑をよろひ、弓箭を帯しましまさむ事］、内には既破戒無慙の罪をまねくのみならず
　　　　　　　　　　　　　　　　　　　　　　　　（平家物語・巻2）

近藤論文では、このように「コト型」が〈原因〉として他動文の主語に立つ用法は「近世以降に発生したものだろう」と述べられている。「原因主語他動文」の歴史については、本書第11章を参照されたい。

＊7　（20a）は主名詞の属性を限定的に示す名詞句が現れないもの（＝欠如型）、（20b）はそのような名詞句を「の」を伴う形で付加したもの（＝追加型）、（20c）は連体形述語との格関係を保ったまま現れるもの（＝内在型）で、いずれもある種の関係節であると考えられる。これらについては、黒田（2005：169–235）近藤（2000：338–346）に詳しい。高山・青木（2010：107）も参照されたい。

＊8　ただし、文献における初出となると、名詞節タイプも関係節タイプも室町末江戸初期の資料ということで、差は見られない。(24a) は、山口 (2000：108-109) でも指摘されるように本文の異同が多く、室町以前の例とは認めにくいが、ここでは室町末江戸初期の例として扱った。この他、吉川 (1950) には、抄物「碧巌録提唱」の例も挙がっているが、これは大正期に入り、三江紹益 (1572-1650) 抄の五山版を底本に「二三の異本と校合した」とされる活字本から引用されたもので、やはり室町期の例とは認めがたい。

　江戸期に入っても、データの上では、名詞節タイプと関係節タイプの間に有意味な差を見出しがたい場合が多いことは、先行研究ですでに指摘される通りである。このような状況も視野に入れ、田上 (1999) では、むしろ名詞節タイプの方が先に「の」を必要とし始めた可能性が示されている。詳しく紹介する余裕はないが、本書ではそのような解釈には従わないものとする。

　また、坂井 (2015) では、両タイプにおける「の」の発生は同時的で、その後の推移においてのみ、異なるという見方が示されている。ただその場合にあっても、「の」の伸長は関係節タイプの方が先行するのであって、本書で示すストーリーとさほど矛盾しないものと考える。

＊9　現代語に至っては、③標示の義務性、を付け加えることができようか。

＊10　準体句が「衰退」したとされる院政期と、「の」が一般化する時期との間が開きすぎているという批判は、柳田 (1993a、b) にも見られる。

＊11　したがって、「の」は、ある種の指示代名詞であると考える。そのように見ることによって、九州方言の「と」などについても説明が可能であるように思うが、方言も視野に入れた準体助詞の成立については、後考にまちたい。

　また、「準体句」は、現代語では「ノ句」に移行するが、その際、「時間」「場所」「尊敬すべき人」については、「ノ句」が使用できないことが、金水 (2011：129-130) などで指摘されている。

・【時間】まだほのぼのとするに参りたまふ　　　　　　（源氏物語・野分）
・【場所】屏風の一枚畳まれたるより、心にもあらで見ゆるなめり
　　　　　　　　　　　　　　　　　　　　　　　　　（源氏物語・東屋）
・【人】もの思ひ知りたまふは、さまかたちなどのめでたかりしこと、心ばせのなだらかにめやすく憎みがたかりしことなど、今ぞ思し出づる
　　　　　　　　　　　　　　　　　　　　　　　　　（源氏物語・桐壺）

有形の「の」を標示することに伴って制約が生じているわけであるが、これも「の」の起源を指示的な代名詞と見ることによって解決が可能ではないかと思う。上の制約が、指示詞「これ」「それ」「あれ」と似ていることは金水論文でも指摘されている（{*あれ／あそこ} に山田も来た。{*あれ／あそこ} に山田は来なかった。{*あれ／あの方} が入っていらっしゃった。）。

＊12　この点については、信太 (1995) にも指摘がある。また、現代語において、ニ格の場合に「準体型」が多く残っていることについては、信太 (1995、2002) でも指摘されている。

＊13　現在方言において、項となる場合には「の」などの助詞が用いられるが、述語的な場合（共通語の「のだ」に対応する場合など）には助詞が用いられない、といったパターンを示すものが多い。『講座方言学』(国書刊行会) に示される記事をいくつか掲げる。

- ・断定ダ　名詞同様、動詞・形容詞・助動詞などにも直接下接する。行クダ、取ッタダ、寒イダ。全域。(静岡県)
- ・利根・吾妻郡では助動詞「ダ」は「ノ」を介さずに直接動詞・助動詞に接続する。クルダカラ〈来るのだから〉(群馬県)

これらは、「の」などの助詞が脱落したのではなく、助詞が入らなかったことを示していると考えられる。準体助詞は名詞性が高い場所において成立し、後に述部や接続部へと及んでいった、ということを示唆するものであろう(Horie1999など参照)。

＊14 「案出」「試行」「採用」は、小柳(2013)の用語。小柳論文では、文法変化の「段階」が、以下のようにモデル化されている。

 a. 案出：新しい言語表現の生産。ある個人がある時に1回使う。
 b. 試行：新しい言語表現の拡散。複数の人々が散発的に行う。
 c. 採用：新しい言語表現の受容。ある集団内で人々が漸次的に行う。

第6章
述部における名詞節の歴史

1. はじめに

　本書で呼ぶところの「名詞節」とは、節述語それ自体が名詞としての性格を有するもののことを指す。したがって、古典語においては、伝統的な用語で「準体句」と呼ばれてきたものに相当するが、そのうち、〈コト〉を表すタイプ（石垣1955の「作用性準体」、近藤2000の「同格準体」）に限ることとする（第5章参照）。
　名詞節は名詞句として、文中または文末で用いられる。本章では特に、次のように文末（主節の述部）で用いられる場合に注目する。

(1) a. ［狐の仕うまつる］なり。この木のもとになん、時々あやしきわざし侍る。　　　　　　　　　（源氏物語・手習）
　　 b. ［雀の子をいぬきが逃がしつる］。伏籠のうちに籠めたりつるものを。　　　　　　　　　　　（源氏物語・若紫）

(1a)は名詞節が繋辞を伴って文末で用いられるもの（いわゆる「連体なり」文）で、(1b)はそのような繋辞を伴わないもの（いわゆる「連体形終止文」）である。これらはいずれも、名詞述語文である*1。
　中古における名詞節は、文中と文末で文法的振る舞いが異なるという指摘が夙にある。この指摘は重要で、北原（1981：522）、近藤（2000：254–256）に示されるように、名詞節が文末で用いられる場合には、節末の述語に次のような制限が存在する。

(2) a. *［—ノ—ム］ナリ。
　　　　（ム＝「む」「らむ」「けむ」「まし」「じ」「らし」「めり」

「終止なり」)
b. *［—ノ—ム］。
(ム＝「む」「けむ」「まし」「じ」「らし」「めり」「終止なり」)

　繋辞を伴う場合と伴わない場合、いずれの場合においても節末に推量系の助動詞が現れないというものである*2。
　一方、文中で用いられる名詞節にそのような制限はない。

(3)　a.　［かく忌々しき身の添ひたてまつらむ］も、いと人聞き憂かるべし。　　　　　　　　　　　　　　　　（源氏物語・桐壺）
　　　b.　あはれ、昨日翁丸をいみじうも打ちしかな。［死にけむ］こそあはれなれ。　　　　　　　　　　　　　（枕草子・9段）

　(3a)では「む」、(3b)では「けむ」が節末に用いられており、文中の名詞節には(2)に示したような規則がないことが見てとれる。
　文中と文末でこのような相違が観察される理由については、近藤（2000：254）などで述べられるように、意味的な制約（モダリティ）によるものと考えられる。「…のだ。」（解説）や「…の！」（感嘆）といった意味を表す文に、推量を入れた「…だろうのだ。」や「…だろうの！」は、表現として不適切であるからである。
　さて、院政鎌倉期以降、(1b)のような連体形終止文が、通常の終止形終止文に取って代わるという変化が起こる。

(4)　a.　カシコナル女ノ頭ニケダモノヽアブラヲヌリテヲル。
　　　　　　　　　　　　　　　　　　　　　　　　（三宝絵詞・中）
　　　b.　心ニ慈悲有テ身ノ才人ニ勝タリケル。
　　　　　　　　　　　　　　　　　　　　　　　（今昔物語集・巻19—2）

　この変化は「連体形終止の一般化」と呼ばれているが、ここにおいて述部は名詞節ではなくなっている。すなわち、文末に用いられる名詞節は、繋辞を伴うか伴わないかで、その後の展開が異なるもの

と考えられる。

　通常、名詞述語文における繋辞の有無は、その文法的性格において問われることはないが、このように歴史的観点から述部における名詞節を捉える場合には、両者を分けて考える必要があるといえる。連体形終止文については本書第9章で詳しく考察するが、この構文は時代が下ると名詞節ではなくなるわけであるから、文末における名詞節を現代語につながる形で歴史的に捉えるということは、必然的に繋辞を伴ったものを対象とすることとなる。

　文中の名詞節については、本書第5章で若干の考察を加えたが、近世以降「の」を伴った名詞句として用いられるようになる。

(5) a.　いみじき愁へに沈む φ を見るに、　　　（源氏物語・明石）
　　b.　大そうな悲しみに沈んでいるのを見ると、　（上の現代語訳）

　上の(5)に示したように、名詞句末に主名詞「の」を示すようになるわけであるが、一見すると、文末の場合も同じ変化が起こったかのように見受けられる。

(6) a.　はやても龍の吹かする φ なり。　　　（竹取物語・龍の頸の玉）
　　b.　疾風も龍が吹かせているのだ。　　　（上の現代語訳）

「なり」が「だ」へと変わり、それに伴って「φ」であった名詞節末の部分に「の」が付加されるようになったという解釈である。このように見ることができるのであれば、名詞節の歴史（＝準体助詞「の」の発達）においては、文中と文末でまったく同じ変化が起こったことになる。はたして、このような捉え方でよいのであろうか。本章では、このような述部で用いられる名詞節（＝「連体なり」文）について、考察を試みる。

2. 先行研究

「連体形＋φ＋なり」→「連体形＋の＋だ」、という変化を想定す

ることについて、このように単純に見るべきではないという解釈が、現在では主流であるように思う。いずれも中世から近世における用例の観察に基づく実証的な論であり、多くの支持を集めている。湯沢（1929：185–187）、信太（1970）、福田（1998）、土屋（2009：117–134）の諸研究において主張されることをまとめると、以下のようになる。

(7) 中世室町期に至ると、名詞節という体言句であったものが文相当句になり（信太1970、福田1998）、繋辞（なり→ぢゃ、だ）は終助詞的なものになった（湯沢1929、土屋2009）。

まず、湯沢（1929：187、253）、信太（1970）において指摘された、以下のような中世後期における抄物資料の例は、確かに重要である。

(8) a.　サラウ時ハ隗状トアルガヨカラウヂヤゾ。
　　　　　　　　　　　　　　　　　　　　　　（史記抄・巻4・33オ）
　　b.　織女ハ何ガ死フゾナレドモヒヨツトカウ云タゾ。
　　　　　　　　　　　　　　　　　　　　　　（蒙求抄・巻2・1ウ）

(8a) は、「う」に「ぢゃ」が続いたものである。前節の（2a）に示したように、繋辞「なり」に続く名詞節の節末の述語には、推量系の助動詞が現れないという制限があった。しかし、ここでは「う」という推量の助動詞が用いられており、これは中古における文末名詞節とは明らかに異なっている。そしてこの異なりは、(8b) において顕著に示されることになる。「なり」の前部分には、終助詞「ぞ」が現れるのである。これはもはや名詞節などといった体言句ではなく「文」と解釈すべき、というわけである。

　そうすると、この文相当句に続く繋辞（「なり」「ぢゃ」「だ」）とは一体何者なのか、という疑問が起こってくるが、これについては、もはや繋辞ではなく、ある種の終助詞と見るべきである、と説明されることになる。以下の室町期・江戸期の例も、このことの延長線

上にあるという。

(9) a.　両頭蛇ハ尾ニモ首ニモカシラノアル蛇ゾ。是ヲミレバ死ルヂヤゾ。　　　　　　　　　　　　（蒙求抄・巻3・51オ）
　　b.　こちとらは気の晴れやうがねへ。年が年百くさ〴〵して居るだ。　　　　　　　　　　　　　（浮世風呂・2編・上）

　(9a)の例について、湯沢（1929：186）では、述語につく「ぢゃ」は「文の構成に与るところがないから、省略しても文は依然として文として成立する」と述べられ、また（9b）の例について、土屋（2009：127）では、「「…くさくさして居るだ」は「くさくさして居るわ」「くさくさして居るよ」と同じ構造の文」であり、「「だ」は指定の助動詞としての働きをせず、一個の終助詞として、文全体の末尾についていると考えざるを得ない」と述べられている。
　このように、実例の観察に基づいた諸研究により、「連体形＋なり」→「連体形＋のだ」という変化は否定されている。それならば、現代語の「のだ」はどのようにして生まれたのか、ということになるが、これについては、福田（1998）において、中古の「連体なり」とは関わりなく、準体助詞「の」が成立した後に新しく生まれた、と述べられている。まず、近世前期に見られる次のような「のだ」の形は、説明の助動詞ではなく「準体助詞＋繋辞」であることが指摘されている。

(10) a.　是ハ山にて四五日もいぜんに、鹿としともぐいして死にたるのじや。　（鹿野武左衛門口伝はなし1683・下：吉川1950）
　　 b.　あれハ犬が聞そこなふたのじや。
　　　　　　　　　　　　　　　　　　　　（軽口御前男1703・巻4―5）

　(10a)は「是」、(10b)は「あれ」と対応しており、「の」は何らかの実体を指しているという。つまり、新しく生まれた「のだ」という形は、「連体なり」を承けたものではないというわけである。このような「のだ」が次第に「説明」の機能を獲得していったので

あり、したがって助動詞としての「のだ」が成立したのは近世後期であると説かれている。

3. 「連体なり」の行方

以上のような先行研究を通観すると、中古の「連体なり」と現代の「のだ」を直接的に結びつけるのは難しそうに見える。中世後期の抄物資料、近世期の様々な文献資料における用例を博捜された湯沢（1929）、土屋（2009）による言は、やはり重い。しかし、このように言うとき、述部における名詞節は消滅したことになる。「名詞節＋繋辞」は、「文＋終助詞」へと変質したというのであるが、本当にそのように考えてよいのであろうか。

先に見たように、前節に掲げた（8b）は、繋辞の前部分が名詞節でなく文相当句であることを端的に表している。疑問詞と終助詞「ぞ」が呼応する形で「文」が成立しており、繋辞の前部分を名詞節と見ることはできない。このような「文相当句＋なれば／なれども」といった形式については、北原（1996：323–330）、矢毛（1999）に詳しいが、すでに鎌倉期より見られるという。

(11) a. 親より先にはよも飲み給はじなれば、重盛まづ取あげて少将にさゝむ。　　　　　　　　（覚一本平家物語・無文）
　　 b. か様に申せば、又御退屈や候はんなれども、しばしはかまへてあそばすまじきにて候。　　　　　　　　（毎月抄）

(11a) は「よも…じ」、(11b) は「や…ん」といった「文」を、それぞれ「なれば」「なれども」が承けていると解釈される。

そうすると逆に、これらの「なれば」「なれども」は、もはや繋辞ではないと考えたほうがよさそうである。すなわち、「なれば」「なれども」といった形で固定化しており、これらは従属節を形成する接続助詞の段階を経て、文頭で用いられる接続詞へと変化していったものと考えられるのである。このように、繋辞（または形式動詞）を含む接続助詞としての形式が文相当句に続く例は、室町期

の抄物資料に数多く見られ、湯沢（1929：246–254）ではこれら
を「接続詞」としている。

(12) a.　太子ニハナントシテ黶ハセウゾヂヤホドニ……其師伝ヲ
　　　　黶シタゾ。　　　　　　　　　　（史記抄・巻3・52オ）
　　 b.　雨コソ本ナレスレドモ韻ニ風ト云字ガアレバ風ト云テ雨
　　　　ニアウタノ意ガアルゾ。　　　（四河入海・巻17ノ1・28オ）

　(12a)は「う＋ぞ」、(12b)は「こそ…なれ」という形式が現れて
いるわけであるから、一旦ここで文が切れ、「ぢゃほどに」や「す
れども」といった「接続詞」が用いられているものと解釈したほう
がよい、ということである。
　現代語の接続詞を考えてみても、「だから」などは元々「名詞句
＋繋辞＋接続助詞」であったものが、繋辞の部分から切り離されて
接続詞となったものである。最近よく耳にするようになった、接続
詞としての「なので」も同様であるといえよう。
　このように明らかに「文＋ぢゃ」と見るべき確例は、「ならば」
「なれば」「なれども」のような、接続関係を構成する場合のみであ
る。「なれば」「なれども」などの形式は、上に述べたように接続詞
相当と考えられるのであるから、これをもって「連体なり」が消え
たと言うことはできないことになろう＊3。
　次に、「文＋繋辞」であるという根拠として挙げられる、(8a)
のような「推量＋ぢゃ」について考える必要がある。これは、
(2a)に示したような、中古「連体なり」では節末に推量が現れな
いという述語制限の違例となるものである。このような例は、中世
後期に多く見られる。

(13) a.　黄帝即位之年ハ辛亥ヤラウヂヤゾ。　（史記抄・巻2・29ウ）
　　 b.　北園ト云ハ秦ノ園ノ名デアラウデ候。（毛詩抄・巻6・22オ）
　　 c.　鯛ヲモ勺ヲモドコデモ「チウ」「シャク」トヨマウデハナ
　　　　イゾ。　　　　　　　　　　　（漢書帝紀景徐抄・5ウ）

ただし、先行研究で指摘される「推量＋ぢゃ」の例については、これらがいずれも抄物資料の例である点に注意すべきである。「抄物文」における文の構造は、通常の散文に比べやや特殊であると見られるからである。抄物とは、原典に現れる事柄・内容について注釈を加えていくものである。したがって、「主題―解説」の形をとることが多くなり、文末における繋辞の使用も必然的に多くなる。「…は…ぞ」が基本であるが、これを強めていう場合「…は…ぢゃぞ」の形もしばしば見られる。

(14) a. 被服ハキルモノヽナリカヽリゾ。　　　（史記抄・巻18・5ウ）
　　 b. 秦ノ云フ事ヲ誠ト思フテハサテヂヤゾ。
　　　　　　　　　　　　　　　　　　　　（蒙求抄・巻5・24オ）
　　 c. 名ハ縣ナレドモ実ハ大ナホドニ郡ヂヤゾ。
　　　　　　　　　　　　　　　　　　　　（史記抄・巻11・2ウ）

(14) は、いずれも体言（名詞または副詞）が述語であるが、(14a) のように「ぞ」に直接する場合と、(14b、c) のように「ぢゃぞ」となる場合がある。(14c) は原因理由節の帰結であるので、「…なのだ」といった意味を表すために「体言＋ぢゃ」の形をとっているとも考えられるが、いずれにしても、抄物資料におけるこのような「ぢゃぞ」の形はまったく特殊ではない。

　逆にこのことは、(14) の諸例における「ぞ」が、繋辞として機能する場合と、そのような文法的機能を持たない、単に文を閉じるマーカーのようなものとして機能する場合があることを示しているといえる。(14a) は前者、(14b) は後者であるといえよう*4。このような「体言＋ぞ」「体言＋ぢゃぞ」の形式が、「…推量＋ぞ」「…推量＋ぢゃぞ」の形式をも生みだしたものと考えられる。すなわち、推量形式が用いられる部分は主節末ではなく、従属節末（体言句末）と考えられるわけである。

(15) a. ［……］ハ［［体言］ヂャ］ゾ。(= 14)
　　　　　（……ハ［［郡］ヂャ］ゾ。）

b.　［……］ハ［［体言句］ヂャ］ゾ。（＝13）
　　　　（……ハ［［辛亥ヤラウ］ヂャ］ゾ。）

　現代語に置き換えるならば、推量の後に「ということ」のような形式を補って解釈すればよいことになる。
　このことをふまえた上で、(13)の諸例をあらためて見てみよう。まず(13a)は、「黄帝」という伝説上の人物を話題にしているため、断定的な言い方を避けているものと見られる。すなわち、「黄帝が即位した年は辛亥の年であろうか、ということだ」のように解釈される。(13b)も同様に、「北園というのは秦の園の名であろう、ということです」というように、推量「う」と繋辞「で」の間に「ということ」を補って考えるとよさそうである。(13c)は、「どこでもそのように読もうというわけではないぞ」といった意であり、繋辞「で」の前に「ということ」「というわけ」などを補って解釈する蓋然性が見てとれる。いずれにしても、「秦の園の名ぞ。」「秦の園の名であらうぞ。」、そして「秦の園の名ぢゃぞ。」といった表現形式をふまえたところに、このような「秦の園の名であろうぢゃぞ。」といった形式が可能になるものと考えられる*5。抄物資料における「推量＋ぢゃ」の例を、小林（1994：144）からもう少し掲げておこう*6。

(16)a.　縁者ニナッテ治メ<u>ウズ</u>ヂヤゾ。　　（日本書紀抄・巻2・27ウ）
　　b.　アネノ日神ニアイマイラセ<u>ウ</u>ヂヤ。
　　　　　　　　　　　　　　　　　　　（日本書紀抄・巻1・55ウ）

　以上のように、抄物文において繋辞を用いた文の構造はやや特殊であり、推量形式が用いられていても「名詞節＋繋辞」という構造と見ることができる。「…だろうのだ」は古今を通じて用いられないが、「…だろうということだ」であればよいわけで、それが抄物における「…うぢゃ」であると考えられる。したがって、繋辞の前部分が、中世以降名詞節から文に変質したと見る必要はないと考えられよう。繋辞が文を承けるはずはないというところから、文相当

第6章　述部における名詞節の歴史　　89

句に続く「ぢゃ／だ」は終助詞である、という議論も出てくるわけであるが、前提が成り立たない以上、帰結についても再考の余地があることとなろう。何より、「連体なり」文（＝「名詞節＋繋辞」）が一旦消えたとすると、現代語の「述語＋繋辞（だ）」は、なぜ必ず「の＋だ」という形をとるのか、ということの説明ができないように思う（「述語＋の＋だ」「*述語＋∅＋だ」）。これは、繋辞の前部要素が名詞的成分であるからではないかと考えられる。

ただし、「だろう」という推量形式に続く場合は、これとは異なり、「の」を介さない形も許される（「述語＋の＋だろう」「述語＋∅＋だろう」）。したがって、確言と概言の間のこの相違については、あらためて説明する必要がある。また、「だろう」の場合、単純な推量を表す際には述語に直接し、「の」を介して続くときには、背後の事情を推量するといった特殊な推量を表すこととなる*7。なぜこのような分布を示すのか、このあたりの事情についても、歴史的観点から説明を試みたい。

4. 文末名詞節の歴史

上にすでに述べたように、本書では、「名詞節＋なり」から「名詞節＋だ」へ、つまり、「連体なり」文が「述語＋の＋だ」という形で現代語の「のだ」文につながっていくものと考える。ただし、現代語の「のだ」文は、「名詞句＋だ」ではないという点は注意が必要である。

(17) 学生が一生懸命勉強している。試験が／*の あるのだ。

（角田 1996 より）

上の (17) に示すように、名詞句内では起こりうる「が／の」交替が起こらない。寺村 (1992) などですでに指摘されるように、「のだ」は一種の助動詞であると考えられる。

文末名詞節における「連体なり」文から「のだ」文へ（「名詞句＋繋辞」から「述語＋助動詞」へ）という歴史は、連体節の場合を

参照すると分かりやすい。ここでは、「ようだ」という形式を例にとる。

(18) a.　春ニナレバイヅクモ花イヅクモ柳ナレバ [[錦ノミダレタ] ヤウ] 也。　　　　　（中華若木詩抄・巻上・35 ウ）
　　 b.　今夜は大ぶ土手が [[永<small>ながい</small>] やうだ]。（遊子方言 1770・発端）

古典語では、少なくとも中世までは「連体節＋やう（様）」という名詞句に繋辞「なり」が付いたものと解釈される。(18a) であれば、「[錦が乱れた（ような）様子] である」という意を表している。これが近世以降、「様子だ」という判断が「ようだ」という形式に焼き付けられて切り離されることになる。(18b) では、「やうだ（ようだ）」が副詞「だいぶ」と呼応する形になっている*8。

　このような節の構造変化が起こる背景には、述語が「終止形」という形態を捨ててしまったことが、1 つの要因として存在している。古典語においては、文末（主節述語）であれば終止形、文中（従属節の節末述語）であれば連体形、という区別が行われていた。これが、「連体形終止の一般化」によって形のうえで区別されなくなったため、連体節述語としての「連体形」が主節述語に再分析されるわけである。

　名詞節の場合も同様であると考えられる。

(19) a.　熟睡ナラネバ [分明ニハヲボヘヌ] 也。
　　　　　　　　　　　　　　　（中華若木詩抄・巻上・5 オ）
　　 b.　江戸ツ子の金を [おまへがたがむしり取て行<small>いく</small>の] だ。……江戸のおかげで [金が出来るの] だ。
　　　　　　　　　　　　　　　　（浮世床 1813・初編中）

中世までは「連体形＋なり」、近世以降は「連体形＋の＋だ」へと変化するが、いずれにしても「連体形」という形態は、従属節の節末である。すでに述べたように、これらの文は、繋辞を伴った名詞述語文であったわけである。この従属節末における「連体形」が主

節述語として再分析されることによって、(17) のような、助動詞相当の「のだ」が出来ることになると考えられる。

以上述べてきたことをまとめると、以下の (20) のようになる。

(20)a.　連体節：古典語：［［連体形（従属節）］＋ヤウ］ナリ。
　　　　　　　現代語：［連体形（主節）ヨウダ］。
　　b.　名詞節：古典語：［連体形（従属節）］ナリ。
　　　　　　　近代語：［［連体形（従属節）］＋ノ］ダ。
　　　　　　　現代語：［連体形（主節）ノダ］。

(20b) のように「連体形＋名詞（ノ）＋繋辞」という段階を設定すると、(20a) のような「連体形＋名詞（ヤウ）＋繋辞」の場合とまったく並行的に捉えられることになる*9。

このような「連体なり」文から「のだ」文へという変化が想定されることの根拠は、中世室町期に「名詞節＋繋辞」と捉えるべき「連体形＋繋辞」形式が数多く見られるところにある。

(21)a.　熟睡ナラネバ［分明ニハヲボヘヌ］也。　　((19a) の再掲)
　　b.　底心ガワルイモノデ欲ガ深ホドニ［二人中ガワルイ］ゾ。
　　　　　　　　　　　　　　　　　　　　　　（史記抄・巻10・40オ）
　　c.　是ハ唐国ノ風ヂヤ程ニ［［堯ノ遺風ガアツテイナウトハ云ヌ］ヂヤ］ゾ。
　　　　　　　　　　　　　　　　　　　　　　（毛詩抄・巻6・13オ）

(21) の諸例は、いずれも原因理由節を持つ複文である。現代語であれば、「～ので、…のである。」と訳したいところであり、このような文の主節に「連体形＋繋辞」という形式が用いられている。これらは、中古の「連体なり」同様、「名詞節＋繋辞」であると考えられる。

やや注意が必要であるのは、抄物資料における繋辞の形式である。(21a) は「なり」、(21b) は「ぞ」、(21c) は「ぢゃ」の例であるが、これらを同じように繋辞と見てよいのかという問題がある。しかしこれについては、前節でも少し触れたように、同じように繋辞

として働く場合もあると考えられる。なぜなら、以下に示すように、「なり」「ぞ」「ぢゃ」は名詞に直接して名詞述語文を作ることができるからである。

(22) 妙ナル詩 ナリ／ゾ／ヂャ。

したがって、これらの形式に前接する部分（(21)で［　］で括った部分）は、名詞句である可能性を認めることができるわけである。
　ただし、抄物文の特徴は、「ぞ」「なり」で文を終止するという点にあるため、これらは単にそこで文を終止することを示すマーカーとして、形式的に用いられることもある。前節では「ぢゃぞ」の例を紹介したが、ここでは「なぞ」「ななり」といった形式を掲げておこう。

(23) a.　水ノ上ノ天ハ一段ヒロキヤウナゾ。
　　　　　　　　　　　　　　　　　（中華若木詩抄・巻上・22 オ）
　　 b.　イカニモ細ソ〰トシテ塵ナンドノ朝日ニミユルヤウナ也。
　　　　　　　　　　　　　　　　　（中華若木詩抄・巻上・15 ウ）

(23) は（18a）と比較すると分かるように、「やうなり」で終止してもよいところである。しかし、当時の形容動詞の一般的な終止連体形「やうな」の形を一旦示した上で、さらに「ぞ」「なり」を加えている。これは、抄物文は「ぞ」「なり」で終わるという意識の下に作り出された形式であると考えられる*10。
　以上のように、抄物資料には「なり」「ぞ」「ぢゃ」といったいくつかの繋辞形式が認められるが、すべてが常に繋辞としてはたらくわけではない。しかしここで重要なことは、中世室町期において「名詞節＋繋辞」と捉えるべきものが存在する、という点である。これが、後世の「連体形＋の＋ぢゃ（だ）」という形につながっていくものと考えられる。

(24) a.　赤二の上に、ほていがあるのじゃ。

(軽口あられ酒 1702・巻 5―7：福田 1998)

b. いやにげはいたさん。公のおむかいに出た<u>のじや</u>。
(遊子方言 1770・発端)

ただし、このような「のだ」の発達はあまり進まなかった＊11。近世後期に至っても準体助詞「の」の使用は義務的でないことが、土屋（2009）などによって指摘されている。

(25) a. 乳母子守等のたぐひが出放題の文句を作る<u>に仍て</u>、［あのやうに鄙くなる］ぢやテ。　(浮世風呂 1809・4 編・下)
b. 女難は勿論盗難剣難、もろもろの災難をのがさしめ給へと祈って置くのだが、糞難ばかりは気が付かなんだ<u>ので</u>、［此様なめに逢った］だ。　(七偏人 1857・2 編・中)

上に掲げた（25）の諸例は、原因理由節の帰結であるから、主節では「のだ」が期待されるところである。しかし、ここに「の」は用いられておらず、これは室町期の例（＝ 21）とまったく同様である。

したがって、これらの例はいずれも、「名詞節＋繋辞」という構造であると考えてよいであろう。そして、このような〈繋辞の前部分は名詞句としてのまとまりを形成する〉という文法構造が存するからこそ、次のような「…もの＋だ」といった形式が一方で用いられたのではないかと考えられる＊12。

(26) a. そなたが上りつめて国へも連れて戻らうやうに言ふによりめいわくさにそなたが戻る間はかくれた<u>ものじや</u>。
(娘親の敵討 1691・74：佐藤 2009)
b. 胸の通りに玉があれば、鉄炮がためられない<u>もんだ</u>。
(雑兵物語 1683・上)
c. 他を咎める間に、自己にそんな事はなかったかと、気を付る<u>ものだ</u>とヨ　(花筐 1842・巻 8・15 ウ：湯沢 1957)

このような状況は、さかのぼって中世末近世初期でも同様であるといえる。福田（1998）では、次のような「もの＋繋辞」の例が挙げられている*13。

(27)a.　さればこそ紛ひもない。あれが取つてくらうたものぢや。
　　　　　　　　　　　　　　　　　　　　（エソポのハブラス・p411）
　　b.　此つなを引たによつて、つえがあたつた物じや。
　　　　　　　　　　　　　　　　　　　　（虎明本狂言・瓜盗人）

これらの例においては、「名詞句＋繋辞」という名詞述語文としての構造を保持するために、「もの」といった形式名詞が用いられているのではないかと考えられる。
　その一方で、近世期には、現代語の「ものだ」「ところだ」に該当する「のだ」も用いられている。

(28)a.　ここでおまはんにころされりやア私も余程有掛にいったのだ。
　　　　　　　　　　　　　　　　　　　　（春色梅児誉美1832・後4）
　　b.　おらが孫をなかせてよこすは。コレ鳴込で能けりやアこつちから鳴こむのだよ。
　　　　　　　　　　　　　　　　　　　　（浮世風呂・2編・下）

(28a)は「私もよほど有掛にいったものだ」といった意、(28b)は「怒鳴り込んでいいなら怒鳴り込んでやるところだ」といった意を表している。したがって、「のだ」「ものだ」「ところだ」などは、この時代においては厳密な意味の区別がなされていない。現代語へと至るにしたがって、次第に形式に応じて意味を分化させていったことが想定されよう。
　以上のように、「ものだ」「ところだ」に相当する「のだ」が存するということは、近世期にはそのような細かい意味にはこだわらず、〈名詞句としてのまとまり〉さえ示せばよかったものと考えられる。このことは、逆に「のだ」が期待されるところに「ものだ」が用いられるという事実とも符合しよう。すなわち、ある特定の意味を表す「名詞述語文」が、古今を通じて存在したわけである。そしてこ

第6章　述部における名詞節の歴史　　95

の〈名詞句としてのまとまり〉は、かなり時代を下ったところでも、「の」を伴わない、いわゆる準体句でも示すことができたのであった。

5.「だろう」と「のだろう」

　さて、「だ」の推量形というべき「だろう」であるが、これもあわせて考える必要がある。成立当初の「のだろう」については、鶴橋（2013）や土屋（2009）などに詳しいが、近世後期においても〈事情推量〉を表す場合に「だろう」と「のだろう」が併存していることが指摘されている。

(29) a.　それはそふと、仲吉さんはなぜおそいだろう。
　　　　　　　　　　　　　　　　　　　　（楠下埜夢 1813：鶴橋 2013）
　　　b.　今日の形りは拵がおつりきだから、先でもぶ気味に思つてじろじろ見るのだろう。
　　　　　　　　　　　　　　　　　（花暦八笑人 1820-34・初下：土屋 2009）

　(29)はともに原因理由の帰結であるが、一方では「だろう」、一方では「のだろう」が用いられている。現代語であれば、いずれも「のだろう」が用いられるところであり、したがってこれを見る限り、「のだ」が想定されるところに「だ」が用いられた状況と併行的に考えてよさそうに見える。
　ところが、現代語の「だろう」は、「だ」と違って述語に直接する用法がある。「行くだ」が許容されず「行くのだ」でなければならない「だ」と違って、「だろう」は「行くだろう」という形を現在も有しているのである。すなわち、現代語「だろう」の成立にあたっては、以下に示すような節の構造変化が起こったものと考えられる。

(30)「ダロウ」：古典語：［名詞節（連体形）］デアラウ。
　　　　　　　現代語：［主節（連体形）ダロウ］。

これは、前節で見た「ようだ」の構造変化と同じである。

(31)「ヨウダ」：古典語：［連体節（連体形）＋ヤウ］ナリ。
　　　　　　現代語：［主節（連体形）ヨウダ］。

(31) は (20a) を敷衍したものである。「名詞節」「連体節」という従属節を形成する「連体形」が、主節の述語へと再分析されることによって、「だろう」「ようだ」といった助動詞が生成されることになる。
　「だろう」は、少なくとも中世後期の段階では「名詞節＋であろう」であったと考えられる。前田 (2002) に示される以下の例は、原因理由の帰結となる「のだろう」相当の「だろう」である。

(32) 其ナラバ山路ノ艱難ヲ祈ル程ニ云デアラウゾ。
　　　　　　　　　　　　　　　（毛詩抄・巻2・39オ）

これが、近世前期上方語から単純な推量の用法が現れることが、佐藤 (2009) などによって指摘されている。これは江戸語でも同様であり、原口 (1973) などにおいて単純な推量の用法が示されている。

(33) a.　そなたは臓を一つ吐き出したり。やがて死するであらふ。
　　　　　　　　　　　　　　（当世手打笑1681：佐藤2009）
　　 b.　わつちが往ても喧嘩ばかりして居るだろう。
　　　　　　　　　　　　　　（粋町甲闈1779：原口1973）

(33) のように、〈事情推量〉ではない、単純な推量を表すということは、(30) に示したように、「だろう」の前部分が名詞節ではなく、普通の述語（主節述語）になっていることを示すものと考えられる*14。
　それではなぜ、「だろう」の場合はこのような構造変化が起こり、「だ」の場合は起こり得なかったのだろうか。これについては、文

が表す"意味"に拠るものと考えられる。動詞述語に繋辞をわざわざ付接するということ、すなわち述語部分を名詞化して「すること・だ」「するの・だ」のように表す（＝名詞述語文として表す）ということは、そこに特別な意味が込められることになる。「連体なり」文が表す「説明」「断定」などの意味は、まさにこのような"構文的意味"である。

これに対し、「だろう（であらう）」は「である＋う」のように「繋辞＋推量」の形をとるが、繋辞であるから名詞も同じように承けることができる。つまりこのとき、「するだろう」のような「述語（＝名詞節）＋だろう」と同様に、「雨だろう」「男だろう」のような「名詞＋だろう」のような形式も可能になっているのである。これは「未然形＋む」「終止形＋べし」のような古代語の推量体系とは大きく異なるもので、動詞述語であっても名詞述語であっても同じように、文相当句に「外接」する形式が用意されていることになる。結局のところ、「であらう（だろう）」は、「雨」「する」という事態の成立や、「男」という事物の存在そのものについて〈推量〉することになるわけである。このような意味解釈の自然さによって、「するだろう」の「する」が、名詞節から主節述語へと再分析されるものと考えられる＊15。

したがって、逆に「するのだろう」のように名詞節化の手続きをとって、「だろう」に続くようにすると、〈事情推量〉といった特別な意味を表すことになる。これは、「のだ」に備わる特別な意味とまったく併行的なものであり、元々「名詞節＋であらう」が表していた本来的な意味である。すなわち、「のだろう」は、「名詞節＋繋辞」という構造をそのまま保持した形式であると考えられる。

(34)「ノダロウ」：古典語：［名詞節］デアラウ。
　　　　　　　　現代語：［述語＋ノ］ダロウ。
(35)「ノダ」：古典語：［名詞節］ナリ。
　　　　　　現代語：［述語＋ノ］ダ。

(35)は(20b)を敷衍したものである。ただし、現代語において、

統語的には「名詞節+だ」「名詞節+だろう」でなく、「述語+のだ」「述語+のだろう」と解釈すべきであることは、すでに述べた通りである。

6. おわりに

近世においては、「だ／のだ」「だろう／のだろう」の間で形態と意味が対応していないために複雑な様相を呈しており、これまでその解釈に困難を来たしてきた。しかし、本書のように、「名詞節」という観点から見ることによって、その構造を保ったものとそうでないものと見ることが可能になり、歴史的変化に一定の見通しを与えることができたのではないかと思う。

本章では、①接続部の場合（「ならば」「なれば」「なれども」など）と述部の場合（「なり」）は分けて考察する必要がある、②推量の場合（「だろう」）とそうでない場合（「だ」）は分けて考察する必要がある、といったことを示したわけであるが、このような相違点には十分に目配りをする必要があろう。名詞節を構成する連体形述語がそのまま主節述語となる「連体形終止の一般化」の問題、接続部において「の」を必要とする場合（「のに」「ので」など）とそうでない場合（「なら」など）があることの問題など、ここで触れられなかった点については、次章以下で考察を加えることとする。

＊1 （1b）は、伝統的な用語では「喚体（擬喚述法）」と呼ばれる。中古語の連体形終止文は、「喚体」でなく「述体」であるとする見方もあるが（山田（2010：96–101）など）、「が」「の」は従属節においてのみ現れるので、少なくとも「が」「の」がマークされたものは名詞節述語文であると考える。本書第9章参照。

＊2 繋辞を伴わない場合、和歌において「らむ」が用いられることがある（いわゆる「らむ留め歌」）。これについての解釈は様々なものがあるが、ここではこのような「らむ」の使用は、韻文における特殊なものであることを確認するにとどめておく。

＊3 中古の「連体なり」に已然形は存在しないことが、高山（2002：187）

において指摘されている。つまり、「名詞節＋なれば／なれども」はそもそも存在しないわけであるから、このような「文相当句＋なれば／なれども」とはやはり分けて考えるべきであろう。

＊4　小林（1994）では、中世諸資料における「ぞ」のあり方について詳しく考察されており、きわめて興味深い。抄物は、文を閉じるマーカーとしての「ぞ」を用いるのが一般的であるのに対し、天草版『金句集』はこれと異なり、教訓書に用いられる「もちかけのゾ」の延長上にあることが示されるなど、「ぞ」の用いられ方によって諸資料の文体の分類を可能にしている。

＊5　繋辞の前に「ということ」を補って解釈することの妥当性は、次のような「…という心ぞ」といった形式が用いられた文を見ればよく分かるように思う。

　　　・比定ハナゾライ定ト云心ゾ。　　　　　　　　（漢書列伝綿景抄・8ウ）
　　　・左遷ハ流サレタヂャ、ト云心ゾ。　　　　　　（史記抄・巻12・12オ）

「…は…ぞ」でも、「…は…という意味であるぞ」といった意味が表されるが、ここではそれが言語化されているわけである。2つ目の例は、「名詞節＋ぢゃ」と「ぞ」の間に「と云う心」が補われており、興味深い。「注釈」を基本とする抄物文独特のものであるといえるだろう。

＊6　（16a）の例は、原典『日本書紀』に「宣領八十萬神永為皇孫奉護」とあり、ここでの「うず」は抄者の「推量」が表されたというよりは、原典を訳したものと考えた方がよさそうである。そうすると、これはまさに「引用」であって、このような中で用いられる「推量＋ぢゃ」形式がその使用場面を拡大した、と考えられるかもしれない。

＊7　以下、このような「のだろう」が表す典型的な推量の意味を、佐藤（2009）にならい、〈事情推量〉と呼ぶこととする。

＊8　本書第4章では、同じように「形式名詞＋繋辞」の構造から助動詞として成立した「げな」の歴史変化について詳しく述べた。

＊9　ただし、第1章で述べたように、助動詞「のだ」の成立と歴史変化の関係については注意が必要である。新屋（1989）や角田（1996）に示されるように、「前だ」「様子だ」など、多くの「文末名詞」が現代語において助動詞相当として機能しているからである。これらの「前だ」「様子だ」などは、名詞が統語位置によってその性格を異にすることを示すものであって、歴史変化によって出来たもの（＝文法化によるもの）ではない。

＊10　したがって、（21b）のように「ぞ」に直接する場合は名詞節でない可能性もある。注13も参照されたい。

＊11　「の」の発達の過程については、本書第5章でも述べたように、統語位置によって遅速の差がある。述語の項となるような「名詞性」の高い場合から「の」は使用され始め、述部や接続部では「の」の進出が遅れている。

＊12　信太（1976）では、「ものだ」や「ことだ」の例を重視して、「連体形＋φ」→「連体形＋形式名詞」→「連体形＋の」という変化が想定されている。確かに文末において名詞節相当の「連体形＋形式名詞」が存在するのは事実であるが、文中での振る舞いや、中古語および現代語での振る舞いを考えると、「連体形＋形式名詞」が過渡的に「連体形＋の」の代用を果たしたと考えるのは、やはり無理があるように思う（本書第5章参照）。

*13　この他、福田（1998）では、「文末に特別な表現が見られない」場合も あるとして、次のような例が挙げられている。
・かやうに籠者せられうことを弁へなんだによつて、知らぬとは答へて ござる。　　　　　　　　　　　　　　　（エソポのハブラス・p.416）
(26a)の「ものじゃ」が用いられた文と同様、理由を特立するタイプの文である。これについては、「答へてござる」の文末は連体形であるから、名詞節述語文と解釈する可能性もあるが（黒木2010）、近世以降においても「のだ」という形式が発達しなかったことに鑑みると、このような表現においては必ずしも有標な形式を必要とはしなかったものと考えるほうが穏当であろう。

*14　近世前期上方語の「であろう」には、意志（決意）の用法があることが湯沢（1936：133）によって指摘されている。
・然らば一つ飲むであらう、さあつげ。　　　　　　（武道達者1693・3）
・扨ておれはこゝに後までゐるであらう。　　　　（傾城佛の原1699・2）

「であろう」は、推量・意志を表すという点で、前代の「う」の性格を引き継いでいるといえる。江戸語の「だろう」では、このような意志用法との分化が行われており、その点においても一歩、助動詞化が進んだものといえる。
　また、「であろう」には、過去の「た」に続く用法も見られる。
・ナウ奥、待兼ねたであらう、今戻った　　　　（佛母摩耶山開帳1693・1）
これに対し、「だろう」は「ただろう」の形を持たない（原口1973、鶴橋2013など）。「ただろう」が用いられずに「たであろう」が用いられるという状況は、かなり時代が下ったところでも同様であるという（鶴橋2013）。
・検使が手者のした事じやと誉めていたで有ふのふ。
　　　　　　　　　　　　　　　（島原胡蝶菜種の紋日1766：鶴橋2013）
・コリヤお七、お前も定めて様子をば聞いたであらうが、
　　　　　　　　　　　　　　　　　　　　　　　　（花暦封じ文1866）
したがって、「であろう」と「だろう」の関係については、位相の観点も含めもう少し詳しく考える必要があるが（青木2012参照）、これについては今後の課題としておく。

*15　このような文末の「助動詞」としては、丁寧の「です」も同じような構造として捉えられるのではないかと考えられる。すなわち、動詞連用形にしか接続できない丁寧語「ます」の不備を解消する形で、コピュラを介した丁寧形を作り出した、つまり「である（コピュラ）＋ます（丁寧）＝です」という構造である。動詞未然形にしか接続できない「む」の不備を解消した「である（コピュラ）＋む（推量）＝だろう」と並行的に捉えることができるのではないかと思う。

第7章
接続助詞「のに」の成立

1. はじめに

　接続助詞「のに」は、準体助詞「の」の発達に伴い、近世後期頃に定着したとされている。原口（1978）では、天保年間（1830〜1844年）以降といった具体的な時期が示唆されている。

(1) a.　マダ見タラヌノニ月ノカクレルソノ山ノフモトデ見テ居レバ　　　　　　　（古今集遠鏡1793・雑上・883：原口1978）
　　 b.　おらが内じやア、おれが骸がきかねへから、守が一ツ出来ねへのに、年子だア。　　　（浮世風呂1809-13・2編上）
　　 c.　ヲヽ五助か、寒いのによく精が出るな。
　　　　　　　　　　　　　　　　　　　　　（いろは文庫1836・1編）

　準体助詞「の」の成立は室町末江戸初期であるが、その定着は遅く、近世後期においても未だ連体形準体法による形式が用いられている。(2a)は「の」を用いた名詞句の例、(2b)は準体法による名詞句の例である。

(2) a.　そなたが**嘆きやる**のをば思ふては、今日は人の身の上、明日はわが身の上、　　　　（狂言記1660・巻5・武悪）
　　 b.　そつちの**ころぶ**は麁相でも済うが、おれに水をかけて麁相ですむか。　　　　　（浮世風呂1809-13・前編下）

　このように、「の」があってもなくてもどちらでもよいという状況は、「のに」の場合も同様である。以下に掲げるように、近世後期においても、現代語であれば「のに」が用いられそうな場合に

「に」が用いられている。

(3) a. おかねさんがまちかねて居る<u>に</u>、なぜ来なさんねへ。
    （喜夜来大根 1780：湯沢 1957）
  b. ぜんてへこゝら迄、一ツ所にこよふといつた<u>に</u>、先へ来てしまった。　　　　　　　　　（八笑人 1820–34・2下）
  c. 折角いらしツて下すツた<u>に</u>、折悪敷で御座りますね。
    （花暦封じ文 1865–67・3上：宮内 2003）

　このような状況に基づき、先行研究では、「に」との対比において「のに」の伸長が捉えられてきた。原口（1978）では、「に」よりも「のに」の方が圧倒的に優勢になることから、(1a)(1b)の時代と(1c)の時代との間に「截然とした区別」が見出されている。また、これを受けた宮内（2003）でも、近世後期から明治初期にかけて、田中（2001）のいう「整理」「単純」といった流れの中で、複数の意味を表していた「に」が逆接に限定されていったこと、その流れを受けた「のに」が逆接専用形式として定着したことが、豊富なデータに基づいて述べられている。

　宮内論文の記述は首肯されるところも多いが、「のに」は「準体助詞「の」の発達に伴い接続助詞「に」から発生したものである」ことを前提としており、その成り立ちは〈準体助詞「の」＋接続助詞「に」〉であると説かれている。しかしながら、この「接続助詞」の前に「準体助詞」が来るという記述の妥当性については、今一度考えてみる必要があるように思う。

　(3)で示したように、接続助詞としての「に」とはすなわち、述語に続くものである。述語と述語をつなぐのが接続助詞のはたらきであり、「に」を伴った述語は副詞節としてはたらいている。一方、準体助詞はその名のとおり体言相当の句を作るもの、すなわち名詞句を作るものである。「の」を付接した述語は、(2a)に示したように名詞節としてはたらくことになるのが普通である。したがって、〈準体助詞＋接続助詞〉という記述は、「のに」の前部の述語を、名詞節として解釈する立場と副詞節として解釈する立場の両様

が混在していることになるように思う。

　これは単なる用語の問題ではなく、「のに」の構造をどのように把握すべきかという問題である。すなわち、「のに」の成立に関しては、構文論的観点からあらためて説明を与える必要があろうと思う。

　また、「のに」が表す意味であるが、前田（2009：200-219）によると、現代共通語における意味は、以下のようなものであるという。

(4)　前件から予測される事態とは異なる事態が後件に表され、かつ予測が外れたことに対する話者の意外感・不満・後悔が表される。

いわゆる「逆接」に加え、話者による「食い違い」の認識によって、「意外感」「不満」などが表される形式であるとされている。では、このような意味はどこから出て来るのだろうか。宮内論文では「逆接」専用となることには注目されているが、こうした意味の出所に関する言及はない。

　以上のように、本章では、接続助詞「のに」の成立をめぐって、構文と意味の両面から考察を加えたいと思う。

2．格から接続へ

　「のに」の「の」を「準体助詞」とする見解は、先行研究でも一致している＊1。だとすると、「のに」の出自は〈名詞節「…の」＋格助詞「に」〉と見なければならないだろう。このような〈名詞句＋格助詞〉という構造から、〈述語句＋接続助詞〉という構造へ変化したというわけである。

　実際、このような構造変化は、歴史上繰り返し起こっている。まずは、古代語における「が」「を」「に」の場合を見ておこう。

(5)　a.　年五十許ナル男ノ**怖シ気ナル**ガ、水干装束シテ打出ノ太

刀帯ビタリ。 （今昔物語集・巻26—18）
　b. 明日香川下**濁れる**を（之多爾其礼留乎）知らずして背なゝと二人さ寝て悔しも　（万葉集・巻14・3544）
　c. 旅にして**もの恋しき**に（物恋敷尓）山下の赤のそほ船沖を漕ぐ見ゆ　（万葉集・巻3・270）

(6) a. 女二人**ありける**が、姉は人の妻にてありける。
（宇治拾遺物語・巻3—15）
　b. 父はこと人にあはせむと**いひける**を、母なんあてなる人に心つけたりける。　（伊勢物語・10段）
　c. 涙の**こぼるる**に、目も見えず、物も言はれず。
（伊勢物語・62段）

(5)が格助詞の例、(6)が接続助詞の例である。

「が」の場合は石垣（1955：15-54）、「を」の場合は近藤（2000：421-435）に詳しいが、前者は12世紀、後者は10世紀頃に、格助詞から接続助詞が生まれたとされている。「に」については、上代からすでに接続助詞の用法があると見る説と、そうした見方に慎重である説とがあるが、山口（1980：155-188）では、奈良時代文献の例も積極的に接続助詞と認められている*2。

　助詞の機能が変化したということは、その前部の節述語の性格も変化したということを意味している。形としては同じ述語連体形であるが、(5)のように格関係を示す場合は名詞句を作る述語、(6)のように接続関係でつなぐ場合は副詞句を作る述語として機能している。この構造変化を、(7)として以下に示しておく。

(7)　　　［ 名詞句 ［ 述語連体形］ ガ／ヲ／ニ］ ［ 述語］
　→　［ 述語句 ［ 述語連体形］ ガ／ヲ／ニ］ ［ 述語］

　このような構造変化は、助詞の前部が述語連体形のみで構成される、いわゆる準体句であるから起こったと見る向きがあるかもしれない。助詞の前後が述語で挟まれる形になるため、そのような再分析が起こりやすいというわけである。しかし、実はこうした構造変

化は、主名詞が表示された〈述語連体形＋名詞〉という名詞句に助詞が付接した場合も、しばしば起こる。以下に、そのような例として「ほど＋に」の場合を示しておく（吉田2000参照）。

(8) a.　まづこなたの心見はててと**思す**ほどに伊予介のぼりぬ。
　　　　　　　　　　　　　　　　　　　　　　　　（源氏物語・夕顔）
　　b.　（亀）「爰ハ何コゾ」ト云フ。鶴モ亦忘テ「此ヤ」ト**云フ程ニ**、口開ニケレバ亀落テ身命ヲ失ヒテケリ。
　　　　　　　　　　　　　　　　　　　　　　　（今昔物語集・巻5―24）
　　c.　聖人ノ道ハ**深遠幽微ナル**ホドニ、諸弟子学ベドモ不及シテ、孔子ノカクスカト怨者アリ。　（応永本論語抄・述而7）

　(8a)の段階では、スケール性を有した「ほど」の語彙的意味を保っており、「…ほど＋に」句は、「…しているうちに」といった時間的に幅を有した意味を表している。したがって、前件の事態と後件の事態は時間的に重なっているが、ここから（8b）のような「先後性」を表す用法が生まれた。さらに、こうした時間関係から離れ、（8c）のような「因果性」を表すものが生み出された。このように、「述語連体形＋ほど＋に」という形式においても、名詞句から副詞句（接続句）への構造変化が起こっていることが見てとれる。

(9)　　　［名詞句　［　述語連体形＋ホド］ニ］　［　述語］
　　→　［述語句　［　述語連体形］ホド　ニ］　［　述語］

　（7）や（9）の構造変化に鑑みると、「のに」も同様のプロセスをたどったことが想定される。「の」による名詞句は準体句の末裔であるから、以下の（10）は、まったく自然な変化である。

(10)　　　［名詞句　［　述語連体形＋ノ］ニ］　［　述語］
　　→　［述語句　［　述語連体形］ノ　ニ］　［　述語］

「ほどに」同様、「のに」も接続助詞として一語化していくわけであるから、上のような構造変化を想定すると、通時的に様々な形式において起こりうる蓋然性の高い変化という説明が与えられることになる。

　また、〈名詞句「…の」＋格助詞〉という構造から接続関係への変化は、現代語においても見られる。天野（2011、2014）で指摘される「のを」「のが」の例である（寺村1992、レー1988、黒田2005なども参照）。

(11) a.　もとは雑貨をおもにあつかっ**ていたのを**、生糸製品一本で行こうという方針で、これも貿易再開をねらって準備中の生産者側と打ち合わせをすすめていた。
　　　　　　　　　　　　　　　　　　　（石川淳「処女懐胎」1948）
　　　b.　紺野は二、三日前倫の使いに区役所に行って書類を倫に渡す**筈だったのが**、倫が不在だったので須賀に手渡した。
　　　　　　　　　　　　　　　　　　　（円地文子「女坂」1939）

(11) はいずれも、主節述語と「…の」句との関係が、対格あるいは主格といった関係で表されていない。
　ただし、天野論文では、これらは類推による拡張を起こしたものではあるが、〈名詞句＋格〉という範疇に収まるものと説かれている。すなわち、(11a) の「を」の場合には"対抗動作性"を有した他動構文、(11b) の「が」の場合には"サマ主格変遷構文"といった、拡張のベースとなった格構文が見出されているのである。この見方は大変優れたものであると思うが、歴史的研究の立場からは、格から接続へ「逸脱」する契機を示したものと見たい。
　たとえば「のを」の場合、「二人がそれを手帳に写しとろうとするのを、じれったそうに手を振って、…」という文においては、「じれったそうに手を振る」が「遮る」意味を表す「他動詞」相当であるとされている。しかし、「手帳に写しとろうとする」「じれったそうに手を振る」という2つの事態を「のを」が繋いでいること

は事実であり、つまり、このような「変容」解釈によって、「のを」が接続関係においても用いられるという認識が成立したものと考える。「のが」も同様である。「今までは暴風雨を警戒していればよかったのが、近年、静穏な日にも災害がおこる」という文は、「今までは暴風雨を警戒していればよかった状況が、静穏な日の災害も警戒しなければならなくなった」という意味を表しており、〈状況ガ変化〉という主格構文の範疇に収まると天野論文では説かれている。しかし、「災害が起こる」のように別主語を立てる構文が許されるようになったことは事実であり、"サマ主格変遷構文"がベースであるにしても、そこから「のが」が接続関係を表すものへと「変容」したことを示しているように思う＊3。

3．準体助詞「の」の成立と発達

　前節では、〈名詞句＋格助詞〉という構造から接続句が生み出される変化を様々に観察した。こうした変化は歴史上繰り返し起こっており、したがって「のに」の出自を〈準体助詞＋格助詞〉と見る支えとなるといえよう。それでは次に、本節では準体助詞「の」に注目し、その発達の過程について観察しておきたいと思う。

　いわゆる補足節として、格成分として用いられる場合については、本書第5章で述べたが、準体助詞「の」は代名詞から出発し、モノ・ヒトを表す関係節タイプの準体句、さらにコトを表す名詞節タイプの準体句へ拡張したものと見られる。

(12) a.　人妻と我が<u>の</u>とふたつ思ふには馴れにし袖ぞあはれなりける　　　　　　　　　　　　　　　　　　　（好忠集・458）
　　 b.　せんどそちへ**わたひた<u>の</u>**は何としたぞ。
　　　　　　　　　　　　　　　　　　　　　　　（虎明本狂言・雁盗人）
　　 c.　そなたが**嘆きやる<u>の</u>**をば思ふては、今日は人の身の上、明日はわが身の上。　　　　　　　　　（狂言記・武悪）

(12a)では「私のモノ（＝妻）」という代名詞として用いられてい

た「の」が、(12b)では「さっきそちへ渡したモノ(=銭)」のように、述語を承ける形で用いられるようになっている。このように、具体的な事物(モノ・ヒト)を指す、指示代名詞的な役割を果たす「の」が、準体句の句末でも用いられるようになった。そしてここから、「の」は準体法による名詞句の主名詞の位置で用いられるものという認識が成立し、抽象的な事柄(コト・サマ)の意味でも用いられるようになった(=12c)ものと考えられる*4。

　「の」の成立は室町末江戸初期と見られるが、すでに見たように、近世後期に至っても「の」の表示は義務的でない(=2b)。また、ガ格・ヲ格のような中核的成分からその使用が始まったと見られ、ニ格では「するに及ばない」「するに限る」「するにつれて」など、準体句のまま固定化した表現も見られる。こうしたことを考え合わせると、名詞節における準体助詞「の」の発達は、たとえば連体形による準体法の衰退といった機能的変遷の埋め合わせという動機ではなく、名詞句の主名詞としてあった方がよりよい、といった程度のものではなかったかと考えられる。準体句が用いられなくなり、「の」の表示が義務化されるのは、明治期に入ってからである。

　次に、述部における「の」を見てみよう。これについては、本書第6章で述べたが、古代語の〈準体句+繋辞「なり」〉(いわゆる「連体なり」)を承けて、〈名詞節「…の」+繋辞「だ」〉の形が生じたものと見られる。

(13)a.　狐の仕うまつるなり。　　　　　　　　　　(源氏物語・手習)
　　 b.　熟睡ナラネバ分明ニハヲボヘヌ也。
　　　　　　　　　　　　　　　　　　　　　(中華若木詩抄・巻上・5オ)
　　 c.　江戸ツ子の金をおまへがたがむしり取て行のだ。
　　　　　　　　　　　　　　　　　　　　　　　　(浮世床1813・初編中)

　(13a)では、従属節における主格のマーカーである「の」が現れていることから分かるように、「狐の仕うまつる」という準体句を「なり」が承けるという構造である(北原1981)。この構造は中世・近世を通じて保たれ、格成分という「名詞性」が要求される位

置で用いられるようになった「の」が、この文末の位置でも用いられるようになったものと考えられる。ただし、「するだ」のような「準体句＋繋辞」の形が近世後期でも用いられるのは文中（格成分）の場合と同様であり、「の」が必須となるのはやはり明治期に入ってからのことである。

　ここで注意されるのは、「連体形＋の＋だ」は「名詞句＋だ」ではないという点である（角田1996、野田1997など）。以下に示すように、ガノ交替が許されず、「のだ」は助動詞相当として機能していることが分かる。

(14) 学生が一生懸命勉強している。試験 が／*の **ある**のだ。

（角田1996より）

　この構造変化については、以下のように把握することができる。

(15)　　［ 名詞句 ［ 述語連体形］ナリ］。
　➡　［ 名詞句 ［ 述語連体形＋ノ］ダ］。
　→　［ 述語句 ［ 述語連体形］ノ　ダ］。

繋辞の前部分は名詞句であるから、準体句から「の」句へという歴史変化に伴い、「述語連体形＋なり」から「述語連体形＋の＋だ」という形が出来た。このとき「述語連体形＋の」はあくまで名詞句であったのだが、脱範疇化を起こすのである。

　こうした述部における名詞句の脱範疇化については、本書第1章でも述べたが、〈述語連体形＋形式名詞＋繋辞〉の構造を参照すると分かりやすい。ここでは、形式名詞「よう（様）」の例を挙げておこう。

(16) a.　春ニナレバイヅクモ花イヅクモ柳ナレバ［［［錦ノ**ミダレ　　タ**］ヤウ］也］。　　　　　（中華若木詩抄・巻上・35ウ）
　　b.　イヤここらが、［どふか［［**あさい**］よふだ］］。

（東海道中膝栗毛・3編下）

(16a)は、「錦の乱れたような様子だ」というわけであるから、「錦の乱れた様」という名詞句に「なり」が付接したという構造である。ここから、「様子だ」という判断的意味が「ようだ」という形式に焼き付けられ、助動詞として取りだされることになる。〈名詞句＋繋辞〉という構造であったものが、〈述語句＋助動詞〉という構造に再分析されたというわけである。

(17)　　［名詞句　［　述語連体形＋ヤウ］ナリ］。
　　→　［述語句　［　述語連体形］ヨウダ］。

助動詞「ようだ」はこのようにして出来たものと考えられ、「はずだ」「わけだ」「つもりだ」など、現代語の多くの助動詞がこうした再分析によって成立したと考えられる。「のだ」も、これらと同様に捉えることができる。

4．接続助詞「のに」の成立

　以上のように、名詞句の脱範疇化現象を接続部と述部について観察し、それが準体助詞「の」を表示した名詞句においても起こることを見てきた。接続部における「のを」「のが」、述部における「のだ」がそれである。また、準体助詞「の」の発達過程を観察し、近世初期に成立はしたものの、近世期を通じて完全に定着するには至っていないことを見てきた。
　こうして見てくると、接続助詞「のに」の出自を〈名詞句「…の」＋格助詞「に」〉と見ることは問題ないようであるが、ひとつ疑問が生じる。それは、「のに」が表す意味である。1節で述べたように、「のに」は意外感や違和感、不満など、逆接に加え、さらに特殊な表現価値を有しているのである。
　たとえば接続関係を表す「のを」「のが」について、天野論文の記述では「を」や「が」が本来的に有する「格」としての特徴が見出され、他動詞構文や自動詞構文との連続性が示されていた。この「連続性」という点は重要であり、格から接続へ移行する際に飛躍

的な意味は現れないということを意味していよう。ところが、「のに」の意味は、意外感や不満などの情意的な意味も含むのであるから、ここに「格」的意味からの「連続性」を見出すことは難しいように思う。

これは、古代語「に」「を」「が」の場合を参照してみても同様である。たとえば「のに」と最も関連が深いと思われる格助詞「に」は、斜格として、場所、時間、動作の対象・目的、変化結果、原因・理由、比較の基準、添加など広い意味関係を表す。そしてここから生まれた接続助詞「に」は、これに対応する形で、かなり広い接続関係を表すことになるのである。次に掲げる（18a）は累加、（18b）は原因・理由を表すものである。

(18) a.　見る目のいと**きたなげなき**に、声さへ似るものなく歌ひて、　　　　　　　　　　　　　　　　　　　（更級日記）
　　 b.　此事を**なげく**に、鬚も白く、腰もかゞまり、目もたゞれにけり。　　　　　　　　　　　（竹取物語・かぐや姫の昇天）

この点に関して、山口（1980：158）では、「格助詞を前提とする接続助詞の成立は、本来両者が意味のとりようによって同時に転換しうる両立性に基づくことであり、古代語における「に」には、両者の有機的な両立性が、多くの場合に認められる」と述べられている。こうした「両立性」があり、「連続性」が認められるからこそ、格から接続への転換が起こりうるわけである。先に（8）として挙げた「ほどに」という形式は、時間関係を表すという両立性が、格から接続への橋渡しとなっている。

こうして見てくると、「に」が持つ「格」としての意味と、「のに」が表す意外感・不満などの意味の間に「連続性」「両立性」は見出しがたく、したがって、「のに」は〈名詞句「…の」＋格助詞「に」〉の構造変化によって生まれた、という説明だけでは不十分ではないかと考えられる。

この問題に関しては、「のに」という形が見られ始めた、近世前期の例に注目することによって、その解決の糸口をつかむことがで

きる。「のに」の定着は、確かに近世後期以降と考えられるのであるが、「のに」という形自体は、以下に掲げるように近世前期から見られるのである。

(19)a.　ひがしより春は**きたのに**西の京興ある今日の雪ぞみなみよ
　　　　　　　　　　　　　　　　　　（古今夷曲集1666・巻4：山口1996）
　　b.　雑兵原が手にかゝらうかと思うて、何ぼうか**口惜しかつたのに**、そちが手にかゝれば満足ぢや。
　　　　　　　　　　　　　　　　　　（好色伝授1693・中：湯沢1936）

　そして、このとき注目されるのは、これらが違和感や不満などを表す現代語「のに」とは、表す意味がいささか異なっているという点である。(19a)は狂歌であり、「きたのに」の部分に「来た」と場所の「北野」をかけるなど、「のに」の解釈はやや難しい例であるが、あくまでも題は「雪の狂歌」である。「東は春なのにこちらは雪だ」と不満を述べるのではなく、東と西を対比的に読みこみながら「雪を皆見よ」と結んでいるのであるから、「のに」は「が」に相当する（あるいは当時の「に」に相当する）ような、単なる逆接を表していると解釈される。(19b)も同様で、「口惜しかったのに満足だ」というのは、現代語では成り立たない表現である。「雑兵が原の手にかかって死ぬかと思ってさぞかし無念であったが、貴方の手にかかるのなら満足だ」という文脈であるから、この「のに」も「が」に相当するものといえよう。

　このように、初期の例では、必ずしも意外感や不満を表すものではなく、単純な逆接の意味でも用いられている。準体助詞「の」が発達を示した段階から接続助詞「のに」の成立を捉えるという視点では、こうした初期の例が見落とされてしまうことになる。そのために、「のに」が接続助詞「に」から生じたという発想も生じるのであるが、これらの例を観察することによってはじめて、〈名詞句「…の」＋格助詞「に」〉の構造変化によって「のに」が成立した、ということがいえるように思う。そして、接続を表す「のに」という形式が成立した後、違和感や不満を表す用法に偏っていった、と

いう歴史的変化をあらためて指摘することができよう。次節では、こうした意味がどのようにして生じ、どのようにして定着していったのか考えてみたい。

5.「の」の機能

すでに何度も見たように、準体助詞「の」は、近世初期には成立していたが、近世期を通じて完全に定着するには至らなかった。すなわち、少なくとも 200 年間以上、「の」はあってもなくてもよいという状況が続いたことになる。そうすると、この間に、「の」はあってもなくてもよいがあった場合はどうなるか、という認識が当時の人々に生じたことが想定される。

補足節として用いられる場合は、「準体助詞」の名のとおり、「名詞性」を保証するものとして意識されたと考えられる。その一方で、繋辞の前で用いられる場合、その動機はやはり名詞性の保証であったが、脱範疇化を起こすのであった。そうすると、ここにおいて、述部で「の」を用いるとどういう意味になるかという認識、つまり助動詞「のだ」の意味が認識されるようになってきたものと考えられる。

現代語「のだ」の機能については諸説あるが、ここでは田野村（1990）にしたがって、「のだ」文は「背後の事情」や「実情」を表し、「承前性」「既定性」を中心的意味として持つものと捉えておきたい。このように見ることで、古代語から近代語における「連体形＋なり／ぞ／だ」が、「説明」の文脈において専ら用いられることもよく理解できるように思う。

(20) a. はやても龍**の吹か**する**なり**。　　　（竹取物語・龍の頸の玉）
  b. 熟睡ナラネバ分明ニハ**ヲボヘヌ**也。　　　（(13b) の再掲）
  c. 乳母子守等のたぐひが出放題の文句を作る**に**仍て、あのやうに**鄙くなる**ぢや**テ**。　　　（浮世風呂 1809–13・4編下）

(20a) は、「疾風も龍が吹かせているのだ」という、眼前の状況

をもたらした背後の事情を説明する文である。(20b)(20c)は、いずれも原因理由節を焦点とした文で、「…ので、…のだ。」と現代語訳したいところである。こうした文において〈準体句＋繋辞〉という形式が用いられ、この準体句末に「の」が示されるようになる（＝13c）。つまり、ここにおいて、述部で「の」を用いると事情を述べる文になる、「の」を用いると「承前性」「既定性」を表すことになるという認識が出来てきたものと考えられる＊5。

　このことは、「のだ」の推量形式ともいえる、「のだろう」の場合を見るとよく理解できる。「のだろう」は、以下に示すように、〈準体句＋繋辞＋推量〉から生まれたものである。

(21)a.　おどろきて、いかに見えつるならむ、と思ふ。

（源氏物語・若菜下）

　　b.　其ナラバ山路ノ艱難ヲ祈ル程ニ云デアラウゾ。

（毛詩抄・巻2・39オ）

　　c.　今日の形りは拵がおつりきだから、先でもぶ気味に思つてじろじろ見るのだろう。　（八笑人1820-34・初編下）

　上の(21)の例は、いずれも原因推量を表したものである。(21a)は「なぜこんな夢を見たのだろう」、(21b)は「山路の無事を祈っているので言うのであろう」、(21c)は「今日の格好は他と一味違うからじろじろ見るのだろう」、といった意味をそれぞれ表している。古代語の「連体なり」がモダリティ形式を伴う形で多用され、原因推量を表すことは先行研究でも指摘されるとおりである。このような文の中で「のだろう」が発達したと見られ、これは「のだ」の歴史とほぼ並行的である。

(22)　　[[名詞句　[述語連体形] ナラ] ム]。
　　➡ [[名詞句　 述語連体形 ノ] デアラ] ウ]。
　　→ [述語句　 述語連体形] ノ ダロウ]。

(23) 　　［ 名詞句 ［ 述語連体形］ナリ］。
　➡　［ 名詞句 ［ 述語連体形 ノ］ダ］。
　→　［ 述語句 ［ 述語連体形］ノダ］。　　　　　　　（= 15）

　ただし、このとき注意しなければならないのは、同じ構造から「だろう」という形も生み出されたという点である。

(24) a.　そなたは臓を一つ吐き出したり。やがて**死する**であらふ。
　　　　　　　　　　　　　　　　　　　（当世手打笑 1681：佐藤 2009）
　　 b.　わつちが往ても喧嘩ばかりして**居る**だろう。
　　　　　　　　　　　　　　　　　　　（粋町甲閨 1779：原口 1973）

　(24)はいずれも、現代の「のだろう」に相当する事情推量ではなく、「だろう」に相当する単純な推量を表している。佐藤（2009）によると、近世前期上方語における「デアロウ」の大部分は、こうした単純推量であるという。
　したがって、「だろう」の場合は、以下のような構造変化が起こっている。

(25) 　　［［ 名詞句 ［ 述語連体形］デアラ］ウ］。
　→　［ 述語句 ［ 述語連体形］ダロウ］。

名詞句を形成していた述語連体形が述語句に再分析されるという構造変化は、先に見た「ようだ」の構造変化とほぼ等しい*6。

(26)　［ 名詞句 ［［ 述語連体形］ヤウ］ナリ］。
　→　［ 述語句 ［ 述語連体形］ヨウダ］。　　　　　（= 17）

　こうしてできた「のだろう」と「だろう」であったが、繰り返し述べるように、「の」はあってもなくてもよいという状況であった。したがって、「のだ」相当の「連体形＋だ」の形が許されるのと同様、「のだろう」相当の意味として事情推量を表す「連体形＋だろ

う」の形も許された。

(27) a. それは墓じやと思ふ心の迷ひで<u>見へた</u>であらふ。
（けいせいぐぜいの舟 1700：佐藤 2009）
b. 夫だから彼奴アこんなに銭を<u>とる</u>だろう。
（松の花・5 編中：鶴橋 2013）

このように、「の」はあってもなくてもよいが、しかし「の」がある場合は必ず事情を推量する文になる、といった状況が生み出された。ここから次第に、「だろう」でなく「のだろう」とすることは、単純推量でない、原因推量のような「承前性」「既定性」に基づく推量を表すことになるという、「の」を推量文で用いた場合の認識が出来上がってきたものと考えられる。ここにおいて、確言・概言ともに、述部で「の」を用いた場合どういう意味を表すことになるか、という認識が発達したと捉えることができよう。

そして、格の位置で用いられた〈準体助詞「の」＋格助詞「に」〉も脱範疇化を起こし、接続表現となる。その一方で、〈準体句＋格助詞「に」〉からの構造変化によって生じた、古代語から存する接続助詞「に」（＝6c）もあった。ここにおいて、出自も機能もまったく同じ「に」と「のに」という形式が並び立つことになったわけである。したがって、述部における状況とは事情は異なるものの、「の」があってもなくてもいいという状況が、接続部においても作り出されることになったのである。
　ここで人々に意識されたのは、述部において「の」が用いられると「承前性」「既定性」に基づく表現が作られる、ということであったと思われる。すなわち、述部と同じ原理が接続部でもはたらいたものと考えられる*7。
　衣畑（2001）では、「のに」が有する不満や意外感などの感情的意味の内実について、以下のように説明されている。

(28) 人が持っている世界に対する知識が、遭遇する現実によって

否定され、修正を強いられたり、実現を断念させられたりすることで生じる感情

(4) として掲げた前田 (2009) の記述も合わせて考えると、「のに」文は、既定の知識に基づいた話し手の予測と異なる事態を、逆接節を用いた複文の形で表現したものといえる。すなわち、「のに」のこうした意味は、「に」と対比的に捉えられることによって、「の」の「既定性」が意識された結果生じたものと考えられる。先に見たように、構造変化によって接続表現となったばかりの段階では、こうした意味専用ではなかったのである。

6. 接続助詞「のに」の定着

「の」の「承前性」「既定性」という意味は、その統語的特徴と密接に関連している。「のだ」は、すでに見たように古代語の「連体なり」を承けたものであり、どちらも推量系の助動詞には後接しない（北原1981、高山2002）。古今を通じて、「…だろうのだ」にはならない、というわけである。

(29) ＊［—ノ—ム］ナリ。
　　（ム＝「む」「らむ」「けむ」「まし」「じ」など）

この制約は、現代語「のに」でも同様である。現代共通語において、「…だろうのに」のような形は許されない（前田2009など）。このように「のに」と「のだ」に同じ統語的制約が生じているということは、両者の「の」が同質のものであることを示していよう。

ただし、近世における接続助詞「に」は、推量系の助動詞が前部に来ることを許容する。

(30) a.　男をかわひがるに違は有るまいに、なぜ殿たちは女郎を御すきなさるゝぞ。　　（傾城曉の鐘1708・巻上・湯沢1936）
　　 b.　旦那や座敷で食傷する時もあらうに、盗み喰までこせつ

かずとも、いゝじやアないかへ。

(春色辰巳園 1833–35・巻 7)

そして、さらに「のに」の形であっても、推量の助動詞と共起した例が見受けられるのである*8。

(31) a. 逢たかったで有ふのに。なぜ逢せては下さんせぬ。

(仮名手本忠臣蔵 1748)

b. おまへはさぞ寒かろふのに、何をしてお出だ。

(いろは文庫 1836・12 編)

こうした事実は、「のに」の「の」が、「のだ」の「の」と同じものとして確立した時期、すなわち「のに」が接続助詞として完全に確立した時期は、「のに」という形式が用いられ始めた時期よりもさらに遅かったということを示していよう。接続形式としての成立、意味の発生と定着、そしてその用法が確立する過程は、以上のように分けて理解すべきであると考えられる。

このように、歴史的発達に段階性を見出すことの蓋然性について、湯沢(1936)で指摘される、名詞文や形容動詞文に接続する場合の形式は示唆的である。すなわち、接続形式として「のに」が成立した初期段階では、次のように「だのに」という形をとるのである。

(32) a. お食をたべて居る時分だのに、猪より先へ一さんに

(浮世風呂 1809–13・2 編下)

b. 内がひどく貧乏だのに、たつた独りの老母に大そう孝行でござゐますから　　　　　(いろは文庫 1836・52 編)

〈名詞句＋格助詞「に」〉を出自とするならば、連体形「な」＋「の」の形が期待されるところである。

4節で見たように、近世期「のに」は、現代語の「が」に相当するような用法で用いられていた（＝19）。「が」相当というのは、推量形式と共起する「…だろうのに」のような形が見られることか

らも裏付けられる（＝31）。ただ、この「が」相当というのは、近世期の言語にあっては、「に」相当という方が相応しい（＝30）。すなわち、すでに存在していた接続形式「に」と並んで「のに」という形式が用いられるようになったとき、「に」に続く名詞文・形容動詞文は、以下に示すように終止形「だ」＋「に」の形だったのである。

(33) a. 寝耳に水でさへおどろくそふだに、ね顔に火ではたまらねへ筈だ。　　　　　　　　　　　　（八笑人1820・2編下）
　　　b. これこれその子はおいらが家の子だに何処へつれて行くのだ。　　　　　　（当世虎の巻1826・後篇：湯沢1957）

「だのに」の形は、こうした「だに」の形にならったものと考えられる。

　ここから次第に、前節で述べた意味・用法を確立した「のに」の定着が見られるようになる。準体助詞「の」の定着とは、形態と意味の明確化であったといえよう。ここにおいて、「の」の形がことさら意識されることとなり、「なのに」の形が生じることになったものと考えられる。

(34) a. だつて、私の耳へ入る位なのに、お前さんが万更知らない事は無かろうと思ひますがね。（尾崎紅葉・金色夜叉1897）
　　　b. この内なんぞもまだこんなに綺麗なのにもう越すと申すのでございますよ。　　　　　　　　（森鴎外・雁1911）

「ので」「のだ」「のだろう」など、述部・接続部で使われる「の」はすべて「なの」の形をとる。これらへの類推がはたらいたのであろう*9。

7. おわりに

　以上のように、接続助詞「のに」の歴史を、接続部における準体

助詞「の」の発達史として捉えてきた。「の」の歴史的展開の様相については、文中と文末、さらに文中の場合も格成分と接続成分といったように、統語的環境の違いに注目する必要があるといえよう。

　また、本書の主張で重要な点は、文法変化は、発生、発達、定着といった、いくつかの段階に分けて捉える必要があるという点である。すなわち、近世初期には準体助詞「の」それ自体は成立していたものの、近世期を通じて、完全に定着するには至らなかった。名詞節の名詞性は、「の」の有無に左右されるものではなかったといえる。しかしその中で、「の」があった場合はどうなるか、という認識が次第に形成されていったと考えられる。

　繋辞あるいは格成分の前に用いられた準体句は、名詞句としての名詞性を保証するために「の」が用いられるようになった。しかし、これらの名詞句は脱範疇化を起こし、主節や接続節として述語性を発揮するのである。ここにおいて、「のだ」「のに」といった一まとまりの形式が、「事情」を表す文で用いられるものと認識されるようになった。「の」を用いることは「承前性」「既定性」を表すことである、という認識が成立したわけである。

　明治期に入ると、名詞節末に「の」を表示することが義務的となったが、これは「のだ」「のだろう」「のに」の形が、一語の助動詞、接続助詞として確立したことと並行的である。このとき、補足節（「…のが」「…のを」など）と「…のだ」における「の」は構造上必要なものであるから、「するが」「するだ」のような〈述語φ＋格助詞〉〈述語φ＋繋辞〉の形は排除された。「…のだろう」も、本来は「するだろう」といった〈述語φ＋繋辞〉の形は許されないはずであるが、構造変化によって「だろう」が助動詞化したため、残存した。接続節「…のに」は、「…に」との対比において確立した形式であるため、「するに」のような〈述語φ＋接続助詞〉の形は残ってもよかった。実際、方言においては多くの地域で残っているが、共通語では逆接表現体系の中で他形式に駆逐され消滅した＊10。近現代語における「の」の発生、発達、定着の様相は、以上のように整理することができよう。

*1　原口（1971）、柳田（1993a、b）、山口（2000）など。
*2　『日本語文法大辞典』の「に」の項（糸井通浩氏執筆）では、以下のように述べられている。

　　　活用語の連体形に付いた例の中で、「秋風か今か今かと紐解きてうら待ちをるに月かたぶきぬ」（万4335）のような例は、「うら待ちをる」という期待は「月かたぶきぬ」で裏切られたことになり、逆接の関係が認識でき、その関係を「に」が表していたとすると、この「に」は接続助詞という解釈が成り立つことになる。しかし、「うら待ちをる」から「月かたぶきぬ」への続きを時間の経過と考え、更に、連体形には名詞と同等の働きがあると考えるならば、この「に」は格助詞ということになる。〈中略〉このように奈良時代までに関しては、接続助詞として使われたかどうかの判定はできない。

これに対し、山口（1980：158）では、「「連体形＋に」形式の先行成分は、意味上具体的な事態に対応していると見うる限り、（「…ときに」と訳せる表現でも）接続助詞としての条件を満たしていると考えてよい」と述べられている。
*3　「のが」節が、「ので」「のに」と同等の接続助詞としての資格を有していないという趣旨は理解できるが、名詞性が認められない「のが」節（したがって接続節と見るべきもの）もやはり存在するように思う。
*4　益岡（2013：11-20）の言うところの「コト拡張」を起こしているといえる。分裂文における主題句（「太郎が<u>けんかしたの</u>は次郎だ。」「<u>たえきものゝふの心を</u>なぐさむるは歌なりけり。（古今・仮名序）」）は、一見〈モノ〉〈ヒト〉を表す関係節タイプのように見えるが、名詞節タイプと見るべきであることが近藤（2000：355-371）で述べられている。坂井（2016）によると、準体句からノ句への推移のあり方も、名詞節タイプに近いという。

坂井（2015）は、「の」の出自を「わが<u>の</u>」「身が<u>の</u>」のような「～がの」に求めながら、これを「特定の指示対象を持たない文法要素」としている。関係節タイプと名詞節タイプの両タイプにおける「の」の発生は「同時的」と見るわけであるが、準体句では表しえた〈トキ〉〈トコロ〉を表す場合に「の」は付加することができない。準体句が表した範囲のうち、それを承けたノ句は、〈モノ〉〈ヒト〉〈コト〉しか表すことができていないのである。「～がの」の「の」も〈モノ〉〈ヒト〉を表しているのであるから、準体助詞「の」は成立当初から〈モノ〉〈ヒト〉との親和性が高く、そこから〈コト〉にまで拡張したと見たほうがよいように思う。
*5　「のだ」におけるこうした「意味」は、「AはBだ」のBの部分に述語が来ることによって生じたもの（＝構文的意味）である。したがって、「の」自体に積極的な意味があるわけではない（田野村1990）。このことは、歴史文献において、「のだ」が期待されるところに、「ものだ」などが現れることからも裏付けられる。「名詞」であることを示せばよかったわけである（本書第6章）。

　　　・そなたが上りつめて国へも連れて戻らうやうに言ふにより<u>めいわくさ</u>
　　　　<u>に</u>そなたが戻る間はかくれた<u>ものじや</u>。
　　　　　　　　　　　　　　　　　　　（娘親の敵討1691・74：佐藤2009）

明治期以降、こうした形式名詞の違いによって、それぞれ意味を表し分けるシ

ステムが整っていったものと見られる。
*6 本書第6章で述べたように、〈述語句+繋辞〉としての「連体形φ+だ」は許されない一方で「連体形φ+だろう」が許されたのは、「推量」という"意味"によるものと考えられる。これは、「らしい」が〈体言+接辞〉から〈名詞句+接辞〉を経て〈述語句+助動詞〉へと変化したこと(山本2012)と、よく似た事情が考えられるように思う。

その意味において、「連体形φ+だ」の形が、「事情」を表す〈名詞句+繋辞〉でなく、〈述語句+終助詞〉としてはたらく(土屋2009:127)ことはあってもよいと考える(「くさくさして居るだ(浮世風呂・2上)」)。

*7 接続部においても、名詞的なまとまりを形成することで表現性を付加することは古くから行われており、「の」でなければならなかったわけではない(注5参照)。山口(1980:132-154、189-214)で示される、〈ク語法「…く」+「に」〉や〈「…もの」+「を」〉などは、そうした例である。こうした形式に対しても説明を与えたいが、今後の課題としておきたい。

*8 近世期の「に」「のに」は、推量の他、丁寧もとることができる。

　・大がいふだんからの様子でもしれそうな物ですに、態と知れないふりをして、真実にお前はんは罪ですよ
　　　　　　　　　　　　　　　　　　　（春色恋の染分解1860-62・初編）
　・私が一体麁相かしい性で、ぞんざいものでございますのに、つひしか、ぶツつりともおつしゃりません　　　（浮世風呂1809-13・2編下）

*9 坂梨(2006:215-239)では、音韻変化の可能性の他、「なので」への類推の可能性が想定されている。逆接と対をなす順接の「ので」と対比的に捉えられた可能性は高いが、「のだ」「のだろう」のように述部で使われる場合も合わせ、「の」が用いられる形式全体の中で捉えた方がよいように思う。

*10 接続助詞「に」は、文語的な言い方としては残っている。

第8章
条件節における準体助詞「の」

1. はじめに

　現代日本語の条件文において、以下のように準体助詞「の」が用いられることがある。

(1) 明日から出張する<u>の</u>なら今晩のうちに準備しないといけない。

「明日から出張する」ことはすでに決まっているが、そのことが真であると仮定して、それなら「今晩のうちに準備しないといけない」という態度の表明を後件において示すという文である。
　しかし、そもそも「準体助詞」とは、「体言に準じる働きをもつまとまり」を作るものである。したがって、「明日から出張する<u>の</u>はつらい」のように、「の」を付加した句は名詞句を形成するのが普通である。しかるに、(1)の文では、「の」は条件句の形成に与っているため、名詞句を形成しているようには見えない。これはどのように説明されるのであろうか。
　本章では、このように条件節において現れる「の」が、なぜ、どのようにして用いられるようになったのか、歴史的観点から考察を加える。また、このときの「の」の機能についても、歴史的研究の立場からどのように記述されるか、合わせて考えたい。

2. 議論の前提

　準体助詞「の」の歴史については、これまで本書第5・6・7章において述べてきたが、条件節における「の」を考えるにあたって前提となる事項を以下に示しておく。

(2) a.　準体助詞「の」が対応するのは、古典語準体句である。
　　 b.　述部で用いられた「の」名詞句は、脱範疇化を起こす。
　　 c.　格として用いられた「の」名詞句は、脱範疇化を起こす。

　まず、(2a) には、いくつかの含意がある。最初に、準体助詞の範囲であるが、古典語において連体形準体法によって作られた名詞句（＝準体句）の対応物として、名詞句の主名詞の位置で用いられたものを指すということになる。したがって、「私の本」を指して「私の」というような場合は、代名詞の「の」と見てこれと区別する。また、同時に、形態としては活用語を承けるもののみを指し、機能としては基本的に名詞句として働くものを指すということになる。
　また、(2a) で重要なことは、「の」は古典語における「述語連体形ϕ」の「ϕ」に対応するのであって、形式名詞「こと」や「もの」と直接的には対応しない、という点である。以下の例を参照されたい。

(3) a.　いみじき愁へに<u>沈む</u>を見るに、たへがたくて、
　　　　　　　　　　　　　　　　　　　　　（源氏物語・明石）
　　 b.　いみじう泣く人<u>ある</u>をきゝつけて、とゞめてとりかへし給うてけり。　　　　　　　　　　（伊勢物語・6段）

　(3a) は「悲しみに沈んでいるのを見ると」、(3b) は「泣く人がいるのを聞きつけて」と現代語訳されるように、古典語準体句に現代語では「の」名詞句が対応する。そしてこのように「見る」「聞く」の目的語になる場合、準体句は用いられるが、「こと」名詞句は用いられない。これは、現代語における状況とまったく等しい。

(4) a.　太郎は飛行機がふもとに墜落する　の／＊こと　を見た。
　　 b.　私は太郎がピアノを弾く　の／＊こと　を聞いた。

　上の (4) に示したように、「見る」「聞く」の目的語になる場合、「こと」は用いることができず、「の」を用いなければならない（本

書第 5 章)。

　以上のように、ここでは分かりやすい例として、項となる場合の「の」「こと」の例を挙げたが、他の統語環境における場合、「もの」など他の形式名詞の場合も同様であると考えられる(この点に関してはさらに後述する)。(2a)については、以下のように図示しておく。

(5)　　　[名詞句 [述語連体形 φ] ヲ][述語]
　➡　　[名詞句 [述語連体形 ノ] ヲ][述語]

　次に(2b)であるが、述部で繋辞を伴って用いられる古典語準体句を承け、上の(5)と同様に「の」名詞句が用いられるようになる。

(6) a.　はやても龍の**吹かする**なり。はや神に祈り給へ。
　　　　　　　　　　　　　　　　　　　　(竹取物語・龍の頸の玉)
　　b.　熟睡ナラネバ分明ニハ**ヲボヘヌ**也。
　　　　　　　　　　　　　　　　　　　　(中華若木詩抄・巻上・5オ)
　　c.　おくらにせきの薬をやつたが、それがきいて、**せくのじゃ**。
　　　　　　　　　　　　　　　　　　　　(本朝廿四孝1700)

　(6a)では、眼前の状況をもたらした事情について、「この疾風は龍が吹かせているのだ」と説明している文であり、ここに「龍の吹かする」という準体句が用いられている。このようなタイプの文において「準体句＋繋辞」という構造が時代を下っても保たれ(＝6b)、そして(6c)のように、「述語連体形 φ」の「φ」の位置に「の」が用いられるようになる(本書第 6 章)。
　そしてさらに、「述語連体形＋の＋だ」という「名詞句＋コピュラ」の形は、名詞句が脱範疇化を起こして述語句となり、「の＋だ」の部分は助動詞的なものへと再分析される。この変化は以下のように図示される。

(7)　　　［名詞句［　述語連体形 φ］ナリ］。
　➡　［名詞句［　述語連体形 ノ］ダ］。〈歴史変化〉
　→　［述語句［　述語連体形］ノダ］。〈構造変化〉

　最後に（2c）であるが、これは「名詞句＋格助詞」として用いられたものが、「述語句＋接続助詞」へと構造が変化することを指す。まずは「の＋で」の場合を掲げておく。

(8)　a.　Do に終る動詞状名詞は奪格の助辞 Ni（に）、Yori（より）、De（で）、Nitcuite（に就いて）、Vo motte（を以て）をとる。例へば、Monono fonuo caquyori tocuuo totta.（物の本を書くより得をとった。）Ex scribendo（書くことの故に）。Fumiuo caquni cutabireta.（文を書くに草臥れた。）In scribendo（書くことで）。Monouo mŏsude cutabireta.（物を**申す**でくたびれた。）Com falar（話す事により）、falando（話すので）。　　（土井訳ロドリゲス日本大文典・p.392）
　b.　会いたひと**思ふ**ので、殿の御ざるも眼が付かなんだ。

　　　　　　　　　　　　　　　　　　　（好色伝授 1693・巻中）

　格助詞「で」には、場所、道具・手段、動作主体などいくつかの用法があるが、コト的意味を表す準体句に続くと、(8a) のように原因・理由を表すことになる。準体句を承けた「の」名詞句に「で」が続く場合も同様で、こうした原因・理由の意味が「ので」の部分に焼きつけられ、「述語句＋接続助詞」へと再分析されたものと考えられる。

(9)　　　［名詞句［　述語連体形 ノ］デ］［述語］
　→　［述語句［　述語連体形］ノデ］［述語］

　また、「の＋に」の場合も同様である。「のに」という形式が見られ始めた初期の段階では、以下に示す (10a) のように「春は来たが」「来たのに対して」といった意味を表しており、背景・対比を

表す格関係とも、逆接を表す接続関係とも解釈しうる。これが(10b)になると、不満を含んだ逆接関係を表しており、「のに」は接続助詞であると解釈される（本書第7章）。

(10) a. ひがしより春は**きた**のに西の京興ある今日の雪ぞみなみよ

（古今夷曲集1666・巻4）

b. 逢たかったで**有ふ**のに。なぜ逢せては下さんせぬ。

（仮名手本忠臣蔵1748）

このように、「で」格・「に」格として用いられた「の」名詞句は脱範疇化を起こすのであるが、「を」格や「が」格として用いられた場合も、近年において同種の構造変化を起こしている（レー1988、天野2011、2014など参照）。「ので」「のに」ほど文法化は進んでいないが、「のを」「のが」は対格あるいは主格といった関係を表しておらず、前後の述語を単純につなぐ役割、すなわち接続関係を表していると見られる*1。述部の場合と同様、同種の構造変化が起こっていることが分かる。

以上見てきたように、「の」名詞句の脱範疇化現象は時代を通じて観察される。そしてこれが、コピュラを伴った文末（述部）と、格助詞を伴った文中とで、同じように起こるという点もきわめて重要である（本書第1章参照）。

3. 準体助詞「の」の発達と定着

さて、現代語における準体助詞「の」が用いられる統語環境については、柳田（1993a）に以下のようにまとめられている。

(11) a. 連用格（の＋が、の＋を、の＋は、…）
b. 述部（のだ、のだろう、…）
c. 接続部（ので、のに、のなら、…）

そして、これまでの「の」の歴史的研究は、記述・理論ともに

(11a) の名詞句になる場合を中心に進められてきた*2。これは、最初にも述べたように、「体言に準じるはたらき」をするのが「準体助詞」であるから、ある意味当然の態度といえる。

　本章における前節までの記述も、基本的にはそのような態度で述べてきた。(11b) の述部の「のだ」、(11c) の接続部の「ので」「のに」において、「の」は名詞句を形成しているわけではないが、名詞句の脱範疇化として説明可能であるから、やはりまずは名詞として把握することが有効といえる。

　確かに、「の」の発生・成立という観点からは、「の」は準体句に対応するものであるから、そのように見て問題はない。しかし、その後の発達、定着の様相については、その「名詞性」にのみ着目していてもうまく説明できない。原口（1971）、土屋（2009）、鶴橋（2013）など多くの指摘があるように、近世期を通じて、準体助詞「の」は完全に定着するに至っていないのである。

(12) a.　そつちの**ころぶ**は麁相でも済うが、おれに水をかけて麁相ですむか。　　　　　　　　　　　　（浮世風呂 1809–13・前編下）
　　 b.　乳母子守等のたぐひが出放題の文句を作る<u>に仍て</u>、あのやうに**鄙くなる**ぢやテ。　　　　（浮世風呂 1809–13・4 編下）
　　 c.　折角いらしツて**下すツた**に、折悪敷で御座りますね。
　　　　　　　　　　　　　　　　　　　　　　（花暦封じ文 1865–67・3 上）

　上の（12）に示したように、江戸後期に至っても「の」がない形は数多く用いられている。そして（12a）のように、準体句でも名詞句として機能することができるわけであるから、この時期の「名詞性」は「の」の有無によって左右されるようなものではなかったといえる。

　理論的に都合のよい説明は、連体形による準体法の機能が衰退し、こうした機能的変遷の埋め合わせのために「の」が発達した、というものであろう。さらにこの前段階の契機として終止形・連体形の合流を想定し、従属節のマーカーであった連体形が主節でも用いられるようになったため「節のしるしづけ」が必要になった、という

説明もありえるだろう。そうした準体句の「衰退」の可能性を完全に否定するものではないが、しかし少なくともこの江戸後期の様相は、「の」はあってもなくてもよいという当時の人々の意識を反映している。「の」の発達の動機は、「名詞性の保証」というだけでは説明できないことを示していよう。

　（12）の諸例はまた、項となる名詞句だけでなく、述部や接続部でも「述語連体形φ」と「述語連体形＋の」が同じように用いられていた、ということを示している。すなわち、準体助詞「の」の歴史は、これらを総合的に視座に収め、述部や接続部における「の」を含めて記述しなければ説明したことにはならないといえる。

　まず、述部における「の＋だ」の形は、古典語の「準体句＋繋辞」を承けたものであるが、「背後の事情」や「実情」（田野村1990）を表している（＝6）。このような構文的意味が「のだ」に焼き付けられ、「の」は「承前性」「既定性」を表すものという認識が次第に定着し、逆にそのような意味を表す際には「のだ」という形式が必要になっていったものと考えられる。接続部における「の」も同様である。「名詞句＋格助詞」からの脱範疇化によって、接続助詞「ので」「のに」が生まれることになるが（＝8、10）、「原因・理由」や、「不満・違和感を伴った逆接」といった意味が、それぞれの形式に焼き付けられ発達したわけである。

　このような「のだ」「ので」「のに」の"文法化"の過程と歩調を合わせる形で、名詞句末に用いられる「の」も定着を見せるようになる。これは、「の」が文献に初めて現れてから200年以上も経過した、明治期に入ってからのことであった。すなわち、準体助詞「の」の発達・定着にあたっては、こうした述部や接続部における「の」が重要な役割を担ったものと考えられる。

4.「φ」と「の」

　さて、柳田（1993b）でも問題とされるように、「のだ」「ので」「のに」は、現代共通語において、述語に「だ」「で」「に」が直接する「φだ」「φで」「φに」の形は存しない。これに対し、「のだ

ろう」「のなら」は「∅だろう」「∅なら」の形が存する。こうした不均衡については、どのように考えるべきであろうか。

　この問題に関しては、それぞれの形式ごとに、個別に説明を与える必要がありそうである。まず、接続部の「ので」を見よう。これについては原口（1971）に詳しいが、近世期を通じてさほど用例は多くないことが指摘されている。これは、「によって」「ゆえに」「から」など、原因・理由を表す他の形式が存在したためであろう。（8a）に掲げたような、「述語連体形∅＋で」の段階からそもそも少ない＊3。活用形が重要な役割を果たした古代語では、「已然形＋ば」が「未然形＋ば」に対応する形で存在し、「確定条件」の１つとして原因・理由を表した。しかし、近代語に入ると、活用形は終止連体形に固定され、後に続く機能語が重要視されるようになった。「ほどに」「によって」、そして「から」「ので」の発達である。原因・理由といった重要な表現は、「で」という音形のみでは担いきれなかったといえよう。

　次に「のに」であるが、こちらは逆に「∅に」の形もそれなりに用いられていた（＝12c）。接続助詞の「に」は古代語から存し、次第に逆接専用となって近世期でも用いられていたのであるから（宮内2003）、残存してもよかった。また「のに」は、「∅に」との対比の中で「の」の意味（＝承前性・既定性）が意識されて語彙化したものであるから（本書第７章）、単純な逆接を表す「∅に」と棲み分ける可能性はあった。しかしこれが使われなくなっていったのは、逆接表現体系における「けれども」などの伸張によるものであろう。

　このように、「で」「に」ともに表現体系の中での張り合い関係を考える必要があるが、やはり「ので」「のに」の文法化の過程が最も重要な要因となっている。「の」はあってもなくてもよいが、しかし「の」を用いるとどういう意味になるかという認識、すなわち「ので」「のに」の意味が次第に認識されていったわけである。「ので」「のに」という形式に対する認識の形成とともに、「∅で」「∅に」の形は排除されることになる。これは、「のだ」の場合も同様である。「のだ」が表す意味は、「準体句＋コピュラ」が表す構文的

意味であるから、これが「のだ」という形式として意識されれば、「∅だ」の形は自然と排除されることになる。

　このような観点からすると、説明が必要なのは「∅」と「の」が共存する場合ということになる。最初に、「のだろう」と「∅だろう」の場合について見てみよう。まず、「のだろう」形式の成立は、「のだ」の場合とまったく同じように考えることができる。

(13) a.　おどろきて、いかに見えつるならむ、と思ふ。
　　　　　　　　　　　　　　　　　　　　（源氏物語・若菜下）
　　 b.　其ナラバ山路ノ艱難ヲ祈ル程ニ云デアラウゾ。
　　　　　　　　　　　　　　　　　　　（毛詩抄・巻2・39オ）
　　 c.　今日の形りは拵がおつりきだから、先でもぶ気味に思つてじろじろ見るのだろう。　（八笑人1820-34・初編下）

　「連体なり」に助動詞「む」が付接した「ならむ」（= 13a）は中古でも多く用いられるが、やはり「実情」や「背後の事情」を推量している*4。こうした構造が中世・近世を通じて保たれ、準体句末に「の」を伴った「の＋であらう（だろう）」の形が生まれたわけである。(13)には、疑問詞や原因理由句を伴って焦点化する場合の例を挙げておいたが、このような場合、現代語では「のだろう」が用いられることになる。この変化を(7)にならって、以下のように図示しておく。

(14)　　［［ 名詞句 ［　述語連体形 ∅］ナラ］ム］。
　➡　［［ 名詞句 ［　述語連体形 ノ］デアラ］ウ］。〈歴史変化〉
　→　［　述語句 ［　述語連体形］ノ ダロウ］。　　〈構造変化〉

　ところが、「のだ」の場合と大きく異なるのは、(15)のような「事情推量」ではない、単純な推量を表す「∅だろう」という形式が用いられるようになる、という点である。

(15) a.　そなたは臓を一つ吐き出したり。やがて死するであらふ。

(当世手打笑 1681：佐藤 2009)

  b. わつちが往ても喧嘩ばかり**して居る**だろう。

(粋町甲閨 1779：原口 1973)

これは、以下のような構造変化によって出来たものと考えられる。

(16) [[名詞句 [述語連体形] ナラ] ム]。
  → [述語句 [述語連体形] デアラウ]。

　これまで見てきたような述部における構造変化に鑑みると、(16)のような変化は自然に起こりうるといえる。述語連体形が名詞句から述語句へと脱範疇化を起こすとともに、後接する要素が助動詞に再分析されるわけである。そして、このとき注目されるのは、出来上がった助動詞「であろう→だろう」は、コピュラの「なり→だ（である）」を含み持っているという点である。すなわち、いわゆる「設想」を表す「む」とは異なり、「推量判断」を表す外接モダリティ形式として成立したのである。
　この「だろう」は、従属節に生起しない（＝主節末で用いられる）、活用しない（＝過去形、否定形などを持たない）といった点において、「真正モダリティ」と呼ばれることがある。これは、上に述べたように、コピュラ形式を含む形で成立したためと考えられる。こうした「推量判断」を表す形式であるからこそ、事態の成否であろうと事態の原因であろうと、いずれも問題なく推量することができたものと考えられる。以下に、原因推量（事情推量）を表す「φだろう」の例を掲げておく。

(17) a. それは墓じやと思ふ心の迷ひで**見へた**であらふ。

(けいせいぐぜいの舟 1700：佐藤 2009)

  b. 金が欲しさに三百両を見込んで指を**切つた**であらふが、

(男伊達初買曽我 1753：鶴橋 2013)

　したがって、ここにおいて「事情推量」の領域においては、「判

断推量」を表すがゆえに事情推量も併せて表しえた「∅だろう」と、「準体句＋コピュラ」の構造を保つことで事情推量を表した「のだろう」の両形が並び立つことになった。「のだろう」の例をもう少し掲げておく。

(18) a.　拠〳〵節季の果に住吉まゐり、大かた<u>にげているのであろ</u>。
　　　　　　　　　　　　　　　　　　　　　　　（年忘噺角力1776）
　　b.　そふじやない、真実俺を<u>嫌つたのじやあろう</u>。
　　　　　　　　　　　　　　　　　　　　　　　（諸鞭奥州黒1753）

　この後の展開については、やはり「のだ」の場合を考え合わせるとよさそうである。すなわち、「背後の事情」「実情」といった意味は「準体句＋コピュラ」によって生じる構文的意味であるため、「述語連体形∅＋だ」でも「述語連体形＋の＋だ」でもよかったのであるが、この意味は次第に「のだ」という形式に焼き付けられた。ここに、「の」はあってもなくてもよいが、「の」を用いると「既定性」「承前性」を表すことになるという認識が生じたのであった。これと同様に、そうした「事情」「実情」を推量する場合も、「の」はあってもなくても表しうるが、「の」を付加すると明確に当該の意味を表しうる、という認識が次第に生じていったものと考えられる*5。

　そして現代語に至ると、「事情推量」を表す場合は「のだろう」専用になるが、これは当該の表現領域において「∅だろう」を駆逐したということを意味する。このことは、やはり当該の表現領域において、「∅だ」「∅に」「∅で」を「のだ」「のに」「ので」がそれぞれ駆逐したことと並行的に捉えられよう。

5．「のなら」の成立

　上に述べたような「のだろう」の歴史をふまえると、「のなら」の成立の過程も自然に理解される。まず、接続助詞としての「ならば」は、中世期に成立したと見られる（小林1996）。

(19) a. すずろなる男の**うち入り来たる**ならばこそは、こはいかなることぞとも参り寄らめ。　　　　　　　（源氏物語・宿木）

　b. されども**思ひ立つ**ならば、そこに知らせずしてはあるまじきぞ。　　　　　　　　　　　　　　　（平家物語・巻9）

　c. さらばただあつたる時ともかくも**なつたぞ**ならば、なんとせうぞ？　　　　　　　　　　（天草版平家物語・p.57）

　（19a）は、「すずろなる男のうち入り来たる」という準体句を「なり」が承け、仮定条件節を作るという「連体なり」構文であるが、（19b）に至ると、「述語句＋接続助詞」として解釈されることになる。(9)に「ので」の構造変化を示したが、「ならば」に起こる構造変化も、以下に示すようにまったく自然なものである。

(20) 　　[[名詞句 [述語連体形] ナラ] バ] [述語]
　　→ [述語句 [述語連体形] ナラ　バ] [述語]

　ここで重要なのが、接続助詞の「ならば」は、「準体句＋コピュラ」の構造から脱しているという点である*6。これは、(19c)のように文相当句を承ける例が見られること、そしてこれが「なれば」「なれども」のような形式にも見られることから裏付けられる。

(21) a. コレハ御堂ノ御トガトヤ**申ベカラン**ナレド、コレマデモスコシモ我アヤマチニハアラズ。　　（愚管抄・186-4）

　b. この盃をば先少将にこそ取らせたけれども、親より先にはよも**飲み給はじ**なれば、重盛まづ取あげて少将にさゝむ。
　　　　　　　　　　　　　　　　　　　（覚一本平家物語・無文）

　北原（1996：323-330）、矢毛（1999）などで指摘されるように、係り結びや種々のモダリティ形式に、「なれば」「なれども」が後接している。これは、接続助詞からさらに進んで接続詞的になっているものと解されるが、その前に接続助詞の段階があったことを示すものといえる。中世期には、この他にも「すれば」「あれば」

などが接続詞化しており、「なれば」がこうした他の形式と区別されるのは、コピュラ「なり」を含み持つ点であったと考えられる。「ならば」も同様で、ある種の「判断」を経た「仮定」を表す形式として成立したものと考えられる。

　この点に関して、現代語における仮定条件形式についてまとめられた、益岡（2006）の記述はきわめて有用である。

(22) レバ形式：一般事態階層における条件設定。事態間の一般的因果関係を表す。
　　 タラ形式：個別事態階層における条件設定。個別的事態間の時間的依存関係を表す。
　　 ナラ形式：判断階層における条件設定。前件においてある事態が真であると仮定する。

　(22)はプロトタイプ的意味を示したもので、形式間でいくらか重なり合う部分もあるが、それぞれの形式の歴史的経緯とも符合する。すなわち、確定条件から「恒常性／一般性」を介して仮定条件を表すようになった「れば」、完了的意味を表す時制辞を含み持つ「たら」、そして判断的意味を表す繋辞を含み持つ「なら」、といったように、形式の出自と意味がうまく合致するのである。
　そして、「ならば」に「の」が加わった「のなら」の例は、18世紀後半の資料から見られるようになる。いくつか例を掲げておく。

(23)a.　若われが**盗んだの**なら。盗人に飯喰す法があるか。
　　　　　　　　　　　　　　　　　　　　　　（新版歌祭文1780）
　　 b.　コウ、金が**ねへの**なら、どふともしようぜ。
　　　　　　　　　　　　　　　　　　　　　　（落咄熟志柿1816）

　このとき表される意味は、やはり「背後の事情」や「実情」の仮定である。「のだろう」が「のだ」の推量形と呼ぶに相応しいのと同様、「のなら」は「のだ」の仮定形と呼ぶべき意味を表している。
　これは、次のような例を観察すると、よく分かる。

(24) 予ゆへ笑はれるがいやさにそのやうに**いふのなら**いつそ離てしまふたがよい。
(南遊記1800)

「そのように言う」ことの原因を「笑われるのがいやだから」と仮定して、「(それなら)いっそのこと別れた方がいい」と述べている。このように原因を焦点化して仮定することを明示するために、「のなら」が用いられているものと考えられる。

このように、「の」の「既定性／承前性」に基づいて、「のだ」の仮定形と言うべき「実情仮定」を表すために作られたのが「のなら」であるといえる。また、このとき、「φなら」と「のなら」の関係は、「φだろう」と「のだろう」の関係とほぼ並行的に捉えることができる。すなわち、「判断」を含んだ推量形式として成立した「φだろう」は、「単純推量」と「事情推量」を表しえたが、「既定性／承前性」を有する「の」を付接した「のだろう」が、「事情推量」の領域を表すものとして定着した。「φなら」も同様に、「実情仮定」を含んだ「判断」レベルの仮定表現一般を担う形で成立したが、「既定性／承前性」の「の」を伴った「のなら」が、「実情仮定」の領域を表す専用形式として定着したわけである。「φだろう」「のだろう」の場合と異なるのは、「ある事態が真であると仮定する」(＝22) ことは、「実のところが〜であれば」とほぼ同義である (田野村1990) ため、「実情仮定」は「φなら」でも表しうる、という点である。

しかしそれでも、田野村 (1990) でも述べられるように、「φなら」と「のなら」の間には若干の差異が認められる。

(25) ｛帰りたい**なら**／帰りたい**のなら**｝、帰ってもいいよ。

「のなら」は、「帰りたそうにしている相手の様子」を受けている場合には用いられやすく、やはり「の」の「承前性」が効いている。また、このときの「のなら」は、「のであれば／のだったら」と同義である。〈「のだ」の仮定形〉であるからこその同義であり、「たら」「れば」「なら」の相違は解消している。条件節における「の」

は、このような機能を果たすために用いられるようになったものと説明されよう。

6. おわりに

　以上のように、本章では、準体助詞「の」の歴史的展開の中に、条件節において用いられる場合を位置づける形で記述した。以下、簡単にまとめておく。

　近世初期に発生した準体助詞「の」であったが、「の」はあってもなくてもよかった。近世期を通じて、準体句の「名詞性」は、「の」の有無に左右されるものではなかったのである。そのような状況の中で、「の」があった場合はどうなるかという認識が、「のだ」「のに」などの助動詞・接続助詞の形式を通じて、次第に形成されていった。「の」を用いることは「既定性／承前性」を表すことになる、という認識である。

　こうした「の」の新しい意味は、述部の「推量」、接続部の「仮定」にも反映された。「だろう」の形でも表しえた「事情推量」の領域を「のだろう」が表すようになり、「なら」で表しえた「実情仮定」の領域に「のなら」が侵入してきたのである。「の」はあってもなくてもよいが、あった場合は「事情」「実情」を表す専用形式になる、というのが近世後期の状況であった。現代語に至り、「事情」の領域において「あってもなくてもよい」という事態を解消したのが「のだろう」、引き続きそのままの事態を継承しているのが「のなら」であるといえる。

＊1 「ので」「のに」と「のを」「のが」の文法化の遅速の差は、「格」としての性格の違いを反映している。「で」「に」がコトガラを表す「の」句に接続した場合の「格」的意味は、原因理由、対比、添加などであり、これらは「接続」関係へと読み替えられやすい。これに対し、「コトガラを遮った」「コトガラが変化した」のように、目的語や主語の「格」的意味は保つことができる。これが接続関係へと読み替えられるに際しては、天野（2014）で述べられる

ような「変容」解釈が必要になるのだと思う。

*2　たとえばHorie（1999）では、準体句から「の」名詞句への変化は、中核的な統語的位置（「が」でマークされる「主語」の位置、「を」でマークされる位置）に最初に及び、「に」や「より」といった格助詞によってマークされる周辺的な統語的位置に向かって進行中である、と述べられている。「名詞性」に着目した記述であるといえる。

*3　「φで」の形がまったく見られないわけではない。
　　　・おふくろが切ツて廻すでのびるげな　　（誹風柳多留1764・3篇16ウ）

*4　高山（2002）などでも指摘されるように、「連体なり」はそれのみで言い切る形よりも、こうした推量の助動詞を伴うことの方が多い。「背後の事情」「実情」を述べる場合は、ある程度推測的に述べるからであろう。

*5　福田（1998）、佐藤（2009、2011）では、現代語の「のだ」に相当する「ものだ」、「のだろう」に相当する「ものだろう」の存在が指摘されている。
　　　・此つなを引たによつて、つえがあたつた物じや。
　　　　　　　　　　　　　　　　　　　　　　　　　（虎明本狂言・瓜盗人）
　　　・めいわくさにそなたがもどる間はかくれた物じや。
　　　　　　　　　　　　　　　　　　　　　　　（娘親の敵討1691：佐藤2009）
　　　・さては、はずしたものであらふ。　　　　（露休置土産1707）

「実情」の意味は、「述語名詞句＋コピュラ」という構造から生じる構文的意味であるから、「の」を用いた形式が文法化する以前の段階において、「もの」のような抽象度の高い形式名詞が類似の意味を表すことはあってよい。

ただし、「もの＋だ」の形が常にこうした「事情」の意味を表すわけではなく、あくまで「もの＋だ」の用法の一部である。逆に、「事情」の意味は「φ＋だ」でも表しうるわけであるから、「の」の前段階に「もの」を置き、「φ→もの→の」のように直線でつなぐことは慎むべきであろうと思う。

*6　矢島（2013）では、「準体句＋ならば」の構造を重視し、まず中古の「ならば」が完了性・非完了性両様に用いられることの理由をここに求める。現代語で「雨ならば」のような「体言＋なら」が完了性・非完了性両様に用いられるためである。しかし、そもそも「未然形＋ば」の段階で両様を表しうるのであるから（「東風吹かば匂ひおこせよ梅の花」「名にし負はばいざ言問はむ都鳥」）、名詞であるかどうかは無関係である。

さらに、「中世以降の準体句の変質」を背景とした構造変化によって「ならば」が成立したとするが、すでに述べたように、準体句が活発に用いられていた中古以前においても、接続部における構造変化は起こりうる。「ならば」の成立に、こうした「準体句の変質」を想定する必要はないように思う。

第 9 章
終止形と連体形の合流

1. はじめに

　現代語の終止形が、古代語の連体形にあたることは広く知られている。以下に掲げる（1a）は古代語の例、（1b）はその現代語訳であるが、文終止に用いられる形が「あり」から「ある」へと変わっていることが見てとれる。

(1) a.　武蔵の国と下つ総の国とのなかにいと大きなる河あり。
　　　　　　　　　　　　　　　　　　　　　　（伊勢物語・9 段）
　　 b.　武蔵の国と下総の国との境にたいそう大きな河がある。

「ある」という形は、「大きな河がある場所」のようにも用いられるため、連体修飾の形をも兼ねている。つまり、現代語では終止形と連体形が同じ形ということになる。古代語では、連体形と終止形の区別（上の例でいえば「ある」と「あり」の区別）があったわけであるから、これはきわめて大きな歴史変化であるといえる。
　このように、終止形と連体形が合流する、といった点に注目すると、形態論的観点から説明を与えたくなるところである。こうした立場の先行研究としては、坪井（2001：14–30）、信太（2007）などが挙げられる。たとえば坪井論文では、「形態の示差性」という観点から、「終止形連体形合流は、動詞の「姿」そのもの、基本形の変容なのである」と述べられ、「動詞が、自らの所属する活用の型（四段系列・二段系列・一段系列）を、終止形連体形合流によって形態上に表示することになった」と説かれている。
　しかし、信太論文で「連体形終止同形化は動詞以外にも、形容詞、形容動詞、あるいは助動詞を含むすべての活用語に関わる現象であ

るから」、動詞のみを論じるのは不十分であると指摘されるように、動詞形態論のみでは説明できない点を多く残している。なぜこの時期に、何のために活用の型の区別が必要になったのかについても、説明する必要があるだろう。この点をふまえ、信太論文では他の品詞も視野に入れ、ラ変型活用語に注目し、連用形と終止形の「異形化」という観点で説明しようとしている。機能の違いに応じた形態の示差性を増すために、末尾のイ列音（「あり」）をウ列音（「ある」）に変えたというわけである。しかし、連用形単独の中止法は次第に用いられなくなって「テ」を付接するようになっており、終止形が連用形との「異形化」を図る必要性は感じられない。坪井論文同様、形容詞についての説明も困難であり、やはりこの現象は、形態論的観点のみからは、本質的な説明を与えることは難しいように思う*1。

　こうした観点は、古典語の終止形（あるいは基本形）が連体形にとって代わられた、という現象に対して説明しようとするものである。なぜ、ここに連体形が「採用」されたか、という観点である。しかし、このとき、連体形は「採用」される候補であることがいわば前提となっており、連体形が文終止に用いられることに対しては、何の説明もなされない。しかしながら、古代語において連体形が有する用法（準体用法、連体用法）をふまえると、まずは、なぜ、どのようにして、文終止において連体形が用いられるようになったのか、という点について考えるべきであろうと思う。すなわち、文終止における形の問題として、構文論的観点から考察すべきであるように思う。

2. 先行研究

　いわゆる伝統的な国語学の分野では、基本的にはこうした見方に基づいて記述されている。概説書の類でも、「鎌倉時代には、次第に従来の終止形に代わって連体形で文を終止することが多くなります」（沖森卓也編（1989）『日本語史』おうふう、p.89）、「文末には連体形を使うことが一般化した」（山口明穂ほか（1997）『日本

語の歴史』東京大学出版会、pp.94-95）のような記述が、一般的に行われている。

　しかし、この現象がどのようにして起こったのかという「説明」のレベルになると、定説を見ないのが現状である。その中でかなり広く受け入れられてきたのが、次のような説明である。

(2)　渡辺実（1997）『日本語史要説』岩波書店
　　平安中期以降、余情終止の連体形終止法（いわゆる連体終止）が殊の他に好まれる事態となった。女流文学が平安中期に最盛期を迎え、その勢いは宮廷女房の世界を中心にますます強くなって次の時代へ及ぶ過程で、女性に顕著な婉曲表現好みが、余情終止法の愛用となって現れたのである。〈中略〉ところが愛用の度が過ぎて、いつでも誰でも連体終止で物を言う、ということになると、愛用の原因となった余情という表現特性が、だんだんその影を薄くして、遂には肝心の余情を感じさせないまでになってしまう。そうなると連体終止は、余情の終止法ではなくなって、正常の終止法になってしまったことになる。
　　　　　　　　　　　　　　　　　　　　　（pp.99-100）

　実は、古代語において、連体形で文を終えることは皆無ではない。したがって、そのような古代語の連体形終止文と関連付けようというのは、自然な見方であるといえる*2。余情や感動を表す連体形終止文というのは、次に掲げるようなものである。

(3)　a.　いかにある布勢の浦そもここだくに君が見せむと我を**留むる**（和礼乎等登牟流）　　　　（万葉集・巻18・4036）
　　b.　今日別れ明日はあふみと思へども夜やふけぬらむ袖の**露けき**　　　　　　　　　　　　（古今和歌集・369）

このような特殊な表現価値を持っていたものが、使用されるうちにその表現性が剥落していったというわけである。
　しかし、(2)の記述は、あまりに書きことば世界に依存しすぎ

第9章　終止形と連体形の合流　143

た説明であろうと思う。「女流文学」で使用されることばが、こうした大きな言語変化を引き起こすとは思えない*3。この点は措くとしても、感動を表す用法は、(3)に示したように、基本的には和歌世界で用いられるものである*4。そのような限られた場における用法から変化が始まると考えるのは、やはり難しいように思う。

　これに対し、「日本語の論理化」などと説明されることもある。これも代表的な概説書の記述を、次に掲げておこう。

(4) 佐藤武義編（1995）『概説日本語の歴史』朝倉書店
　　連体形止めの表現には、詠嘆性を帯びることのほかに、「…すること」「…であること」として文の叙述を体言的にとりまとめ、叙述を事柄として対象化する働きがある。この表現法が一般化したのは、事態を論理的に捉えることへの要求の度合いが高まったことと、それを明確な形で相手に伝える必要性が増大したという事情などが関係すると考えられている。

(pp.142–143)

しかし、「叙述を事柄として対象化する」というのがどういうことなのか分かりにくいし、何より「事態を論理的に捉えることへの要求の度合いが高まった」「それを明確な形で相手に伝える必要性が増大した」といったことをどうやって証明するのか、という問題がある。説明の妥当性は、あまり感じられないように思う*5。

　古代語の連体形終止文には、(3)に示したような「感動」を表す用法の他に、次に示すような「解説」の用法が存する。こちらは、主として会話文において用いられる。

(5) a.　御子のたまはく、「命をすてゝかの玉の枝持ち**きたる**、とて、かぐや姫に見せたてまつり給へ」と言へば、翁持ちて入りたり。　　　　（竹取物語・蓬莱の玉の枝：小川1988）
　　b.　仏を紛れなく念じつとめ侍らんとて、深く籠り侍るを、かかる仰せ言にて、**まかり出で侍りにし**。

（源氏物語・手習：小池1967）

こうした「解説」的表現に注目して説明を試みたものに、尾上（1982）がある。

(6)　連体形終止文による解説的表現というのは、通常の終止法をもって事態を述べ上げることをしないで、話し手聞き手の対面性のただ中に句的体言をほうり出すことによって、「こうなのですよ」という特別の口吻を伴うものであった。その意味では曲調表現である。ところが、対面性という現場に支えられてはじめてある種の伝達を担い得たはずの句的体言が自ら句的体言であることを忘れ、依存していた枠を離れて独り歩きをはじめると、それはもはや曲調ではなくなる。すでに句的体言ではなく述体句そのものとして了解されることになる。連体形終止法はこのようにして一般的な終止法として意識されるようになるのである。　　　　　　　　　　　(p.13)

　しかしながら、「句的体言」が現場性を離れ、「述体句」として了解されることになった、という説明は結果の側から眺めた説明であって、なぜ、どのようにしてそうした変化が起こったのか、という動的な観点から説明されたものではない。また、説明が抽象的であるため、分かりにくいという面もある。「依存していた枠を離れて独り歩きをはじめる」とはどういうことなのか、この点を分かりやすく説明する必要があるだろう。

　以上のように、先行研究を概観してみると、いまだ十分な説明が与えられるには至っていないことが分かる。古代より存する「連体形終止文」と何らかのかかわりがあることは予想されるものの、どのように関係するのかも明らかでない。そこで、本章ではあらためて、以下のような問いを立てることとしたい。

(7)　なぜ、どのようにして連体形が通常の終止用法を持つようになったのか

連体形が持つ、連体用法（名詞修飾用法）や準体用法（名詞句形成用法）との関連の中で、どのようにして終止用法を持ち得たのか、という問いである。

そのうえで、現代語では、古代語終止形が「リストラ」（金水敏（2011）「日本語史」『はじめて学ぶ日本語学』ミネルヴァ書房、p.32）されており、この問題についても考える必要がある。すなわち、2つ目の問いとして、以下のようなものが立てられる。

(8) なぜ、どのようにして連体形が終止形を駆逐したのか

これまでは、こうした2つの問いに対して無自覚であったように思う。主として表現論的観点から連体形終止文の成立を説く立場においては、その後の展開については考慮されず、主として形態論的観点から終止形の衰退を説く立場においては、連体形による終止用法の成立には無頓着であった。これらを併せて考えることによってはじめて、この現象に対して説明を与えることになるであろうと思う。以上のように、本章では、終止形・連体形の合流という現象について、文終止における構文の歴史変化という立場から、考察を加えたいと思う。

3. 準体句の文末用法の衰退

3.1 喚体文（擬喚述法）

さて、前節で見たような、和歌において「感動」を表す連体形終止文であるが、これは上代から用いられている。

(9) a. 夏草の露分け衣着けなくに我が衣手の乾る時も**なき**（干時毛名寸）　　　　　　　　　　　（万葉集・巻10・1994）
　　b. 恨めしく君はもあるか宿の梅の散り過ぐるまで見しめず**ありける**（美之米受安利家流）　　（万葉集・巻20・4496）

この文の構造は、連体形によって形成された名詞句（＝準体句）

が文末で用いられたものと考えられる。つまり、通常の述語文でなく、名詞形で終止する文を作っているわけである。山田孝雄はこれを「喚体」の文と呼び、体言を骨子とする特殊な文として、用言（述語）を中心とする「述体」の文と区別している。山田（1908）では、「喚体」に以下の2種が認められている。

(10) a. 感動喚体：麗しき花かな。人の音信も**せぬ**。
　　 b. 希望喚体：老いず死なずの薬もが。

感動を表す場合と希望を表す場合の2種であるが、文を名詞形で終えることでこうした特殊な意味が表されることになる。(9) として掲げた連体形終止文も、この喚体文に相当することになる（山田は「擬喚述法」と呼んでいる）。

　こうした喚体文は上代では一定程度用いられたが、時代が下ると次第に用いられなくなる*6。以下の（11a）は感動、（11b）は希望を表したものであるが、喚体文ではなく、いわゆる述体文を用いて述べられている。

(11) a. ものあはれなる気色さへ添はせ給へるは、あいなう心苦しうも<u>あるかな</u>。　　　　　　　　　（源氏物語・賢木）
　　 b. 人知れぬわが通ひ路の関守はよひよひごとにうちも<u>寝ななん</u>　　　　　　　　　　　　　　（伊勢物語・5段）

「感動」を表す連体形終止文が次第に用いられなくなるのは、こうした喚体文の衰退と軌を一にしていると捉えることができる。
　ここで重要なことは、喚体文によって表されていた表現が、他の異なる形式によって表されるようになっている、という点である。たとえば（9a）は、「乾くときもないことだ」のように、現代語では形式名詞「こと」を用いた名詞述語文で表すことができる。こうした形式名詞述語文は、古代語の段階からすでに用いられている。

(12) a. 梅の花いつは折らじと厭はねど咲きの盛りは惜しき<u>もの</u>

なり（乎思吉物奈利）　　　　　　　（万葉集・巻17・3904）
b.　世人の心のうちもかたぶきぬべき事なり。
　　　　　　　　　　　　　　　　　　　　　（源氏物語・竹河）

　このように、感動を表すための手段は別に持っているのであり、そうした中で、喚体による表現をやめて述体による表現へ移行していることが見てとれる。喚体（擬喚述法）による感動表現の多用によりその表現性が剥落した、と説かれるとき、こうした喚体文一般における推移、さらに感動表現という枠組みにおける変遷は考慮されることがない。和歌世界においては、擬喚述法による感動表現は中世以降も用いられており、これらのことをふまえると、やはりこうした「感動・余情」用法が頻用されたことを説くだけでは不十分であるように思う。

3.2　「連体なり」文
　一方、会話文で用いられた「解説」の用法であるが、以下のようなものであった。

(13) a.　「雀の子をいぬきが逃がしつる。伏籠のうちに籠めたりつるものを」とて、
　　　　　　　　　　　　　　　　　　　　　（源氏物語・若紫）
　　 b.　「……試みの日かく尽くしつれば、紅葉の蔭やさうざうしくと思へど、見せたてまつらんの心にて、用意せさせつる」など聞こえたまふ。
　　　　　　　　　　　　　　　　　　　　　（源氏物語・紅葉賀）

　「逃がしちゃったの！」「お見せしようというつもりで準備させたのです」のように、現代語ではいわゆる「のだ」文を用いるところである。現代語訳に準体助詞「の」が現れていることからも分かるように、これも先の「感動」を表したものと同様、連体形によって形成された名詞句（＝準体句）が文末で用いられたものと見ることができる。
　しかしながら、このタイプの連体形終止文も次第に用いられなくなり、代わって繋辞「なり」を付接させた構文が用いられるように

なる。これは、次のようなものである。

(14) a. はやても［龍の吹か**する**］なり。はや神に祈り給へ。
　　　　　　　　　　　　　　　　　　　　　　　　（竹取物語・龍の頸の玉）
　　　b. ［狐の**仕うまつる**］なり。この木のもとになん、時々あやしきわざなむし侍る。
　　　　　　　　　　　　　　　　　　　　　　　　（源氏物語・手習）

　この構文は、「AハBナリ」というコピュラ文から発達して出来たものと考えられる。以下に掲げるような（15a）から（15b）へと拡張した、というわけである。

(15) a. 恋ふといふはえも名付けたり言ふすべのたづきもなきは［我が身］なりけり（安我未奈里家利）（万葉集・巻18・4078）
　　　b. 先立たぬ悔いの八千度悲しきは［流るる水の帰り来**ぬ**］なり
　　　　　　　　　　　　　　　　　　　　　　　　（古今和歌集・837）

　（14）あるいは（15b）における［　］内は、主格助詞「の」が現れることから分かるように、名詞句としての準体句を形成している*7。準体句を承ける「なり」は、活用語終止形に接続して推定を表す「なり」と区別し、伝統的に「連体なり」と呼ばれている。
　そして、この「連体なり」文は、現代語の「のだ」文へとつながっていく。事情の「解説・説明」を行う際に、この構文は時代を通じて用いられている*8。

(16) a. 熟睡ナラネバ［分明ニハヲボヘヌ］也。
　　　　　　　　　　　　　　　　　　　　　　（中華若木詩抄・巻上・5オ）
　　　b. 乳母子守等のたぐひが出放題の文句を作るに仍て、［あのやうに鄙く**なる**］ぢやテ。
　　　　　　　　　　　　　　　　　　　　　　（浮世風呂・4編・下）

繋辞が「なり→にてあり→じゃ・だ」と形を変え、準体句の句末に準体助詞「の」が補われることで、「のだ」という形式が出来上がることになる。

第9章　終止形と連体形の合流　149

このように、古代語で「解説・説明」を表した連体形終止文が、その後「連体なり」文（さらには「のだ」文）へ取って代わられるというわけであるから、両者の間に何らかの因果関係を考えたくなるところである。たとえば、久島（1989）では、以下のように述べられている。

(17) 連体形終止文の意味が弱化した原因としては、連体形終止文の持つ意味とほぼ等しいものをより強力に示す「(連体形)なり」の表現が勢力をもって来たことが考えられる。

「連体なり」文の発達が連体形終止文を衰退させたということであるが、しかしながら逆に、連体形終止文が衰退した（「説明」の意味を表せなくなってきた）ため、「連体なり」文が発達した、と見ることもできそうである。3.1の「感動」の場合にあてはめてみても、喚体句が衰退したから述体句による述べ方が発達したのか、述体句の伸張が喚体句を弱化させたのか、という同様の問題が生じることとなり、現時点で両者の因果関係を明確に説くのは難しいように思う。
　以上のように、「感動・余情」を表す用法と、「説明・解説」を表す用法とに分けて観察してきたが、結局のところ、これまでの説明の最大の問題点は、一方から一方を説明できないところにあるといえる。頻用により「感動」が薄れたとするという説明は「解説」用法にはあてはまらないし、「連体なり」の伸張により「解説」の用法を失ったとする説明を、「感動」用法にあてはめることはできない。
　両用法に共通するのは、準体句を文末に置くことで特別な用法をもちえた、この特別な用法が時代を下ると衰退した、という点である。そこで、次節では、これらを統一的に説明することを試みる。

4. 名詞句の脱範疇化

　最初に結論を示しておくと、本書第1章でいくらか述べたように、文末に置かれた名詞句は、その置かれた位置のために述語句へと再

分析されることになる。すなわち、連体形が終止用法を持つようになったのは、こうした名詞句から述語句への構造変化が、文末準体句において起こったためであると考えられる*9。

このような名詞句の脱範疇化は、接続部と述部において起こる。以下、簡単に概観しておく。

4.1 接続部の場合

まずは、接続部の場合について見ていく。最初に古典語の「が」の例を示しておこう。以下に掲げる例は、ともに「述語連体形＋ガ＋述語」という形であるが、(18a)は「名詞句＋格助詞」の例、(18b)は「述語句＋接続助詞」の例である。

(18) a. 見も知らぬ花の色**いみじき**が、咲きみだれたり。
　　　　　　　　　　　　　　　　　　　　　（宇治拾遺物語・巻13—11）
　　b. 女二人あり**ける**が、姉は人の妻にてありける。
　　　　　　　　　　　　　　　　　　　　　（宇治拾遺物語・巻3—15）

助詞「が」については石垣（1955：15–54）に詳しいが、助詞が述語と名詞句の関係を示すものから、述語と述語の関係を示すものへと変化していることが示されている。格助詞から接続助詞へと変化したというわけであるが、このとき、同時に「が」の前部の句の性格も変化している。すなわち、名詞句から述語句へという変化である。

(19)　［ 名詞句 ［ 述語連体形］ガ］［　述語］
　→　［ 述語句 ［ 述語連体形］ガ］［　述語］

「に」や「を」など、格助詞を起源とする接続助詞は他にもいくつか存するが、いずれも「が」同様、助詞の前部が名詞句（準体句）から述語句へと再分析されることによって生じている。

このような構造変化は、助詞の前部が述語連体形のみで構成される、準体句であるから起こったと見る向きがあるかもしれない。助

第9章　終止形と連体形の合流　151

詞の前後が述語で挟まれる形になるため、そのような再分析が起こりやすいというわけである。しかし、こうした構造変化は、主名詞が表示された「述語連体形＋名詞」という名詞句に助詞が付接した場合も、しばしば起こる。以下に、そのような例として「ところ＋で」の場合を示しておく。

(20) a. 船に乗る**べき**ところにて、かの国人、馬のはなむけし、
　　　　　　　　　　　　　　　　　　　　（土佐日記・1 月 20 日）
　　 b. 然ればこの宝は国王に捧げうずるものぢやと云う**た**ところで、シャント大きに驚いて、　（エソポのハブラス・p.420）

（20a）では、「船に乗るべき所＋にて」のように場所格を表していたものが、（20b）では、「…と言ったので驚いて」のように、原因・理由を表すものとして用いられている。この構造変化は、以下のように示すことができる。

(21) 　　　［　名詞句　［　述語連体形＋トコロ］ニテ］［　述語］
　　　→　［　述語句　［　述語連体形］トコロ　デ　］［　述語］

以上、（19）と（21）として示したように、述語連体形を用いて形成されていた名詞句が名詞性を失い、述部性を発揮していることが分かる。こうした構造変化が、日本語史上において、しばしば観察されるのである*10。

4.2　述部の場合

次に、述部の場合について見ていく。まずは、「述語連体形＋名詞」という名詞句に繋辞（コピュラ）がついた形を示しておこう。

(22) a. 春ニナレバイヅクモ花イヅクモ柳ナレバ錦ノミダレ**タヤウ**也。　　　　　　　　（中華若木詩抄・巻上・35 ウ）
　　 b. それでもどふも**おかしい**よふだ。

　　　　　　　　　　　　　　　　　　　（春色梅児誉美・初編・巻 3）

(22a)は、助詞「の」が現れることからも分かるように、「錦の乱れた様」という名詞句に「なり」が付接した名詞述語文である。これが(22b)になると、「様子だ」という判断が「ようだ」という形式に焼き付けられ、助動詞として切り離されることになる。すなわち、「よう」の前部の述語連体形は、主節述語として再分析されるわけである。以上のような構造変化を、(23)として示しておく。

(23)　　［ 名詞句 ［ 述語連体形＋ヤウ］ ナリ］。
　→　　［ 述語句 ［ 述語連体形］ ヨウ　ダ　］。

　次に、述語連体形のみで形成される名詞句（＝準体句）にコピュラがついた形、すなわち、「連体なり」文を見てみよう。これは、前節でもいくらか述べたように、時代が下ると準体句の句末に「の」が付接するようになり、「述語連体形＋の＋だ」の形を形成するようになる。

(24) a.　江戸ツ子の金をおまへがたがむしり取て行のだ。
　　　　　　　　　　　　　　　　　　　　　　　（浮世床・初編中）
　　b.　学生が一生懸命勉強している。試験が／*のあるのだ。
　　　　　　　　　　　　　　　　　　　　　　　（角田1996より）

　しかしながら、現代語の「のだ」文は、角田（1996）や野田（1997）など、多くの指摘があるように、名詞述語文ではない。(24b)に示したように「が／の」交替を起こさず、「のだ」は助動詞相当として機能している。したがってこのとき、「のだ」の前部の述語連体形は、主節述語として再分析されていることとなる。

(25)　　［ 名詞句 ［ 述語連体形］ ナリ］。
　➡　　［ 名詞句 ［ 述語連体形＋ノ］ ダ］。
　→　　［ 述語句 ［ 述語連体形］ ノ　ダ］。

以上のように、繋辞を伴って文末（述部）の位置に置かれた連体形による名詞句は、構造変化を起こし、「述語句＋助動詞」へと再分析されることになる。現代語においても、こうした例はしばしば観察され、新屋（1989）では「文末名詞文」、角田（1996）では「体言締め文」（後に「人魚構文」（角田2011））と呼ばれ、多くの事例が紹介されている＊11。

　また、先の接続部の場合と併せて考えると、「述語連体形＋名詞＋助詞」の「名詞＋助詞」部分が接続助詞となることと、「述語連体形＋名詞＋繋辞」の「名詞＋繋辞」部分が助動詞となることは、まさに並行的な現象であるといえる。このとき、連体節として名詞句形成に与っていた述語連体形は、主節述語に再分析されるのである。

　そして、「連体節＋名詞」という形式ではない、述語連体形のみで形成される名詞句（準体句）も、接続部の位置では述語（接続節）に再分析される（＝19）。とすると、述語連体形のみで形成される準体句がそのまま文末（述部）に置かれれば、やはり述語句（主節）に再分析されることになるものと考えられる。すなわち、文末に置かれた準体句は、以下に示すような構造変化を起こすことになると考えられる。

(26)　名詞句［　述語連体形］。→ 述語句［　述語連体形］。

　連体形終止文が名詞性を失い、通常の述語文を形成するようになる過程は、このように説明される。こうした構造変化により、名詞句であるがために持ちえた「感動」や「解説」の用法を失うわけである。また、このような説明に基づくと、失われた擬喚述法としての感動用法は述体文が担うようになり、解説用法は「連体なり」文が担うようになった、という因果関係を見てとることができるように思う。

5．述体文としての係り結び文

　前節では、連体形が終止用法を持つようになった過程について、

名詞句の脱範疇化という観点から説明を行なった。しかし、本書第1章でも述べたように、こうした構造変化は共時態において観察されるもので、いつの時代においても起こりうるものであることに留意しなければならない。人魚構文は現代語において観察されるものであるし、接続部に用いられる「のを」「のが」など（注10）も同様である。

しかしながら、こうした構造変化を経て、「ようだ」「のだ」などの形式が慣用によって固定化（文法化）していくのは、歴史的な現象である。したがって、構造変化によって成立した連体形による終止文の場合も、これがどのようにして当時の人々に受け入れられ、定着していったかを示す必要があるだろう。

まず、院政期以降に、連体形終止文を通常の述語文として認識せしめたものは何だったのか。本書では、これは、係り結び文であったのではないかと考える。

係り結び文とは、周知のように、文中に「ぞ・なむ・や・か・こそ」といった助詞を用い、文末を連体形あるいは已然形で結ぶ文のことであるが、ここで問題となるのは、連体形結びの場合である。まずは、以下の例を参照されたい。

(27) a. しづくもてよはひのぶてふ花なればちよの秋にぞ影はしげら<u>ん</u>
 　　　　　　　　　　　　　　　　　　　（後撰和歌集・433）
 　 b. 命だに心にかなふものならばなにかわかれのかなしから**まし**
 　　　　　　　　　　　　　　　　　　　（古今和歌集・387）

（27a）では、係助詞「ぞ」に対して「ん（む）」、（27b）では「か」に対して「まし」といった助動詞が、それぞれ文末に用いられている。いわゆる推量の助動詞で結ばれているのであるが、実は、こうしたムード形式は、準体句が文末で用いられた文、すなわち、前節で見た、感動を表す喚体文や、解説を表す「連体なり」文には現れない。「…だろうことよ！」とか、「…だろうのだ。」とかいった形にはならない、というわけである。このことを、(28)として図示しておこう。

(28) a. 喚体文（擬喚述法）
    *［—ノ—ム］。（ム＝「む」「けむ」「まし」「じ」など）
  b. 「連体なり」文
    *［—ノ—ム］ナリ。
    （ム＝「む」「らむ」「けむ」「まし」「じ」など＊12）

　したがって、ここから導かれることは、係り結び文は、準体句を文末に置いたものではなく、ムードやテンスを備えた通常の述語形式によるもの、すなわち述体文であるということである。近藤（2000：253）でも、この点について、「〈連体止め〉は終止法と対立する、（それ自体が独立した）間投法というモダリティの一形態であるとみなされるが、〈係結〉は終止法のなかの下位分類であり、その中のひとつの形に過ぎないと見るべきである」と述べられている。
　このような述体文としての係り結び文であるが、野村（2005）によると、上代と中古の間で「変容」しているという。上代の係り結び文では、佐佐木（1992）・野村（1993a）において指摘されるように、主格助詞「の／が」が現れる場合、必ず「—係助詞—ノ・ガ—連体形。」の語順になる。以下に、（29）として例文をいくつか掲げておく。

(29) a. 朝に行く雁の鳴く音は我がごとく物思へれ<u>か</u>も声<u>の</u><u>悲しき</u>（物念可毛声之悲）　　（万葉集・巻10・2137）
  b. 行く水の留めかねつとたはこと<u>か</u><u>人の</u>言ひ<u>つる</u>およづれ<u>か</u><u>人の</u>告げ<u>つる</u>（狂言哉人之云都流 逆言乎人之告都流）
　　　　　　　　　　　　　　　　　（万葉集・巻19・4214）

　前にも触れたように、主格助詞は準体句内に現れる（主節には現れない）ものであるから、この場合の結びの連体形句は、準体句の性格を色濃く残したものということになる。ただしもちろん、文末に推量の助動詞が現れる係り結び文（＝述体文）も、万葉集には見られる。いくつか例を掲げておこう。

(30) a. 飛ぶ鳥の明日香の里を置きて去なば君があたりは見えず
　　　　<u>か</u>もあら<u>む</u>（不所見香聞安良武）　　　（万葉集・巻1・78）
　　 b. 今さらに妹に逢はめやと思へかも（念可聞）ここだく我
　　　　が胸いぶせくある<u>らむ</u>（鬱悒将有）　　（万葉集・巻4・611）

　このような用例の存在に鑑みると、係り結び文は、喚体文を基にして成立したのではないかと考えられる*13。たとえば、野村（1995）では、(29) のような「係りカ（疑問）―準体句」の前段階として、「か」を含む文と喚体文の2文の連続という解釈も可能な、「二文連置」の段階が想定されている。「間なく恋ふれにかあらむ草枕旅なる君が夢にし見ゆる（万621）」のような場合、「君が夢に見ゆる〔実際にあなたが夢に出てくることだ〕」という連体形喚体句と、それに対する注釈句である「恋ふれにかあらむ〔恋い続けているからであろうか〕」は、両者の間で切れる2つの文と見ることもでき、このような句と句の相関関係を基に「係り」と「結び」という認識が生まれた、と説明されている。

　野村説に従えば（野村2002参照）、係り結び文は、このような注釈的二文連置から「疑問的事態カ―実事的事態」を経て、「―カ―ム」型の呼応にまで及んで成立したということになり、このように見ることで、喚体文から述体文への変化をスムーズに理解することができる。いずれにしても、中古における係り結び文には、(28) のような助動詞の制限も、また (29) のような語順法則も見られない。

(31) a. 心ありて風の匂はす園の梅にまづうぐひすのとはずやあ
　　　　る<u>べき</u>　　　　　　　　　　　　　　　　（源氏物語・紅梅）
　　 b. 清くすまぬ水にやどる月は曇りなきやう<u>の</u>いかでかあら
　　　　<u>む</u>　　　　　　　　　　　　　　　　　　（源氏物語・常夏）

　重要なことは、ここにおいて、連体形を文末で用いた述体文が確立していることになる、という点である。すなわち、係り結び文の成立は、連体形で終止する述体文の成立であったともいえるわけで

ある。

6. 終止形終止の衰退

　中古において係り結び文は多用され、その結果、連体形による終止文は増加する。係り結び文の成立が喚体文を基にするものであったかどうかはともかく、当時の人々にとっての「係り結び」とは、文の焦点を「係助詞」で示し、その場合には連体形で結ぶ、というものであったと考えられる。そこには、喚体も述体もないわけである。

　しかも、「係り」の部分が必ずしも文焦点とはいえない例も、上代から数多く存する。(32a)として「か」、(32b)として「そ」の例を掲げておこう。

(32) a.　一重山隔れるものを月夜良み門に出で立つ妹<u>か</u>待つ<u>らむ</u>
　　　　（妹可将待）　　　　　　　　　（万葉集・765：近藤1990）
　　b.　奈呉の海に潮の早干ばあさりしに出でむと鶴は<u>今そ</u>鳴く<u>なる</u>（伊麻曾奈久奈流）　　　　（万葉集・4034：勝又2009）

いずれも、「妹」や「今」といった部分だけが焦点化されるわけでなく、「妹か待つらむ」「今そ鳴くなる」といった述語部分も含めた句全体を、疑問や強調が覆っているものと解釈される。こうした状況をふまえると、連体形を文終止に用いる（用いてもよい）形として認識することは、まったく自然なことであったように思う。

　さて、そもそも文終止には、終止形というそれ専用の形があったのであるが、結果的に、新しく生まれた連体形が、元からある終止形を凌駕する形になっている。歴史変化によって、近似した機能を有する複数の形式が重なることになった時、古い形式が新しい形式に駆逐されるのは、一般的な現象であるといえる。文終止における連体形と終止形の競合関係に際しても、終止形は古い形式と認識されることになったものと考えられる。そうした状況が、京極(1965)、出雲(1985)などで示される、以下のような文から見てとれる。

(33)a. 敵は**少なし**、味方は**多し**、勢にまぎれて矢にもあたらず、
(平家物語・巻9)
b. 四方はみな敵**なり**、御方は**無勢なり**、いかにしてのがるべしとは覚えねど、
(平家物語・巻4)
c. 人ノ小若党シテイルヲホイナウ思テ、大名ノ内ノ者ニ<u>ナリタサハナリ**タシ**</u>、ナレバ本ノシウガ只ハヲクマイホドニ、
(史記抄・周本紀第4)

　元からある終止形は「旧終止形」として、対句や前置き表現のような定型化した表現の中に、「不十分終止」用法として用いられているのである。文におけるこうした位置は、「旧い」形が用いられる場所であり、室町期においても、口語では衰退しているはずの係り結び文が用いられている。

(34) 俄に西の風はげしう吹いて頼まれた義教緒方が船たる船どもいづくの浦へ**か**吹き寄せ**つらう**、行方知らずになった。
(天草版平家物語・p.319)

　ただ、これまでの研究で指摘されてきた「旧い」形は、鎌倉期以降のものであった。連体形による終止文が一般化したことにより、元からあった終止形が、「旧終止形」と認識されることになったというわけである。しかしながら、院政期の資料にも、これと同種の「不十分終止」用法の例は、いくつも見られる[14]。

(35)a. 如此ク巻毎ニ<u>巻返シ**ツ**</u>、一部ヲ読畢ヌ。
(今昔物語集・巻13—2)
b. 夜ニハ<u>成ニ**タリ**</u>、今夜ハ家ヘハ故ニ行不着ジ。
(今昔物語集・巻29—5)
c. これは、みな人のしろしめたる事なれば、ことも**ながし**、とどめ侍りなん。
(大鏡・巻1)

　ここから見てとれるのは、院政期においても、元からある終止形

が「旧終止形」と意識されていた可能性が高いということである。逆に見れば、文献に現れる用例数は少ないながらも、この頃の人々には、連体形が「新しい」文終止の形として認識されていた、ということになる。

　考えてみれば、擬喚述法としての感動用法が見られなくなるのは中古期であったし、「連体なり」文が発達してきたのもやはり中古期であった。そして、述体文としての係り結び文が確立したのも中古期であったこともふまえると、中古後期から院政期にかけて、連体形が述体文の文終止に用いられる「新しい」形という認識が、徐々に形成されていったものと考えられよう。

　以上のように、「中古：終止形、中世：連体形」といった先入観を排することにより、連体形終止文の成立・定着という構文変化の過程は、なめらかな歴史変化として描くことが可能となる。すなわち、文末準体句（＝喚体）の述体化は中古からすでに始まっており、そうした変化が確立したのが中世であったと見るわけである＊15。このように見ることにより、他の文法現象との関係も自然に説明されるように思う。

7．おわりに

　準体句の文末用法は、その体言的性格（名詞性）を保持できずに衰退している。結局のところ、これは、文末（述部）という位置に置かれたことの宿命であったといえる。連体形による終止文の成立は、名詞句として文末に置かれた連体形句（準体句）が構造変化を起こし、述語句になったものと説明することができる。

　連体形句を述語句として認識せしめたのは、係り結び文であった。ムードやテンスを備えた述体文としての連体形終止文は、係り結び文においてはじめて実現された。また、本来、文の焦点を表す「係り」であったが、必ずしもその役割は明確でなくなった。

　こうして、中古における係り結び文の隆盛は、連体形による終止法を確立させた。名詞句としての文末準体句の構造変化に伴い、感動文は名詞述語文や終助詞を伴った述体文に、説明文は繋辞を伴っ

た「連体なり」文に引き継がれた。

　文終止において連体形と競合することになった元からある終止形は、旧い規範的な形式と認識された。中古を経て、中世鎌倉期に至るとこのような認識が一般化し、ここにおいて連体形による終止文が一般的なものとなった。

＊1　西山（2012）では、形態統語論的観点から説明が与えられるが、古代語動詞の終止形と連体形、現代語動詞の終止形と連体形、さらに古代語形容詞の終止形と連体形、現代語形容詞の終止形と連体形と、それぞれに規則を与えなければならなくなっており、煩雑である。古代語の連体形が終止用法を持つようになった、と説くほうが、記述の簡潔性の観点からも妥当であると思う。
＊2　山口明穂ほか（1997）『日本語の歴史』（東京大学出版会）では、「終止形の言い切ることで断言する機能よりも、連体形で余韻を残すことで表現を柔らかくするほうが日本語の表現には合うと考えられたからであろう」（p.95）といった説明が行われている。その他、山口仲美（2003）『日本語の歴史』（岩波新書）では、「余韻のあるまろやかな表現」であって「詠嘆的な意味合い」を持つ連体形止めの「頻用」により、「連体形止めのもっていた表現効果が薄れ」、「終止形は連体形に吸収合併」された（pp.116-117）と述べられている。
＊3　こうした批判が、一方で行われているのも事実である。1節で挙げた形態論的観点からの説明は、このような「余情頻用説」へのアンチテーゼとして生まれたものである。
＊4　この点については、これまでも多くの指摘がある。仁科（2009）など参照。
＊5　阪倉（1970）で示される「開いた表現」から「閉じた表現」へ、といった見方をふまえたものであろう。確かに、格関係を示す格助詞や、接続関係を示す接続助詞のような、いわゆる機能語が発達したことに対し、「論理化」などという見方を与えることは一理あるように思うが、この問題に対して同じ見方を与えることに説得力があるとは思えない。
＊6　上代語文献には、「体言を骨子とした」喚体文が多く現れる。しかし、上代語資料は基本的には万葉集という韻文であるため、いわば体言止め文としての喚体文が多用されているにすぎず、実際の話しことばでは用いられていなかったのではないかという批判もありえよう。しかし、体言接続専用の助詞が、「もが」「てしか」「かな」など複数存したことは事実であり、（11a）のような述体文における「かな」の使用が中古においてはじめて見られることなどをふまえると、このように捉えておいてよいものと考える。
＊7　北原（1981）参照。古代語における主格助詞は、従属節内でしか用いられない。
＊8　本書第6章 参照。「連体なり」文と「のだ」文を、歴史的に一つながりと

する見方に否定的な意見もあるが、本書では直接的なつながりを持つものと見ておく。

＊9　本書第1章では、これを「名詞節の脱範疇化」と呼んだ。

＊10　現代語の「のを」「のが」といった形式も、こうした一例である。レー（1988）、天野（2014）、および本書第7章など参照。

＊11　ここでは「模様だ」「予定だ」の例を挙げておく。
　　a.　太郎が勉強している模様だ。
　　b.　太郎は明日つくばに来る予定だ。

「が／の」交替を起こさない（*太郎の勉強している模様だ）、主述がねじれている（*太郎は予定だ）など、通常の名詞文としての構造をなさず、「ようだ」「つもりだ」に相当する、一種の助動詞のようなはたらきをしている。

＊12　「らむ」だけは、喚体文で用いられることがある。ただしこのときは、疑問推量で用いられており、単なる推量の意味を表してはいない。近藤（2000：258–259）など参照。

＊13　係り結びの成立説としては、大野（1993）の倒置説、阪倉（1993：211–273）の挿入説、野村（1995）の注釈説などが広く知られている。それぞれの主張については、金水（2011：155–157）などを参照されたい。

＊14　上代および中古においても、終止形による「不十分終止」用法は見られる。佐伯（1953）のいう「はさみこみ」や、小田（2006：19–86）のいう「提示句」などである。
　　a.　八月十五夜、隈なき月影、隙多かる板屋残りなく漏り来て、見ならひ給はぬ住まひのさまもめづらしきに、暁近くなりにけるなるべし、隣の家々、あやしき賤の男の声々、目覚まして、（源氏物語・夕顔）
　　b.　此ノ牛、片山ニ一ノ石ノ穴有リ、其ノ穴ニ入ル。

（今昔物語集・巻5—31）

こうした不十分終止用法が用いられる構文位置に、旧終止形が定着していったものと考えられる（出雲1985参照）。

＊15　文献資料に現れた用例のみに基づくと、院政期に初めて用いられた形式が、鎌倉期に至ると一般的なステイタスを確立するということになるが、新しい「連体形」はかなり早いスパンで旧い「終止形」を駆逐していることとなり、歴史変化のあり方としてやや無理があるように思う。

中古において、通常の文献資料に見られる文終止の形は確かに「終止形」であるが、会話文においては、係り結び文を含めると「連体形」で終止することの方がむしろ多いという興味深い報告が、吉田（2001、2005）においてなされている。連体形によって文を終止することは話しことばの中ではある程度の頻度で行われており、終止形は書きことばなど規範的な場合に使うものという認識がすでに萌していたのかもしれない。だとすると、中古の文学作品に見られる「感動」「解説」を表す連体形終止文は、「書きことば」的な表現技法であったとも考えられよう（特に「解説」）。

第10章
「こと」の機能

1. はじめに

寛永十年整版中華若木詩抄に、次のような記事が見える。

(1) 総シテ太平ノ世ニハ、兵具ヲクヅシテ農器トシ、乱世ニハ農器ヲクヅシテ兵器トスルホドニ、農器ニ<u>コトガヽイテ</u>耕作セウズルヤウガナイホドニ、
　　　　　　　　　　　　　　　　　　　　　　（巻上・23ウ）

　下線部の「コトガカイテ」という表現は、何か耳慣れない印象を受ける。しかしながら、岩波新日本文学古典大系では、「事が欠いて」とある本文に対して特に注があるわけでもない。そして、小学館の『日本国語大辞典』には、「ことが欠く」という見出しがあり、「「ことかく（事欠）」に同じ」という記述とともに、上の中華若木詩抄の用例が引かれている。また、三省堂の『時代別国語大辞典室町時代編』にも全く同様の記述がある。
　しかし、同時代の辞書である日葡辞書には、「事欠く」という表現は見られるが、「事が欠く」のように、間に助詞「が」が入ったものは見られない。

(2) Cotocaqi,u. コトカキ、ク（事欠き、く）
　　　　　　　　　　　　　　　　　　　（邦訳日葡辞書・p.153）

「事欠く」は転成名詞の「事欠き」としても挙げられている。

(3) Cotocaqi. コトカキ（事欠き）物の不足。
　　　　　　　　　　　　　　　　　　　（邦訳日葡辞書・p.153）

名詞「事」と四段動詞「欠く」が結びついて出来た「事欠く」は、四段の「欠く」が他動詞であることからも、格関係としては「事ヲ欠く」という関係であると考えられる。次に示すように、「事」と「欠く」の間に格助詞「を」が入った例も見られる。

（4） Caqi,u,aita. カキ、ク、イタ（欠き、く、いた）例、Cotocaqi, u. l,cotouo caqu.（事欠き、く。または、事を欠く）何か物が不足して不自由する。通常はその不足する物を奪格の形にして用いられる。例、Camini cotouo caita.（紙に事を欠いた）私は紙が不足して不自由した。　　　　　　　（邦訳日葡辞書・p.96）

その一方で、「事欠け」という語が日葡辞書に見られる。

（5） Cotocaqe. l,Cotocaqi. コトカケ。または、コトカキ（事欠け。または、事欠き）物事の不足、あるいは、欠乏。

（邦訳日葡辞書・p.153）

「事欠き」という名詞が、四段に活用する「事欠く」という動詞から生じたものとすると、名詞形「事欠け」は、下二段に活用する「事欠くる」という動詞から生じたものと考えられる。「事欠くる」は、史記抄に次のような例がある。

（6）　衣食ノ事カケヌホドニアツテノ沙汰ゾ。　（史記抄・巻18・12ウ）

この「事欠くる」について、上の「事欠く」の場合と同様に考えると、下二段の「欠くる」は自動詞であるから、格関係としては「事ガ欠くる」という関係であると考えることができる。毛詩抄には、格助詞「が」が明示された例が存する。

（7）　四箇国ノ君君ガ礼義ガナイホドニ国ニ用ニ事ガカケタヨ。

（毛詩抄・巻8・27ウ）

このように見てくることによって、冒頭に挙げた中華若木詩抄の「事が欠いて」という表現がおかしいと感じられるのは、その格関係であることが分かる。すなわち、「欠いて」が四段動詞であるならば「事を」にならなければならないし、「事が」であるならば、後に続く動詞は「欠けて」のように下二段動詞でなければならないのである。『日本国語大辞典』などに挙げられるような「事が欠いて」という言い方は、室町期に本当に存在したのだろうか。

2.「コト＋用言」

　「事欠く（る）」のような「コト＋用言」という語構成をとるものには、どのような種類の語があるのだろうか。今試みに『時代別国語大辞典室町時代編』において、見出し語として挙げられた語を拾ってみると、以下のように、まず形容詞（いわゆる形容動詞も含む）が多いことに気付かされる。

(8) 事あしい、事新しい、事忙はしい、事多い、事がましい、事かまびすしい、事事しい、事こはい、事寂しい、事繁い、事すさまじい、事そうぞうしい、事長い、事無い、事広い、事むつかしい、事珍しい、事良い、事よろしい、事細かな、事細やかな、事繁な、事静かな

これらのうちでも、「事無い」という語は、抄物資料に非常に多く見られる語である。他の語が「事」と漢字表記されるのに対して、「コトナイ」と仮名表記されることの方が多いようであり、もはや一語化していると言ってよさそうである。
　このような形容詞であるものを除き、「コト＋動詞」という語構成であるものについて、同様に見出し語として挙げられるものを拾うと、以下のようなものが挙げられる。

(9) 事合ふ、事有る、事欠くる、事変はる、事切るる、事さぶる、事さむる、事過ぐる、事違ふ、事足る、事成る、事果つる、

事古る、事行く、事寄る、事終はる。事欠く、事そぐ、事損ずる、事作る、事寄する

これらの語について、「事」に続く動詞を「自他」という観点から観察すると、自動詞・他動詞両方のものが含まれることが見てとれる。ところがその場合、自動詞と他動詞では明らかに、「事」と動詞の関係が異なっている。すなわち、先に見た「事欠く（る）」の場合同様、自動詞の場合は「事ガ」という関係、他動詞の場合は「事ヲ」という関係であると考えられる。

　このように「こと」という同一の名詞は、他動詞の目的語にも自動詞の主語にもなっている。つまり、文中で果たす役割は常に「対象」としてのそれであり、これは、日本語の「非対格性（能格性）」を端的に示しているものといえよう。したがって、「こと」が自動詞主語として機能している時、その場合の自動詞は「非対格自動詞」ということになる。また、形容詞文における主語は、他動詞の目的語に近い性格を有するため、このような観点からすると、形容詞は「非対格自動詞」相当とみなすことができる*1。これらのことをまとめると、「コト＋用言」という語構成である語は、次のようなモデルとして示されることになると考えられる。

(10)コト―（ガ）―非対格自動詞（形容詞を含む）
　　コト―（ヲ）―他動詞

　以上のように、「コト＋用言」という語構成の語は、室町期においては例外なく、上のモデルにあてはまる。そうすると、冒頭に掲げた「事が欠いて」の例を認めるなら、これは重要な例外ということになる。ところで、先に使用した中華若木詩抄のテキストは、寛永十年版本であった。ここにおいてまず、本文の異同について確認しておく必要があろう。該当箇所について異同を見てみると、この版以後の正保版、延宝版ともに「コトガヽイテ」とあるが、これに先行する古活字版ではいずれも「コトカヽイテ」とあり、「カ」に濁点が存しない。古活字版はそもそも濁点を有しないのであるが、

このテキストに拠るなら、問題の箇所は「事が欠いて」ではなく、「事欠かいで」と読む可能性があることになろう。

このように「事欠かいで」と解釈すれば、「事が欠く」という破格の形式を認める必要がなくなり文法的にはよくなるが、今度は文脈の中でうまく訳せるのかという問題が生じてくる。冒頭の例をもう一度、ここでは十八行古活字版をテキストとして掲げることとしよう。

(1') 総シテ太平ノ世ニハ兵具ヲクツシテ農器トシ乱世ニハ農器ヲクツシテ兵器トスルホトニ農器ニ<u>コトカヽイテ</u>耕作セウスルヤウカナイホトニ　　　　　　　　　　（巻1・27ウ）

現代語訳としては、「太平の世では兵器を農器にするが、乱世の世では農器を兵器にするので、農器が不足して耕作のしようがないので」と訳せそうである。この訳に沿うなら、下線部は「不足して」と訳したいので、「事が欠いて」という肯定の形の方がよさそうである。「事欠かいで」であると「不足しないで」となるので、文意が逆になってしまうこととなろう。しかしこれは、「コトカヽイテ」はその直後で切れるのではなく、「耕作セウスル」という所までかかっているのではないかと考えられる。つまり、「農器に不足しないで耕作する」ということ、そのような満足な状態での耕作ができないので、と解釈すべきなのではないかと考えられる。

寛永十年版本は、かめい（1970）で「これを中野版または道伴版とよぶ方がただしいとわたくしはおもっている」と述べられるような性格を有する版である。すなわち、「その本文の内容について整理の手をくわえたあらたなものを古活字版に対してつくろうとしたことだけはたしかである」という。寛永十年版本がこのような性格が強いものであるか否かに関わらず、古活字版から整版へという流れの中で、濁点を加えるという作業において、そこにひとつの「解釈」が必要となることは言うまでもない。しかしここに、「コトカヽイテ」という表記から「コトカヽイデ」ではなく「コトガヽイテ」という、文法的に破格の形が生み出されたことは事実である。

これは、「不足しないで」いう否定の意味での解釈をさせないように、より分かりやすい表現を目指したためと考えられるが、その意味において、「事が欠いて」は『中華若木詩抄』のことばというよりは、中野道伴その人のことばとして考えた方がよいのではないかと考えられる*2。

3．複文における「こと」

　前節で見たように、「コト＋用言」という語構成である場合、「こと」と下に続く用言の関係は、明確な能格分布を示すことが分かった。すなわち、「こと」が果たす文中での意味役割は、常に「対象」としてのそれであった。「こと」は、このように句頭に来て何らかの意味をそえるはたらきがあるが*3、この他、叙述文をうけてその内容をまとめあげて名詞化するという役割もある。このように、「こと」でまとめあげることによって作り出された名詞句を、本章では「コト名詞句」と呼ぶこととする。この節では、複文におけるコト名詞句がどのような振る舞いを見せるのかについて観察する。

　まずは、中古における様相を示すものとして、ここでは源氏物語を資料として用いる。複文におけるコト名詞句は、文末にくるものや、助詞「に」「と」などをとるものもあるが今回は取り上げず、主語あるいは目的語として機能する場合についてのみ、対象とした。以下、いくつかその用例を挙げることとする。

(11) a.　人の耳にも目にもとまる**事**じねんにおほかるべし　　（箒木）
　　 b.　御心のうちに思し出づる**事**もさまざまなり　　　　　（夕顔）
　　 c.　似げなうおどろおどろしき**事**いともてはやされたり
　　　　　　　　　　　　　　　　　　　　　　　　　　　　　　（末摘花）
(12) a.　衣の裾たえがたくまさなき**こと**もあり　　　　　　　（桐壺）
　　 b.　をかしき御心ばへを思ひし**事**かなふとおぼす　　　　（紅葉賀）
　　 c.　ことにふれてはしたなき**こと**のみ出で来れば　　　　（賢木）
　　 d.　物きたなからずよしづきたる**こと**もまじれれば　　　（明石）
(13) a.　この宮の御後見し給べき**こと**をかへすがへすの給はす

168

(賢木)
b. 住み離れなん**事**を思すにはいと棄てがたきこと多かる中にも
(須磨)
c. まことに神のよろこび給ふべき**こと**をし尽くして (澪標)

　（11）（12）はコト名詞句が主語としてはたらく例、（13）は目的語としてはたらく例である。まず、主語であるものについて、その述語を見てみると、（11a）は形容詞、（11b）は形容動詞、（11c）は動詞に助動詞「る」がついたもの、そして（12）は動詞である。（12）に挙げた動詞が自動詞であることは疑いないが、いずれも「非対格自動詞」として捉えられるものばかりである点が注目される。形容詞・形容動詞・助動詞「る」を伴う動詞句などの例も考え併せると、コト名詞句が主語である場合、その述語は「非対格自動詞」であると一般化できよう。次に、目的語であるものについてその述語を見てみると、いずれも他動詞であることが見てとれる。すなわち、コト名詞句とその述語の関係は能格分布をなしているのであり、コト名詞句は文中で常に「対象」としてはたらいているといえる。そしてこの分析は、先に見た、「こと」が単独で用いられる場合と全く一致する。
　このような結果は、中古の用例に限ったことではない。以下、（14）から（16）として平家物語、（17）から（19）として中華若木詩抄の用例を挙げるが、その様相は全く等しい。

(14)a. 京中には、家々に門戸を閉て声々に念仏申、おめきさけぶ**事**おびたゝし (覚一本平家物語・巻7)
b. 兄弟、左右に相並**事**縒に三四箇度なり (巻1)
(15)a. 但十郎蔵人殿こそ、御辺をうらむる**事**ありとて (巻7)
b. 半国を給はるといふ**事**無量義経に見えたり (巻12)
c. あは、これらが内々はかりし**事**の洩れにけるよ (巻2)
d. 人は顧る**事**をえず。車は輪をめぐらす**事**あたはず (巻11)
(16)a. 始皇帝、烏頭馬角の変におどろき、綸言かへらざる**事**を信じて (巻5)

第10章 「こと」の機能　169

  b.　西海の浪のうへにたゞよはせ給事を御なげきあツて（巻8）

(17) a.　山ヲ眉ニ比スル**コト**メヅラシカラズ
          （寛永十年整版中華若木詩抄・巻下・4オ）
  b.　詩ニ前対ヲ用イ後対ヲ用ル**コト**大事也　　　（巻上・16オ）
(18) a.　中道ニシテ学ヲスツル**コト**アリ　　　　　　（巻上・7オ）
  b.　黄鸝我ヲ請待シテ花ヲ見スル**コト**ガ遅々シタゾ
               （巻上・48ウ）
  c.　コレモ煙霞ヲ愛スル**コト**ガ痼疾トナルゾ　　（巻下・34ウ）
(19) a.　花ノサカヌ時ハ花ノ遅ク開カン**コト**ヲ愁ル也（巻上・37オ）
  b.　此花ヲ愛シテ夜ニイルマデ遊ンデカヘラン**コト**ヲ打忘タ
  　　ルゾ　　　　　　　　　　　　　　　　　（巻下・27オ）

 コト名詞句が主語の場合、先に見た形容詞文・形容動詞文に加え、いわゆる名詞文も見られるが、「非対格自動詞」という一般化に含まれるものとみなして差し支えない。目的語の場合、述語が他動詞であるのはこれまで同様である。したがって、(10)にならって、コト名詞句の文中における振る舞いを示すと、(20)のようになる。

(20) コト名詞句—（主　語）—非対格自動詞
　　　コト名詞句—（目的語）—他動詞

4. 準体句とコト名詞句

 以上のように、古典語において、コト名詞句は文中で常に「対象」としてはたらくことが明らかになったが、「こと」を表示しないで活用語の連体形で作られる名詞句、すなわち準体句のうちのあるものについても、やはり「対象」としてのみはたらいている、という指摘が近藤（2000：297–312）でなされた。

(21) 主語である準体がコトの意味で、名詞節（補足節）を構成する場合、主文の述語は「非対格自動詞」である。

次のような文が、その典型ということになる。

(22) [手たたけばやまびこの答ふる]、いと煩はし　（源氏物語・夕顔）

　このような準体句が主語となる場合の述語は「能格性（非対格性）」の観点から説明できるというものであり、これはすなわち、主語となる準体句を「対象」とみなすということである。そうすると、前節で見たコト名詞句の分析が正しいとするならば、ここにおいて、「コトを意味する準体句」と「コト名詞句」が同じ振る舞いをするものとして記述されることになる。

　近藤論文の結論(21)は、石垣(1955：215-238)で示された「作用性用言反撥の法則」（以下、「石垣法則」と呼ぶ）を基に導かれたものである*4。石垣論文では、(22)のような文型における述語は、[状態性＋]として一般化されていた。[状態性＋]とは、「終止形がイの韻に終る」形容詞・形容動詞・ラ変動詞・一部の助動詞を指すもので、これに「見ゆ」「聞こゆ」「候ふ」などの一部の自動詞が加えられたものである。これに対し、「非対格性」という術語が指す概念の範囲は、「その主語が他動詞の目的語（対象）と近い性格をもつもの」で、「落ちる」「ある」「見える」のような自動詞の他、形容詞・形容動詞もこれに含まれるというものである。つまり、[状態性＋]である語は、そのまますっぽり「非対格性」という枠組みに包まれることになる。しかし、「非対格性」の語としては、[状態性＋]であるものの他に、「落ちる」「固まる」のような[状態性−]の自動詞も含まれる。したがって、[状態性＋]であって「非対格性」という枠組みにあてはまらないものは存在しないが、「非対格性」であって[状態性＋]でないものは存在する、という関係になる。

(23)

非対格	非能格
状態性＋	状態性−

第10章　「こと」の機能　171

近藤論文で、石垣論文の［状態性＋］という見方を「能格性（非対格性）」と改訂しようというのは、「より適切で、かつ中古語・現代語を通じて適用可能な規則を提案したい」（p.298）というところにある。「非対格性の仮説」が現代日本語においても成り立つという考え方は、近年の研究によってほぼ定着を見ており＊5、そのような意味においては、確かに普遍性を有した解釈であるといえる。しかし、中古語の準体句の振る舞いにより即して見てみると、必ずしも「より適切」とは言えないのではないかと思う。先にも述べたように、「非対格性」の語とは、［状態性＋］の語の他に、一部の［状態性－］である語も含んでいる。つまり、「非対格性」と解釈するということは、より広い概念で捉えるということになるのである。したがって、「状態性」という見方を「非対格性」として捉え直すことが「より適切」であるとすれば、それは「非対格」であって［状態性＋］ではない、という動詞が数多く見られる際に有効となろう。ところが、石垣論文が示した文型を見ると、「非対格性」という概念で解釈すべきであるというには、あまりに［状態性＋］の例外が少ないように思う。以下、石垣論文の分類に沿う形で代表例を掲げる＊6。

(24)a.　斯く迎ふるを翁は泣き歎く、<u>能はぬ事なり</u>　（竹取物語）247
　　b.　手叩けば山彦の答ふる、いと<u>煩はし</u>　（源氏物語・夕顔）141
　　c.　筆の行く、<u>限りありて</u>　　　　（源氏物語・絵合）　31
　　d.　コノ宴ヲオコサル丶、<u>然ルベシ</u>　　　（愚管抄・巻6）　5
　　e.　一ノ牛ヲ殺シテ其ノ報ヲ受ケム、<u>併如此シ</u>
　　　　　　　　　　　　　　　　（今昔物語集・巻2―30）　3
　　f.　目はなにいる、<u>たへがたし</u>　（宇治拾遺物語・巻11―9）　1

　(24a)は「なり」で終わる名詞や形容動詞、(24b)は形容詞、(24c)はラ変動詞、(24d、e、f)はそれぞれ「べし」「ごとし」「がたし」といった助動詞類が付されたものが述語となる例である。用例の末尾に付した数字は石垣論文で数えられた用例数であり、このような語が用例の大半を占めることになる。そしてこれらは、い

ずれも［状態性＋］という枠組みで解釈することができる。
　次に掲げる（25）も、述語部分は同様に［状態性＋］であるといえる。

(25) a. 下人モ数多く頼もしげなる気色にて橋より今渡り来る、見ゆ　　　　　　　　　　　　　　　　　　　（源氏物語・宿木）3
　　 b. 此禅師ヲ取テ打出ントシケル、又聞ヘテ　（愚管抄・巻6）2
　　 c. 生きたらじと思ひ沈み給へる、理と覚ゆれば
　　　　　　　　　　　　　　　　　　　　　　　（源氏物語・玉鬘）1

　これに対し、［状態性＋］という石垣論文の解釈の例外となる可能性があるのは、以下の（26）のような例である。

(26) a. 汝ヂ出家ノ人香油ヲ身ニ塗ル、糞ヲ塗ルニ似タリ
　　　　　　　　　　　　　　　　　　　　（今昔物語集・巻2―36）3
　　 b. 其女、カノ強キ、人ノ力百人ニ当リケリ
　　　　　　　　　　　　　　　　　　　　（今昔物語集・巻23―17）1
　　 c. われきのふ物語せんと思ひしに我を見ざりし、ほいをそむけり　　　　　　　　　　　　　　　　　　　（古今著聞集・巻2―45）1
　　 d. 大臣ノ御枕上ニシテ金剛般若経ヲ読誦スル、数巻ニ不及ザル程ニ　　　　　　　　　　　　　　（今昔物語集・巻14―34）1
　　 e. 現ニ人ヲ馬ニ打成ケル、更ニ不心得ズ
　　　　　　　　　　　　　　　　　　　　（今昔物語集・巻31―14）1

石垣論文では、「たり」「けり」「り」「ず」などの助動詞も［状態性＋］として理解しているので、そこでの分類では例外とはなっていない。しかし、これらの述語用言は、それぞれ「似る」「当たる」「ほいをそむく」「及ぶ」「心得」という動詞（句）であると解すべきであろう。
　ただしこのように捉え直したとしても、いずれも準体句で表される事態に対し、「似ている」とか「相当する」とか「分からない」とかいった判断を下している文であるから、［状態性＋］の例外と

はならない。この他「たり」で終わる文が、上の（26a）以外にあと 2 例存するようであり、例文が示されていないため検討できないが、恐らく同じような例であろう。

　以上のように、近藤（2000）が主張するように、［状態性＋］という規則を「非対格性」と拡大して改訂する妥当性は認められない。主語が〈コト〉の意味である以上、述語に非能格自動詞が現れず、非対格自動詞に偏るというのは、いわば前提とも言うべきことであろう。そして、この前提に立って眺めた時、原則としてその全てが［状態性＋］に偏るという制限が、今我々の前に、「法則」として存在するのである。

5.「こと」の機能

　これまでは石垣法則について、「状態性」という見方で記述してきたのだが、その法則の本質を考えるにあたって、石垣（1955）の記述を再確認しておくこととする。石垣論文は、終止形がイ韻のものとウ韻に終わるものとで大きく用言を二分する。前者を形状性用言（これまで［状態性＋］と呼んできたもの）、後者を作用性用言（これまで［状態性－］と呼んできたもの）と呼ぶ。そして、この分類に基づき、準体句をも二分する。すなわち、「事物を其の属性の形状的な相に於て装定するもの」で、「者」という体言の資格を持つ「形状性名詞句」と、「事物を其の属性の作用的な相に於て述定するもの」で、「事」という体言の資格を持つ「作用性名詞句」の 2 種である。

　現在の文法研究において、名詞句はその構造上、大きく 2 つに分けることができるとされる。奥津（1974）に拠ると、「被修飾名詞たる NP は必ず同一のものを連体修飾文中に持たなければならない」という「同一名詞連体修飾構造」と、「名詞同一の条件によらず、連体修飾文中にない名詞を外から付加して名詞句を形成する」という「付加名詞連体修飾構造」の 2 種が区別されるという。前者は「もの」「ひと」等がその代表であり、後者は「こと」等がその代表である。また、奥津論文の枠組みを承ける形で、中古語の準体

構造を分析した近藤（2000）でも、同様の2分類がなされている。
　このように、奥津・近藤という生成文法を用いた分析結果と、そのような知見に拠らず、「装定」「述定」という枠組みで捉えた石垣論文の分析結果は全く一致している。石垣論文の記述に対しては、まずこの点を高く評価すべきであろう。ただし、ここで、石垣論文の「形状性名詞句」と「作用性名詞句」という名称に対しては、ひとつ注意すべき点がある。それは、「形状性名詞句」とは「形状性用言で形成される名詞句」のことを指すのではない、ということである。これは「作用性名詞句」に関しても同様で、名詞句内部の用言は「作用性用言」の場合も「形状性用言」の場合もあり得る。石垣（1955：222-231）より、いくつか例を示しておく。

(27) a. しろき鳥のはしとあしと<u>あかき</u>、しぎの<u>大きさなる</u>、水の上にあそびつゝ　　　　　　　　　　（伊勢物語・9段）
　　 b. たよりなかりける女の清水にあながちに<u>まいる</u>、ありけり
　　　　　　　　　　　　　　　　　　　　（宇治拾遺物語・巻11—7）
　　 c. 水の<u>なき</u>が大事なれば　　（宇治拾遺物語・巻7—5）
　　 d. 手叩けば山彦の<u>答ふる</u>、いと煩はし　　((24b)の再掲)

(27a、b)は「形状性名詞句」、(27c、d)は「作用性名詞句」であるが、(27a)(27c)は名詞句内部の用言が「形状性用言」、(27b)(27d)は名詞句内部の用言が「作用性用言」である。
　このことをふまえた上で、あらためて今問題にしている「法則」を図示すると、以下のようになる（○は存在する文、×は存在しない文を表す）*7。

(28) ○　形状性用言（事）が ― 形状性用言
　　 ○　作用性用言（事）が ― 形状性用言
　　 ×　形状性用言（事）が ― 作用性用言
　　 ×　作用性用言（事）が ― 作用性用言

(28)は、つまるところ、〈「事」という体言の資格を持つ準体句が

主語となる場合、作用性用言の述語をとることがない〉ということを表している。そうすると、この法則が成り立つ原因として、〈コト〉の意味を表す名詞句が主語に立ち、その述語が作用性用言で表されるような表現そのものが存在しないのではないか、ということがまず想定される。しかし、すでに見たように、「こと」を明示したコト名詞句ならば、中古・中世にわたって、作用性用言を述語をとるものがいくらでも見られる（(16)の「いでく」など）。さらにこの場合、名詞句内部の用言と主文の述語用言がともに作用性であるという、作用性用言が「反撥」しない例も数多く見いだすことができる。

(29) a. 節をへだてゝよごとに金ある竹を見つくる事かさなりぬ
（竹取物語）
  b. ……など言ふにも、思すことのみ心にかかり給へれば
（源氏物語・箒木）
  c. かくおほかたの世につけてさへわづらはしう思し乱るることのみまされば　　（源氏物語・花散里）
  d. 思ふことかつがつかなひぬる心地して　（源氏物語・明石）
  e. 昔に変はることのみまさりゆくに　　（源氏物語・少女）

ところがこのような例は、逆に重要な事実を我々に示している。すなわち、古典語において、述語に作用性用言を用いる複文の主語には、裸の用言の連体形で構成される準体句を用いることができず、「こと」を明示しなければならなかったのではないか、ということが考えられるのである。これを準体句の側から見ると、〈コト〉の意味を表す準体句は作用性用言を述語にとることができないという、石垣法則が成り立つこととなる。この制限の意味は今のところ明らかでないが、準体句ではなく「こと」を明示したコト名詞句になると、その制限は解除される。これは、「こと」の果たした重要な機能であると言うべきであろう。

6. おわりに

　近藤（2000）では、現代語の「の」「こと」名詞句の統語的な振る舞いについて、極めて重要な指摘がなされた。すなわち、「こと」節と異なり、「の」節は次のような形で「対象」という意味についての自他対応を示すことになる、というものである。

(30) 名詞節〈対象〉（主　語）（＋が＋）（非対格）自動詞
　　　　　　　　　　　　　　　（形容詞・名詞文を含む）
　　　名詞節〈対象〉（目的語）（＋を＋）他動詞

この現代語におけるデータに関しては異論はないが、古典語の準体句の振る舞いに関して、「石垣の解釈（用言の「状態性」だけによるもの）よりも、本書の解釈（動詞の「能格性（非対格性）」をも考慮するもの）」の方が「より妥当なものであると考える」とする解釈について、異見をさしはさんだものが本章である。
　近藤論文において、現代語におけるコト名詞句が、他動詞主語・使役の主語となる例として挙げられるのは、次のようなものである。

(31) a.　手掛けにくい商品に取り組んだ**こと**がチャンスを広げた
　　 b.　不動産需要の伸びが続いている**こと**が拍車をかけている
　　 c.　株式相場が持ち直した**こと**が、円買いを誘った
　　 d.　名称を福祉とした**こと**が決定的に国民を怒らせた

このような例が、ノ名詞句との異なりを決定づけているというわけだが、この場合の主語のコト名詞句の意味役割は、いずれも「動作主」というよりは「原因」となっているものばかりであることに注目すべきである。近藤論文でも、そのような可能性について検討されているが、「動作主とみなすことができるものも存在する」として退けられている。(31c)のようなものが動作主としての例とされるが、いかがなものであろうか。これらの現代語における他動詞主語の例が全て「原因」としての例であるとするならば、その主語

に「意図性」は認められないことになり、「他動性」のプロトタイプ（原型）からはかなり遠ざかった文ということになる。

このように主語のコントロール（意図性）という観点に注目するなら、現代語におけるコト名詞句は、非対格自動詞の主語、原因としての他動詞主語にしかなり得ないのであるから、いずれも述語で表される事態は、主語のコントロールのもとにはない。これは古典語においても同様で、これまで述べてきたように、コト名詞句は常に文中で「対象」としてはたらくのであるから、「動作主」としての主語とはならない。ただし、近藤論文の注で、「平安時代においては、「こと」節が使役や他動の主語となる例はいまだ見いだしていない。おそらく近世以降に発生したものであろう」と述べられる点について、次のような他動詞主語（使役も含む）の例が認められるのではないかと思う。

(32) a. ひき助けさせ給はむ**事**こそは罪かろませ給はめ
　　　　　　　　　　　　　　　　　　　　　　　　（源氏物語・玉鬘）
　　 b. 人の言ひ伝へん**こと**後の世までいと軽々しき名をや流し果てん　　　　　　　　　　　　　　　　　　（源氏物語・明石）
　　 c. 夫三世の諸仏、解脱幢相の法衣をぬぎ捨て、忽に甲冑をよろひ、弓箭を帯しましまさむ**事**、内には既破戒無慚の罪をまねくのみならず　　　　　　　　　　（平家物語・巻2）
　　 d. すべて目に見え、耳にふるゝ**事**、一つとして哀をもよほし、心をいたましめずといふ事なし　　（平家物語・巻7）

しかしながら、これらの古典語における他動詞主語の例も、現代語の場合同様、やはり「原因」としてのそれであるようであり、主語となるコト名詞句に「意図性」は認められない。このように見てくると、コト名詞句は、古典語から現代語まで共通の振る舞いをするものとして記述できる可能性があることとなろう*8。この点については、次章にて考察を加えることとする。

*1　近藤（2000）に示される考え方に従った。
*2　ただし、京都大学蔵古写本（題簽「両朝三百首」）でも「コトガヽイテ」とある。
*3　この場合の「こと」がどのような意味を表しているのかという問題は、意味論的に興味深いところであるが、今後の課題としておきたい。
*4　石垣法則とは、「名詞句（準体句）を主部とする総ての複文に於て、名詞句の用言か複文の用言か少くも何れか一方は必ず形状性用言（［状態性＋］）である。名詞句の用言も複文の用言も共に作用性用言（［状態性－］）なる事は原則として絶対に存在しない」というものである。したがって、ここで扱う「石垣法則」は、その一部である。
*5　影山（1993）などに詳しい。
*6　以下、石垣論文から引用する例（24〜27）は、引用元のママとする。
*7　この図は重見（1994：164）を参考にしたものである。
*8　近藤（2000：312）では、「古典語における「こと」節の分布については考察中である」として、「準体とは異なり、すでに自動詞の主語の例もかなりあるなど、相当に異なっている」と述べられるにとどまっている。

第11章
原因主語他動文の歴史

1. はじめに

ヤコブセン（1989）では、「他動性」のプロトタイプ（原型）として、以下の4つの特徴が掲げられた。

(1) a. 関与している事物（人物）が二つある。すなわち、動作主（agent）と対象物（object）である。
　　b. 動作主に意図性がある。
　　c. 対象物は変化を被る。
　　d. 変化は現実の時間において生じる。

これら4つの意味要素が全て揃うところに、典型的な他動文が存在することになるという。その一方で、(1)の意味要素の多くを欠きながら、他動文と認められるものも存在する。(2a)は前者、(2b)は後者の例である。

(2) a. 赤ん坊が花瓶を壊した。
　　b. 城壁が町を囲んでいる。　　　　　　（ヤコブセン1989より）

このように、「他動」あるいはその対極にある「自動」を、「原型」からの距離において連続的・相対的に捉えるところに、プロトタイプ論の特徴がある。
　このような見方からすると、次のような文は、他動原型から大きく外れたところにあるものということになる。

(3) a. 電話のベルが子供を起こした。

b. 父の死が太郎を悲しませた。
c. 待ち合わせの時間に遅れたことが彼女を怒らせた。

これらの他動文における主語名詞句は、いずれも〈動作主〉ではない。「電話のベル」「父の死」「時間に遅れた事」といった「出来事」が主語となっており、これらは、「子供が起きる」「太郎が悲しむ」「彼女が怒る」という事態を引き起こす〈原因〉というべきものである。このようなタイプの文を、ここでは「原因主語他動文」と呼ぶこととしよう。

　日本語の他動文においては「無生物主語は立ちにくい」とされ、(3)のように「出来事」が主語となる形での原因主語他動文は、非固有のものであると言われることがある。森岡(1999)では、「無生物名詞」「抽象名詞」が主語に立つ他動文は、欧文の翻訳の中から生まれたものであろうと述べられている。

(4)「貧乏ハ偽リヲ求ムル」というのは、抽象名詞があたかも有情のもののように行動する表現で、普通の日本語なら「貧乏になると人間はずるがしこく（狡猾に）なる」のような言い方をすると思われる。つまり「貧乏ハ偽リヲ求ムル」はまさに直訳から生まれた措辞で、それまでの日本語にこのような用法はなかったと判定されるものである。　　　　　（森岡1999：90）

そして、このようなタイプの文の初期の例として、大庭雪斎(1855)『訳和蘭文語』より、次のような例が挙げられている。

(5) a. 放逸ハ徳ノ凡テノ感ヲ鈍ラカス
　　　de weelde verdooft alle gevoel van deugd.
　b. 欺キハ軽ハヅミノ心ヲ襲フ
　　　de verleidingen verrasschen ligtzinnige harten.
　c. 我等ノ先祖ノ博愛アル事ト勇気アル事ト取リ極リアル事トガ此国ヲ自由ニシタ
　　　de vrijheidsliefde, heldenmoed en standvostigheid onzer

voorvoderen hebben dit land vrijgemaakt.

　古代日本語に無生物主語の他動文が存在しなかった、とする見方は、金水（1993a）にも示されている。「非人格的なもの」が他に影響を及ぼす、といった意味を表す場合、能動文が「回避されてきた」とされ、次のように述べられている。

(6)　「おほきなる木の風に吹き倒されて（枕草子・125）」は固有の表現であるが、「風がおほきな木を吹き倒す」といった表現は非固有的な発想に属するのである（漢文には存在するかもしれない）。

　本章では、これらの記述を基に、以下の諸点について考察を試みる。

(7)　a.　原因主語他動文は、本当に古代日本語に存在しなかったのか。
　　　b.　もし存在しなかったとすれば、それはなぜか。
　　　c.　このようなタイプの文はどのようにして生まれたのか。
　　　d.　新しいタイプの文の発生は、日本語にどのような影響を与えたか。

2. 文献資料における様相

2.1 擬人法

　ところで、森岡（1999）によると、上のような「原因主語他動文」の他に、次のようなものも欧文の直訳から生まれたものとされる。次の例も、大庭雪斎（1855）『訳和蘭文語』より引用されたものである。

(8)　a.　彼日輪ガ己レノ車ヲ御スル　hij zijnen wagen ment.
　　　b.　諸書物ガ部屋ヲ通シテ広カリテ横タハリシ

　　　　　de boeken lagen verspreid door de kamer.

(8)のように、「無生物名詞」が「擬人的」な行動をすることは、「日本人の発想にはなかった」と述べられている。
　しかしながら、「無生物名詞」に《ヒト》性を見出す「擬人法」は、古代日本語の文にもしばしば見られる*1。

(9) a.　天雲のたなびく山の隠りたる我が下心**木の葉**知るらむ
　　　　（吾下心木葉知）　　　　　　　　　（万葉集・巻7・1304）
　　 b.　**邪気**などの、人の心たぶろかして斯かる方に進むるようもはべなるを　　　　　　　　　　　　　　　（源氏物語・柏木）

(9a)のように和歌においてはよく見られる表現であるし、(9b)のような物語文においても、さほど特異な表現というわけでもない。さらに、漢文である古事記・日本書紀にも次のような例が見られる。

(10) a.　又振浪**比禮**、切浪**比禮**、振風**比禮**、切風**比禮**［又浪**振**る**比禮**、浪**切**る**比禮**、風**振**る**比禮**、風**切**る**比禮**］
　　　　　　　　　　　　　　　　　　　　　　（古事記・巻中）
　　　b.　兄見走登高山、則潮亦没山、兄縁高樹、則潮亦没樹［兄、見て高山に走げ登る。則**潮**亦山を没る。兄、高樹に縁る。則ち**潮**亦樹を没る］　　　　　　　　　（日本書紀・神代下）

「比禮（領巾）」「潮」といった、《モノ》であるはずのものが、波風を振り起こしたり、切ったり、あるいは山を埋めたり、といった特殊な「力」を有する《ヒト》相当のものとして描かれている。
　以上のように、歌だけでなく、和文による物語文、さらには漢文においてもこのような例が見られるということは、非情物に《ヒト》性を見出し、それが他にはたらきかけるという「擬人法」としての他動文は、古代日本語にも存在していたと考えられる。

2.2 漢文系の資料

　上のような「擬人法」的な〈動作主〉主語の例を除き、〈原因〉が主語に立つ他動文について見ていくこととする。金水論文で、「漢文には存在するかもしれない」と述べられた点を確認するために、まずは、漢文および漢文訓読資料について観察する。

(11) a. 爾赤猪子之泣**涙**悉濕其所服之丹摺袖［爾に赤猪子の泣く**涙**、悉に其の服せる丹摺の袖を濕らしつ］　　（古事記・下）
　　 b. 蹲**光**扶感火人皇愼驗瑞［蹲の**光**感火を扶け、人皇愼みて瑞を驗す］　　（日本霊異記・巻中―21）
　　 c. 々々（非法）の**説法**は妄傳の罪を<u>招き</u>、藍笁の誚を<u>致す</u>　　（東大寺風誦文稿・300）
　　 d. 猶猛キ**風**の大なる樹を<u>吹キ倒す</u>が如（く）して　　（西大寺本金光明最勝王経古点・巻10―26）

　上に掲げたように、漢文系の資料には、多くの原因主語他動文の例が見られる。(11a) を例にとると、「涙が袖を濡らす」は、「<u>涙によって袖が濡れる</u>状態になる」という意を表しているといえる。つまり、主語名詞句に「によって」が補えるように、引き起こされる事態の〈原因〉が主語の位置に立っていると解される。(11) には他動詞の例を掲げたが、下の (12) のように、使役の例も見られる。

(12) a. 放生贖命之報者返救翼、不施之**報**者返令飢渴矣［生を放ち命を贖う報は返りて救ひ翼（たす）け、施せ不**報**は返りて<u>飢渴せ令む</u>］　　（日本霊異記・巻中―16）
　　 b. 第一には是の**経**は、能く菩薩の未発心者を令て、菩提の心を<u>發さしむ</u>　　（無量義経古点・335）
　　 c. 是の如き十種の无依行の**因**は、諸の衆生に根本罪を犯し、尸羅を毀犯し、諸の悪趣に<u>堕せしめム</u>　　（地蔵十輪経元慶点・巻5・278）

使役文の主語である「報」「経」「因」は、いずれも〈動作主〉ではなく、事態を引き起こす〈原因〉であると解釈されるだろう*2。

2.3 和文系の資料

次に、和文資料について観察する。まずは、上代の和歌集である万葉集から、いくつか用例を掲げる。

(13) a. まそ鏡照るべき月を白たへの**雲**か<u>隠せる</u>天つ**霧**かも（雲香隠流天津霧鴨） （万葉集・巻7・1079）
  b. 梅の花<u>散らす</u>**あらし**の（梅花令落冬風）音のみに聞きし我妹を見らくし良しも （万葉集・巻8・1660）
  c. 照る月を闇に見なして泣く**涙**<u>衣濡らしつ</u>（哭涙衣沾津）乾す人なしに （万葉集・巻4・690）

(13a)は、「雲」「霧」が「月を隠す」という表現であるので、「擬人法」的な、和歌的な技巧と考えられるかもしれない。しかし、(13b)の「嵐が花を散らす」、(13c)の「涙が衣を濡らす」などは、先に掲げた漢文系の資料に見られたものと変わるところはなく、したがって和歌特有の表現と見る必要もないであろう。このような表現は、次の時代の(14)のような例と連続するものと考えられる。

(14) a. 七日になりぬ。〈中略〉人の家の、池と名ある所より、鯉はなくて、鮒よりはじめて、川のも海のも、他物ども長櫃に担ひ続けておこせたり。**若菜**ぞ今日をば<u>知らせたる</u>
          （土佐日記・1月7日：竹内1977）
  b. いつぬき川・澤田川などは、**催馬楽**などの<u>思はする</u>なるべし。 （枕草子・62段：伊坂2000）
  c. 吹き迷ふ深山おろしに夢さめて涙<u>も</u>よほす滝の**音**かな
             （源氏物語・若紫）
  d. おどろおどろしく作りたる**物**は、心にまかせてひときは<u>目おどろかして</u> （源氏物語・帚木）
  e. 河浪の**音**も、鶴の**聲**も、様々に心<u>動かし</u> （栄花物語・巻38）

物語文や日記文といった中古和文の代表的な資料にも、主語名詞句に「によって」が補える「原因主語他動文」が、いくつか存在することが見てとれよう。

3. 原因主語他動文の発生と展開

3.1 《コト》主語と《モノ》主語

　以上のように、原因主語他動文は、上代から中古における様々な文献において、ある程度見出すことができる。ここで注目されるのが、主語名詞句は「嵐」「音」のような《コト》の場合と、「若菜」「作りたる物」のような《モノ》の場合とがある、ということである。後者の《モノ》主語の場合、擬人法ではないかと疑う向きもあろうが、それとは明らかに異なっている。(14a) を例にとると、「若菜」が「知らせ」たというわけであるが、「知らせ」るという動作、あるいはその動作を行う「若菜」を見出しているわけではない。「若菜」は、送られてきた長櫃の中に、川の魚や海の魚に混じっていただけである。その存在によって、つまり「若菜」の属性によって今日が七日であることを知るのであるから、文における意味役割は、やはり〈原因〉と解すべきである*3。

　このような、古代語に見られる《モノ》主語の原因主語他動文は、森岡（1999）に挙げられる、近代語の例と性格を同じくする。

(15) a.　**電車**は東京市の交通を<u>一変させ</u>た。　　　（田山花袋「蒲団」）
　　 b.　そこに脱ぎ棄ててある**普段着**は益々葉子の想像を<u>擅まにさせ</u>た。　　　（有島武郎「或る女」）

「電車」「普段着」は《モノ》であり、何らかのはたらきかけを行なっているわけではない。それらの属性（(15a) なら交通網の１つといった属性）が、事態を引き起こす〈原因〉として機能しているのである。

　一方、《コト》主語の場合、「風」「嵐」のような自然現象が多いことに気がつく。これらの自然現象は、古代人にとって非常に身近

なものであり、「自然現象がある事物に影響を及ぼす」という事態もまた、身近に感じられるものであったためと考えられる（このことについては後述する）。これに対し、より《コト》性（＝述語性）の高い名詞句、例えば述語を含んだ「節（clause）」が主語となる例は非常に稀である。

(16) a. 人の言ひ伝へん**事**後の世までいと軽々しき名をや流し果てん　　　　　　　　　　　　　　　　　　（源氏物語・明石）
b. 師子ノ様ナル狗ニ大ナル鈴ヲ付タリ、鳴リ合タル**事**、空ヲ響カス　　　　　　　　　　　　　　　　（今昔物語集・巻19—8）
c. 夫三世の諸仏、解脱幢相の法衣をぬぎ捨て、忽に甲冑をよろひ、弓箭を帯しましまさむ**事**、内には既破戒無慙の罪をまねくのみならず　　　　　　　　　　　　（平家物語・巻2）

これらの他動文の〈原因〉を表す名詞句は、「人が言い伝える事」「鈴が鳴り合っている事」「諸仏が法衣を脱ぎ捨てて、甲冑をつけ弓矢を持つ事」といったように、述語を含んだ「節」の形である。
　ただし、これらの名詞句を主語と解すべきかどうかはいささか問題である。(16a)について、山口（1987）では、「もし助詞を加えるとすれば」「「に」が期待される」と述べられており、主語と見なされていない。後で触れるように、(16b)(16c)などは漢文の影響が認められる文であるので、主語と見てよいようにも思われるが、「の」や「が」などが標示されない限り、確例とはいえないという批判はあろう＊4。
　以上のように、自然現象の場合を除くと、古代日本語に《コト》主語の原因主語他動文はほとんど見られない。これに対し、近代の文章では、次に掲げるような抽象性の高い《コト》名詞句が主語に立つ例も、しばしば見られる。

(17) a. 無慈悲な**記憶**が働きだして此頃あくたれた時のお勢の顔を憶ひ出させ…　　　　　　　　　　　（二葉亭四迷「浮雲」）
b. 下宿の**出来事**は烈しく胸の中を騒がせる　（島崎藤村「破戒」）

c. おつぎの節制を失った**慌しさ**が勘次を庭に<u>走らせた</u>

(長塚節「土」)

すなわち、古代語においては、抽象名詞を主語に置く他動文は作りにくかったと考えられ、森岡 (1999) で欧文翻訳の中から生まれたとされる構文は、このようなタイプの文であったと考えられる。

3.2　翻訳文としての原因主語他動文

ここまでの考察においては、和文系の資料と漢文系の資料をほぼ等しく扱ってきたが、漢文系の資料において《コト》主語タイプの例が皆無ではないように（= 11c、12a）、概して漢文系の資料の方が、その使用例は多い。そして、このような漢文の影響を受けていると考えられる院政鎌倉期の文献には、多くの原因主語他動文の使用が見られる。(18) には説話・随筆、(19) には紀行・物語において用いられた例を掲げておく。

(18) a.　然レバ**心柄**女ノ身ヲ徒ニ<u>成</u>ツル也トゾ

(今昔物語集・巻30—3)

b.　若これ、貧賤の**報**のみづからな<u>やますか</u>、はたまた、妄心のいたりて狂せるか　　　　　　　　　(方丈記)

c.　然ニ其**恩**ハ、僅ニ一期ノ身命ヲ<u>助</u>ク　(沙石集・巻2—7)

(19) a.　跡ニ白キ波ノ**声**ハ、過ル余波ヲ<u>ヨビ返シ</u>、路ニ青キ松ノ**枝**ハ、歩ム裾ヲ<u>引トドム</u>。　　　　　　　　(海道記)

b.　南には極浦の**波**袖を<u>うるほし</u>、北には長松の**風**心を<u>いたましむ</u>。　　　　　　　　　　　　　　　　(東関紀行)

c.　秋の**風**の芭蕉を<u>破</u>に異ならず、冬の**霜**の群ゆうを<u>からす</u>に同じ　　　　　　　　　　　　　(平家物語・巻7)

d.　地をひらきし山庄、折にふれたる歴覧、四時の景気、すべて**万事**叡念を<u>感ぜしめて</u>、　　　　　(六代勝事記)

このように、漢文の影響が感じられる文には多くの例が見られる*5。そして中国文献に、このような構文、特に「自然現象があ

る事態を引き起こす」という構文は、文選や玉台新詠、芸文類聚などの詩文を中心に多く見られる。

(20) a. 朝日照綺錢、光風動紈羅（朝日綺錢を照らし、**光風**紈羅を<u>動かす</u>）　　　　　　　　　　　　　　（玉台新詠・子夜歌・梁武帝）
　　 b. 彷徨忽已久、白露霑我裳（彷徨して忽として已に久し、**白露**我が裳を<u>霑す</u>）　　　　　　　　（文選・雑詩・魏文帝）

　これらの漢籍は上代から中古にかけての日本語に多大な影響を与えており、したがって「風が花を散らす」のような原因主語他動文は、漢文、すなわち中国語の翻訳において成立したと考えてよいように思う。
　それでも、古代語において抽象名詞が主語に立つことはほとんどなく、《モノ》であるか、「風」「音」のような、自然現象に限られていた。これは、江戸時代における中国白話小説の翻訳（通俗小説）においても同様である。長崎一鶚（1705）『通俗南北朝梁武帝軍談』より、いくつか例を示しておく（【　】内に訳の原本『精繡通俗全像梁武帝西来演義』の該当箇所を掲げる）。

(21) a.　殊に昨今は**華枝**人を<u>笑は</u>する時たり【殊覚花枝笑人】
　　　　　　　　　　　　　　　　　　　　　　　　　　　　（巻之一）
　　 b.　**逆風**浪を<u>捲き</u>、**狂濤**船を<u>漂流（タヾヨハ）して</u>【狂風驚浪将船掀得亂轉】　　　　　　　　　　　　　　　　（巻之二）
　　 c.　曳々と喚ぶ**音**は、空谷に風を<u>起して</u>、樹林を<u>動揺</u>したりける【只使得呼呼的風響】　　　　　　　　　　　　（巻之七）

(21a) の「華枝」のような《モノ》であるか、(21b)(21c) の「風」「波」「音」のような「自然現象」に限られている。つまり、中国語の翻訳においては、前節の (17) のような抽象度の高い名詞句が主語に立つ構文は生まれなかったものと考えられる。
　以上見てきたように、古代日本語において、原因主語他動文はさほど頻繁に用いられなかったのであるが、そうすると、なぜこの構

文があまり用いられなかったのか、ということが問題となろう。これについては、次のような、〈原因〉を表す構文が別に存在するからであると考えられる。

(22) a. 風吹き、波荒ければ、船出ださず　　（土佐日記・1月27日）
　　 b. さあらん人をばえ思はじとのたまひしによりて、え見奉らぬなり
　　　　　　　　　　　　　　　　　　　　　　　　　（枕草子・49段）

「出来事」が〈原因〉となってある事態が起こるという場合、従属節で「〜ば」「〜て」を用い、主節で動作主の動作として描く、といった形にする方が、表現として自然であったと考えられよう。
　ところが、近代における欧文の翻訳においては、主語位置にたつ名詞句はあくまでも主語として訳す、という作業が行われた。これには「他動」という概念や、let、make などの助動詞の存在も大きかったと考えられるが、欧文の構文をそのまま日本語に移しかえるという、まさに直訳が行われたのである（以下の例は森岡1999より）。

(23) a. 原文：NEW NATIONAL FOURTH READER（1886年）
　　　　　an extra hard poke of the giant's big finger made him open his mouth and say, that...　　（p.21）
　　 b. 島田奚疑訳：正則註解ニューナショナル第四読本直訳（1886年）
　　　　　巨人ノ大ナル指ノ別段ノ強キ推力彼レヲシテ彼レノ口ヲ開カシメシ…云ハシメシ
　　 c. 和田正夫訳：挿註意解ニューナショナル第四読本直訳講義（1900年）
　　　　　巨人ノ大ナル指ノ格外ニ強キ衝ガ彼ヲシテ彼ノ口ヲ開キ…云ハシメシ（意訳）巨人ノ大指ニテ格外強ク衝キケレバ之ガ為ニジョニー口ヲ開カセタリ…言ヒシ
　　 d. イーストレーキ・真山政一郎共訳：ニューナショナル第四リーダー直訳講義（1902年）

巨人の大指の頗る堅き槌が彼をして口を開かしめ…言はしめし（意訳）巨人は大指を以て非常に強き槌の如く彼の口を開かしめ、…白状せしめぬ

　これらが「直訳」であることは翻訳者たちも自覚しており、それぞれ「意訳」がつけられる点は興味深い。特に（23c）の和田訳では「大指ニテ…衝キケレバ」のような副詞節の形が示されており、こちらの方が日本語として自然であったことを意味していよう。

　ただ、忘れてならないのは、「原因主語他動文」という構文が、古代日本語にもいくらかは存在していたという点である。つまり、近代の欧文翻訳において、何も無かったところに全く新しいものを創り出したというわけではなく、既に日本語に存在する構文に基づき、用法を拡張させたものと考えられるのである。

4. 名詞句の意味役割

　上に述べたような形で、原因主語他動文は発達したと考えられるが、いわゆる「非情の受身」の歴史もこれと同じような展開を辿ったことが、金水（1991）に示されている。金水論文によると、古代語で非情物を主語に置く受動文は、漢文訓読や和歌を除くとごく稀であったが、欧文の直訳において「ニヨッテ」という形を獲得するにあたって、一般的に成立したと説かれている。

　金水論文で興味深いのは、古代語において、稀に散文にも非情物主語の例が見られることがあるが、その場合はニ格名詞句も非情物であるという観察である。

(24)a.　あをやかなる御簾の下より、几帳の**朽木形**いとつややかにて、紐の風に吹きなびかされたる、いとをかし。

（枕草子・89段）

　　b.　**露**ハ月ノ光ニ被照テ□（諸本欠字）キ渡タリ。

（今昔物語集・巻19―17）

一方、有情物が主語となる場合は、ニ格もまた有情物であるという。これらの事実に、さらに文における意味的役割という観点を加え、次のような一般化がなされている（有情物には下線を施してある）。

(25) 　　　　主格　　　　ニ格
　a.　　〈受影者〉　〈動作主〉または〈経験者〉
　b.　　〈対　象〉　〈周縁的他動主〉
　c.　＊〈対　象〉　〈動作主〉または〈経験者〉

　上の（25）におけるニ格は、受動文を派生させる前の能動文の意味役割に基づいている。例えば「私が他人に憎まれる」は、「他人が私を憎む」に基づいており、能動文の主語「他人」は〈動作主〉である（＝25a）。一方で、「露が月の光に照らされる」は、「月の光が露を照らす」に基づいている。「月の光」は〈動作主〉とは考えられないものの他動文の主語となっている、ということで、このようなものが〈周縁的他動主〉と名づけられている（＝25b）。派生以前の旧主語がニ格で表示される、というわけである。

　ここで気づかされるのは、〈周縁的他動主〉が主語の他動文とは、これまで見てきた「原因主語他動文」を指すのではないかということである。金水（1993a）では、（25）をもとに、非情物から非情物へのはたらきかけを示す他動文は「回避されてきた」と述べられている（第1節(6)参照）。しかしながら、（25b）として一般化できる（24）のような文が存在する（「露が光に照らされる」）という事実は、むしろ、その派生以前の形である「光が露を照らす」という文の存在を支えるものではないかと考えられる。古代語における《コト》主語の原因主語他動文が自然現象に偏っていたことと、（25b）のニ格は「風」「波」などの場合が多いという金水論文の指摘は、そのような意味において、うまく符合するものと考えられる。

　このように見てくると、「風」「光」など広義の「自然現象」が、なぜ例外的に他動文の主語になれるのかが問題となる。この問いに明確に答えるのは難しいが、実際、「自然現象」の描写には、本来〈動作主〉の動作として描かれる述語動詞が用いられることが多い。

(26) a. 疾き**風**吹きて、世界暗がりて、舟を吹もてありく。いづれの方とも知らず、舟を海中にまかり入ぬべく<u>吹きまはして</u>、**浪**は舟に<u>うちかけつゝ</u> <u>捲き入れ</u>、

(竹取物語・龍の頸の玉)

b. 花の香さそふ**夕風**、のどかにうち吹きたるに、

(源氏物語・初音)

さらに、「有情物ガ・非情物ニ・〜サレル」という構文の例も見られるが、こうした場合、ニ格に例外的に現れる非情物は、やはり「自然現象」である。

(27) a. みな人酔ひて、「**雪**に降りこめ<u>られたり</u>」といふを題にて、歌ありけり　　　　　　　　　　　(伊勢物語・85段)

b. あたの**風**、大いなる**波**に漂は<u>されて</u>、知らぬ国にうち寄せ<u>らる</u>　　　　　　　　　　　　(宇津保物語・俊蔭)

結局、(26)(27) では、自然現象が《ヒト》相当として捉えられているものと考えられる。また、(11a)(13c) のような「涙」も例外的であるが、これも《ヒト》に属するものと捉えられることで、主語となれるのではないかと考えられる。これらの広義「自然現象」が、非情物としての《コト》と捉えられていないと考えられるとすると*6、結局のところ、古代日本語には《コト》主語の他動文は存在しないこととなろう。

さて、これまでの古典語研究において、次のような他動文は、主語の意図的な動作を表したものではない、ということで問題とされることがあった。

(28) a. 〔俊寛僧都ハ〕あやしの臥しどへも帰らず浪に足うち<u>洗はせて</u>

(平家物語・巻2)

b. わがやどの一群萩を思ふ児に見せずほとほと<u>散らしつる</u>かも（令散都類香聞）

(万葉集・巻8・1565)

長谷川（1969）で「放任用法」、柳田（1994）で「意志動詞の無意志的用法」とされるなど、いずれも主語の「意図性」を欠いた文ということで、他動文の典型から外れるものである。しかしながら、これらの文における主語は《ヒト》であることの要件は満たしており、このタイプの文が万葉集から現代に至るまで用いられている、という点は重要である。つまり、この事実は、〈動作主〉〈経験者〉などの意味役割とは無関係に、《ヒト》であれば他動文の主語に立つことができる、ということを示していると考えられる。

　そして、〈原因〉を表す名詞句が主語に立つ場合、これまでは《モノ》《コト》といった非情物にのみ注目してきたが、次の例のように《ヒト》であっても構わない。

(29) a. 「**女**こそ罪深うおはするものはあれ、すずろなる眷属の人をさへ<u>まどはし</u>たまひて、そらごとをさへ<u>せさせ</u>たまふよ」　　　　　　　　　　　　　　　　　　（源氏物語・浮舟）
　　 b. あたら**明王がね**の、多くの人<u>歎かせ</u>給ふにぞあめる
　　　　　　　　　　　　　　　　　　　　　　　（宇津保物語・蔵開中）

これらは〈動作主〉の解釈もできなくはないが、〈原因〉と解する方が自然であろう。

　以上のことを考え合わせ、歴史的観点から他動文の主語に立つことができる名詞句を階層的に捉えると、次のように規定されるのではないかと考えられる。

(30) 他動文における主語ハイアラーキー：
　　　　《ヒト》—《モノ》—《コト》

《ヒト》には〈動作主〉〈経験者〉〈原因〉のいずれの場合もあるが、《モノ》《コト》の場合は〈原因〉に限られる（「擬人法」を除く）*7。

　井上（1976：上63）では、現代語の「原因主語他動文」（特に使役の場合）について、〈動作主〉が補文の主語である場合、「翻訳

調の」「不自然な日本語として受け取られる」と述べられている。これは例えば、次のようなものである。

(31)a.　母親の思いやりが息子に困難な仕事をやりとげさせた。
　　　b.　息子が困難な仕事をやり遂げた。

　(31a)に対する補文が(31b)であり*8、この場合の主語「息子」は〈動作主〉であるため、(31a)は「不自然な日本語」であると述べられている。
　このような観点から古代語の用例を再度眺めてみると、確かに近代以降の文には若干見られる(31a)のようなタイプの文は、現在のところ見出せていない。次のような例における補文の主語は《ヒト》ではあるが、〈動作主〉ではなく〈経験者〉である。

(32)a.　是の如き十種の无依行の因は、諸衆生に根本の罪を犯さしメ
　　　　　　　　　　　　　　　　　　　　　（地蔵十輪経元慶点・巻5・291）
　　　b.　瀧の聲は、いとど物思ふ人を驚かしがほに
　　　　　　　　　　　　　　　　　　　　　（源氏物語・夕霧）

　そうすると、欧文翻訳において生まれた構文は、《コト》主語タイプだけでなく、補文の主語が〈動作主〉であるものでもあったということになる。つまり、原因主語他動文における補文の主語に注目した場合の階層性は、《ヒト》《モノ》《コト》の分類だけでなく、〈動作主〉〈経験者〉といった意味役割を導入する必要があると考えられる。

(33)原因主語他動文における補文の主語ハイアラーキー：
　　《モノ》《コト》対象―《ヒト》経験者―《ヒト》動作主

5. おわりに

　日本語にもともと存在していた構文が、近代の欧文翻訳を契機に

発達した現象としては、上の受動文の他、所有構文にも認められることが金水（2003）において指摘されている。抽象的な漢語名詞の増大、英語のhave構文の翻訳の影響により、「この土器は歴史的な価値を持っている」のようなタイプの文が発達したと述べられている。

　すでに見てきたように、原因主語他動文もこれら同様、欧文脈において発達したものと考えられるが、現代語においてこのタイプの文が使用される文体には、ある程度の偏りがあるように思う。新聞・論説文・小説などには比較的よく用いられるが、通常の話しことばにおいてはあまり用いられないのではないだろうか。これは、何らかの「原因」があり、その「原因」によってある「事態」が引き起こされる、という内容は、通常は次のような形で表されるからではないかと考えられる。

(34) 暴飲暴食を続けた ので／ために／せいで、病状がますます悪化した。

(34)は「暴飲暴食を続けたことが病状を悪化させた」と表現することもできるが、少し堅い文章をイメージさせる。少なくとも話しことばにおいては、(34)のように表現されることが普通であろうと思う。

　先に、古代語において原因主語他動文が一般的でなかった理由について、「テ」や「バ」を用いる副詞節の形の方が自然であるからであろうことを述べた。しかし、そのような原因理由を表す形式が存在する、という状況は現代語とて同様である。したがって、原因主語他動文の歴史は、文体論のレベルからさらに捉えなおすことが必要であろう。漢文的な「堅い」言い方が、欧文脈を通じて、新聞、論説文、あるいは雅文的な小説の類に引き継がれていった、というストーリーが想定されそうである。文法史と文体の関係については、今後さらに様々な事象と合わせ、考察を深めていきたい*9。

*1 「擬人法」を厳密に定義することは難しいが、ここでは、無生物主語が意図的な動作を行う〈動作主〉として描かれた文を、その典型としておく。
*2 影山（1996：197）では、「〜が原因で」と言い換えられる他動文の意味概念が、CAUSE と規定されている。

　　　雨が傘を濡らした。→ 雨が原因で、傘が濡れた。

これは、「大工さんが家を建てた。」のような場合の CONTROL と対立する概念である。
*3 宮中では七日に若菜摘みを行うことになっており、この場面は、送られてきた若菜を見ることによって、今日が七日（＝白馬の節会）であることを知ることになった、という文脈である。
*4 その意味において、中世以前においては主節の主語をマークする格助詞は標示されないことが普通であるので、確例は拾いがたい。
*5 このタイプの文の多寡が、漢文的要素の反映を測る指標となり得るように思われる。
*6 「自然現象」の描写は、①自然という《モノ》が事態を引き起こすという、ある種の擬人法として描かれている、②自然現象を司る神のような《ヒト》が事態を引き起こす形で描かれている、などの解釈が考えられるが、今後の課題としたい。
*7 《ヒト》〈原因〉は、《ヒト》〈動作主〉〈経験者〉よりも1段階下に置く可能性もあるが、ここでは無視しておく。
*8 使役文がこのような補文構造を有するかどうかは議論の余地があるが、意味役割を見る限りにおいては有効であるので、ここでは井上論文の記述に従っておく。
*9 この点については、青木（2012）においていくらか述べた。

第12章
ミ語法の構文的性格

1. はじめに

　上代文献には、次に掲げるような、いわゆる「ミ語法」と呼ばれる形式が数多く見られる。

(1) a. 我が背子がやどの橘<u>花を良み</u>（花乎吉美）鳴くほととぎす見にそ我が来し　　　　　　　　　　（万葉集・巻8・1483）
　　b. 上野安蘇山つづら<u>野を広み</u>（野乎比呂美）延ひにしものをあぜか絶えせむ　　　　　　　　　（万葉集・巻14・3434）
　　c. 玉くしげ<u>覆ふをやすみ</u>（覆乎安美）明けて行なば君が名はあれど我が名し惜しも　　　　　（万葉集・巻2・93）
　　d. 我がやどの梅の下枝に遊びつつ鶯鳴くも<u>散らまく惜しみ</u>（知良麻久乎之美）　　　　　　　（万葉集・巻5・842）

この形式に関する先行研究は非常に多い。これまでにおいて明らかにされたミ語法の特徴を示すと、以下のようになる。

(2) a. 「…ヲ〜ミ」の形で従属節を作る。主として原因理由を表す。
　　b. 「〜ミ」の「〜」は形容詞語幹である。
　　c. 「ヲ」は格助詞である。ただし、この「ヲ」は標示されない場合もある。
　　d. 上代に多く見られるが、中古以降は殆ど見られない。

特に重要なのは (2c) である。「ヲ」は間投助詞と説かれることもあったが、近藤 (2000：127–129) において、格助詞であること

が証明されて以来、ほぼ定説となった。

　基本的な性格については、ほぼ明らかにされているとはいうものの、次の2点については、未だ検討する余地がある。

(3) a. 「ヲ」を対格、「〜ミ」を他動詞性のもの、と解してよいか。
　　b. 「属性形容詞―主語」「感情形容詞―対象語」という異なる2つの性格のものが、同じ「ヲ―ミ」という形で標示されることをどのように解すべきか。

まず(3a)については、次のような記述が多くを占める。

(4) a. 〈〜ミ〉を他動詞性のもの、先行の体言を目的格と考えれば、助詞がヲである理由が明白である。　　　（山口1984)
　　b. 〈AヲBミ〉のヲが目的格を示す格助詞的な機能を持ちあわせ、〈Bミ〉が他動詞性を帯びていることは動かしがたいだろう。　　　　　　　　　　　　　　　　　（村島2002)

確かに「〜ミ」をマ行四段他動詞の連用形、「ヲ」を対格と解釈すれば、形態的に最も自然である。しかしながら、上代の「ヲ」が現代語と同じような「対格」を標示しているかどうかについては、疑ってみる必要がある。金水(1993b)では、以下のように述べられている。

(5) a. うつせみの命を惜しみ（命乎惜美）浪にぬれ伊良虞の島の玉藻刈りをす　　　　　　　　　　　　　（万葉集・巻1・24)
　　b. (我ハ)［e 命を　惜しみ］……玉藻　刈りをす
(6) a. 風を疾み（風乎疾）沖つ白浪高からし海人の釣船濱に帰りぬ　　　　　　　　　　　　　　　　　（万葉集・巻3・294)
　　b. △［e 風を　はやみ］沖つ白浪　高からし

「ヲ」を「対格」と仮定すると、(5)のような感情形容詞の場合、

対格に見合う主格名詞句として、主文の主語が想定できる。つまり、玉藻を食べる「私」が「命を惜しんで」と解釈される。しかし(6)のような属性形容詞の場合、「風が早い」ことと「沖の白浪が高い」ことは単に因果関係で結び付けられているだけで、共通する主体は存しない。すなわち、「ヲ」の付いた名詞句を「対格」と見てよいのか、特に(6)のような属性形容詞の場合難しい、というわけである。

金水論文で提示された問題は、(3b)の問題とも直結する。すなわち、感情形容詞と属性形容詞の間で「命を惜しんで」「風が早いので」と訳し分けたい気持ちがあるにも関わらず、なぜ同じように「命を惜しみ」「風をはやみ」と表されるのか、という問題である。

以上のように、ミ語法の構文的性格に関しては、完全に明らかにされたとはいえない部分を残している。本章では、残された課題の解決を図る。

2. ミ語法の構造

ミ語法に関する問題点は、形態と意味のミスマッチにその原因が求められる。したがって、これを説明するものとして、同じ「…ヲ〜ミ」の形に異なる意味を認める可能性も考えられよう*1。しかしながら、同じ「…ヲ〜ミ」という形は、やはり同じ文法的機能を果たしているのではないかと考えたい。まずは、「〜ミ」の形から検討する。

大秦(2001)では、「〜ミ」と形容詞連用形が比較され、両者が同じように連用接続として文を構成していながら、形容詞連用形は修飾法に偏り(ex.「悲しく思ほゆ(万4016)」、「はやく来て(万3627)」)、「〜ミ」は中止法、特に序列法(特に原因理由を示す)に偏っていることが指摘される*2。この点は重要で、ある意味きわめて単純ではあるが、「〜ミ」の基本的性格は、従属節において原因理由を表すことにある、と捉えておくこととする*3。

次に、ミ語法内部に現れる「ヲ」について述べる。このような、ある種の例外的な「ヲ」の類例としては、次のような例が挙げられる。

(7) a. 紫のにほへる妹を憎くあらば（妹乎尓苦久有者）人妻ゆゑに我恋ひめやも　　　　　　　　　　（万葉集・巻1・21）

b. 命をし全くしあらば（伊能知乎麻多久之安良婆）あり衣のありて後にも逢はざらめやも　　　（万葉集・巻15・3741）

c. 命をしま幸くもがも（命乎志麻勢久可願）名欲山石踏み平しまたまたも来む　　　　　　　　（万葉集・巻9・1779）

d. 海山も隔らなくに何しかも目言をだにもここだ乏しき（目言乎谷裳幾許乏寸）　　　　　　（万葉集・巻4・689）

　これらについて、近藤（2000：131）では、「いずれも「を」は現代語の「ガ」にあたるものの、しかしいずれも時枝文法で言う対象語に近く、通常の主語とは少し違う」とされ、「このような対象語的なものを承ける際に対格の格助詞「を」が使われることがまれにあったと考えることが合理的である」と述べられる。ミ語法に現れる「ヲ」は、この近藤論文の記述を援用することができるのではないか、すなわち、これら同様、形容詞述語「～ミ」の対象語として標示されたものではないかと考えられる*4。

　「対象語」とは、時枝（1941）で提唱された概念である。以下に、その定義に関わる箇所の記述を、私に要約しつつ示す。

(8)「水がほしい。」「母が恋しい。」という例において、「ほしい」「恋しい」の主語が、「水」或は「母」であると簡単に決定することは出来ない。これらは主観的な情意の表現であるから、これらの形容詞の主語は、「ほしい」「恋しい」という感情の主体である処の「私」か、「彼」かでなければならない。「水」及び「母」は、それぞれに主語「私」或は「彼」の感情を触発する機縁となるものであるから、これを「ほしい」「恋しい」に対する対象語と名付け、かかる秩序を対象語格と呼ぼうと思う　　　　　　　　　　　　　　　　（時枝1941：374）

「娘は母が恋しい」という文においては、「娘」が主語、「母」が対象語というわけである。意味的観点からは、「感情の誘因」という

意味役割を果たすものと規定される。「…ヲ〜ミ」における「…ヲ」を「対象語」と捉えることにより、「感情の主体」としての「主語」は別に想定されることとなり、「〜ミ」は感情形容詞相当の述語ということになる。以上のことをまとめると、ミ語法の構造としては、次に示す（9）のようなモデルが得られる。

(9) ほととぎす　花を　よみ　鳴く
　　　A（ハ）　［Bヲ　Cミ］　D

主節の主語Aが、Bに対してCという評価・判断を下したために、述語Dのようにする（なる）、という構造である*5。この（9）の構造は、Bを「対象語」と解することにより導かれる。
　この構文解釈について、先に掲げた（5）（6）の例で、もう少し説明を加えておこう。

(5) （我）［命を惜しみ］玉藻刈りをす
(6) 沖つ白浪［風をはやみ］高からし

（5）は先述のとおり、比較的解釈が容易なもので、「私」が「命」が「惜しい」ので「玉藻を食べる」と解釈することができる。このように「Cミ」のCが感情形容詞の場合、（9）の構造には何ら問題はないだろう。しかし例外に見える（6）も同様で、「沖の白波」にとってみれば、「風」が「早い」ので、そのために波が「高い」状態になっている、と解釈されることになる。つまり、あくまでも「Bヲ」のB「風」を対象語と捉えることにより、「白波」を主節の主語と解釈できるわけである*6。
　ミ語法の構造をこのように把握すると、この形式に動詞的性格を認める必要はないと考えられる。すでに見たように、これまでの研究においては、①ミ（甲）が四段動詞連用形相当である、②ヲ格名詞句をとる、という2点から、何らかの形で動詞性が説かれてきた。しかしながら、①の点については、竹内（2004）で詳しく説かれるように、マ行四段動詞との直接の関係はないと考えられる。さら

に②の点については、上のように「Bヲ」を対象語と解釈すれば、あえてここに動詞性を認める必要はないといえる*7。

　以上のように、ミ語法は、ある種の感情形容詞構文であると考えられる。「風を早み」といった形式を用いることによって、「風」を「早い」と判断するのはあくまでも「感情の主体」としての主節の主語である、といった表現が可能となるのである*8。これは、「風が早くて」あるいは「風早ければ」といった形式では、決して表現することはできない。そしてこの場合の主語は無生物であってもよく、作者の視点を置く形で主語に据えるという述べ方は、もはや擬人法の枠を超えている。このような表現であるからこそ、ミ語法は歌の世界で頻用されたものと考えられる。
　ところで、ミ語法を構成する形容詞述語は、属性形容詞で構成される形式の方が、より形態と意味のミスマッチが強く感じられる。ところが、実は、非属性形容詞で構成されるものよりも圧倒的にその数は多い（約3倍）。これも、ミ語法が上述のような表現性を有するためであったと考えられる。感情形容詞で構成される「命を惜しみ」は、「命が惜しくて」「命が惜しけば」とさほど変わらない表現であった可能性が高いが、属性形容詞で構成される「風を早み」は、「風が早くて」「風早ければ」とは構造が異なるため、その表現性も大きく異なるものと考えられる。属性形容詞で構成される形式が多用されたという事実は、ミ語法が単なる原因理由節にとどまらない表現性を有していたことを示していよう。
　さらに、属性形容詞で構成される場合、名詞句「B（ヲ）」が必須である点は注目される。

(10)a.　うちなびく<u>春を近みか</u>（波流乎知可美加）ぬばたまの今夜の月夜霞みたるらむ　　　　　　　　（万葉集・巻20・4489）
　　b.　左和多里の手児にい行き逢ひ赤駒が<u>足掻きを速み</u>（安我伎乎波夜美）言問はず来ぬ　　　　　　（万葉集・巻14・3540）
　　c.　大夫の心はなしにたわやめの思ひたわみてたもとほり我はそ恋ふる<u>船梶をなみ</u>（船梶雄名三）（万葉集・巻6・935）

すなわち、「〜ミ」は、対象語を項として要求する形式であると考えられる。非属性形容詞の場合、次に示す（11）のように文脈上標示する必要のないケースもある。

(11) a. 越の海の手結が浦を旅にして見れば<u>ともしみ</u>（見者乏見）大和偲ひつ　　　　　　　　　　　　（万葉集・巻3・367）
　　 b. 梓弓末は知らねど<u>うるはしみ</u>（愛美）君にたぐひて山路越え来ぬ　　　　　　　　　　　　（万葉集・巻12・3149）

このような感情形容詞とは異なり、属性形容詞は元々、項を1つしか持たない。「〜ミ」の形をとることにより、感情形容詞相当の構造を手に入れるのであるから、対象語としてのヲ格名詞句が常に示されることになると考えられる。

　また、名詞句「Bヲ」が現れる場合、形容詞述語「Cミ」とは常に隣接する。これは、上に述べたように、「Cミ」が対象語を項として要求していることを反映したものと考えられるが、「BヲCミ」という形態は、もはやイディオム化していると見るべきであろう*9。

　最後に、ミ語法において、対象語を標示する形がなぜ「ヲ」であったかについて述べる。現代語における対象語は「ガ」で標示されるが、そのような「ガ」は上代にもすでに存する。

(12) a. 塵泥の数にもあらぬ我ゆゑに思ひわぶらむ妹<u>が</u>かなしさ（伊母我可奈思佐）　　　　　　　　（万葉集・巻15・3727）
　　 b. 吉隠の猪養の山に伏す鹿の妻呼ぶ声を聞く<u>が</u>ともしさ（聞之登門思佐）　　　　　　　　　（万葉集・巻8・1561）

「愛（かな）しさ」「ともしさ」は名詞相当であるため、「ガ」は連体用法であるが、意味的な関係において、「妹」「聞く」は「かなし」「ともし」の対象語である。

　上の（12）の例も含め、助詞「ガ」は、体言・連体形、あるいはそれに準じる形（準体句・ク語法など）に続く、いわゆる連体用

法が基本と説かれることも多い。ミ語法は、このような連体句を構成しないため、「ガ」が用いられなかったと考えられるかもしれない。しかし、野村（1993a）で指摘されるように、上代では（13）のように、連用用法として条件句内部に用いられた例も多い。

(13) a.　ま幸くて妹が斎はば（伊毛我伊波伴伐）沖つ波千重に立つとも障りあらめやも　　　　　　　　　　（万葉集・巻15・3583）
　　 b.　大君の任けのまにまに島守に我が立ち来れば（和我多知久礼婆）　　　　　　　　　　　　　　（万葉集・巻20・4408）

　言うまでもないことであるが、「ガ」は対象語だけでなく、主語も表す。「Aハ［BヲCミ］D」という構造において、主体Aによって「対象」と位置づけられるBは、やはり「ヲ」でなければならなかったのだと考えられる。これは、金水（1993b）で、古典語の「ヲ」は、視点が存する事態1（＝主節）に対し、視点者によって選ばれ結び付けられた事態2（＝従属節）の意味的特徴の標識として機能する、と述べられることと符合しよう。

3．ミ語法の史的位置

　ミ語法は、万葉集に400ほどの用例が見られるが、すでにその多くがイディオム化しており、一種の「歌ことば」として定型化している。したがって、万葉集の様相が、どこまで上代語の「文法」を反映しているのかは、定かではない。前節までの分析は、あくまでも万葉集というテキストにおける振る舞いに即した記述にすぎない。「歌」において用いられた1つの「語法」という意味で、「ミ語法」という名づけは、本書においてはまさに相応しいといえるだろう。
　したがって、これを「上代における条件法の一種である」、「上代には形容詞已然形が発達していなかった」、そして「中古に入ると衰退する」といったように、単純な位置づけを与えることは首肯しかねる*10。これは、①万葉集が上代語をどれだけ反映しているか定かでない、という以外に、②比較の対象とする後世の文献が多く

の場合散文資料であり条件が揃っていない、という批判にも基づいている。しかしそれならば、古今集などの「歌」との比較の下に、「衰退」を説けばよいのではないかということになるが、事はそう簡単ではない。

　ミ語法はすでに見たように、①属性形容詞を感情形容詞のように用いることができる、②非情物主語に視点をおいて述べることができる、といった点で、歌に用いるには非常に有用な語法であった。それがゆえに万葉集で多用されるわけであるが、これほどの多用は、後世の歌人にとって、いかにも万葉的な形式として印象づけられることとなったと考えられる。したがって、中古以降の歌の世界では、「文法」としてではなく、歌における「語法」（＝万葉風）として認識されていた可能性が高い。

　もっとも、ミ語法は、万葉集ですでにイディオム化の傾向がうかがえるため、万葉時代にすでに文法的活力を失っていると見てよいだろう。格助詞「ヲ」は、後世につながる「対格」の用法も多い。

(14)a.　我妹子が下にも着よと贈りたる衣の紐を（許呂母能比毛乎）我解かめやも　　　　　　　　（万葉集・巻15・3585)
　　b.　梅の花折りかざしつつ諸人の遊ぶを見れば（阿蘇夫遠美礼婆）都しぞ思ふ　　　　　　　　（万葉集・巻5・843)

　そして、対象語としての「ガ」は、中古に入るとすでに連用用法への発達を遂げている*11。

(15)程なく罷りぬべきなめりと思ふが悲しく侍るなり。
　　　　　　　　　　　　　　　　　　（竹取物語・かぐや姫の昇天）

上のような事情に鑑みるとき、形容詞の対象語を「ヲ」で標示する文法形式は、もはやそぐわないこととなろう。

　上代語文献には限りがあり、まとまった言語量が得られる文献は万葉集くらいしか存しない。しかし、万葉集があくまでも「歌」と

いうテキストであることを忘れてはならないだろう。古典語文法研究がいわゆる国語学者だけのものでなくなり、生成文法学者や比較言語学者などによる、様々な方面からのアプローチが試みられる傾向は喜ばしいことである。ただし、現代語との比較、あるいは文法理論によるテスト、という時、多くの場合拠って立つ対象は「文」であって「歌」ではないことに留意すべきである。

　ミ語法は、現代語からみると、「例外」を多く含む形式であった。しかしこれは「現代語からみる」からであって、あらためて言うまでもないことであるが、その分析にあたっては、用いられた時代、用いられた文献に即して考えなければならない。どこまでが「例外」でどこまでが「例外」でないのか、そして歴史的研究においては、「例外」が時代性に負うものなのか資料性に負うものなのかということは、常に念頭において考察する必要があるだろう。

4．おわりに

　以上述べてきたことをまとめると、以下のようになる。

　上代文献には、「花をよみ」のように、「…ヲ〜ミ」の形で原因理由を表す、「ミ語法」と呼ばれる形式が多く見られる。「ヲ」は「対格」であり、したがって「〜ミ」は他動詞相当であるとする論が多かったが、「…ヲ」は、原因理由を表す形容詞述語「〜ミ」の「対象語」として示されたものと考えられる。したがって、ミ語法は「Aハ［BヲCミ］D」という構造として捉えられ、〈主節の主語Aが、Bに対してCという評価・判断を下したためにDのようにする（なる）〉という意味を表すものと考えられる。

＊1　山田（1944）では、「〜ミ」に「主観的な感情・思惟作用を表す動詞」と「客観的な動作・状態を表す動詞、しかもむしろ自動詞風なもの」の2つの「〜ミ」があると説かれた。また山口（1984）では、「…を〜であると思って」と「…が〜であるので」という異なりがあることを認めた上で、これらは歴史的所産によって生じたと説かれた。

＊2　大秦論文では、「中止法」が「並列法」と「序列法」に二分され、前者は「後の叙述と対等の関係を構成し、前句と後句を入れ替えても表現内容の変わることがない」もの、後者は「先に成立したことを後に成立することへ続ける関係を構成し、前句と後句とは入れ替えることが不可能な」もの、と規定されている。

＊3　木下（1975）では、「〜ミ」は「〜ク、〜クテ」と「〜ケバ、ケレバ」の中間に位置付けられる。確かに「〜ミ」が単純接続のように用いられた例があるのは事実だが、木下論文でも説かれるように、そのような例は「例外」的なものである。ここでは、「〜ミ」を連用形相当とみなし、文脈的繋がりによって原因理由の意味が生じる、といった解釈には従わないものとする。

＊4　例外的「ヲ」の例として、竹内（2004）では、次のようなものも挙げられる。

　　・我が背子をいづく行かめとさき竹の背向に寝しく今し悔しも
　　　　　　　　　　　　　　　　　　　　　　　　（万葉集・巻7・1412）
　　・塩焼等五人を人謀反すと告げたり。　　　　（続日本紀宣命・十八詔）

これらは動詞述語に対応しており、従属節内における主格であると説かれる。そして、ミ語法の「ヲ」もこれら同様、「主格」と規定されている。従属節内における「限られた環境」という条件つきではあるが、「ノ・ガに圧倒されつつある」主格の「ヲ」を認めるという考えには、にわかには従いがたい。
　竹内（2008）ではさらに、「活格性」の観点から、古代語の「ヲ」をやはり「主格」であるとするが、根拠とする用例の大部分はこのミ語法の例であるから、論証されるには至っていないように思う。

＊5　この構造理解は、村島（2002）で示されるものと近い。村島論文では、「〈発話者が動作主体（または状態の帰属主）の視点から対象の状態を捉える〉という意味機能を根底に持っている」と述べられ、「主体、AヲBミ、動作。」という構造として捉えられている。

＊6　内田（1999）では、「野辺の秋萩うら若み露に枯れけり（万2095）」について、「うら若み」と判断しているのは「露に枯れけり」の主語と同じく「野辺の秋萩」であり、「秋萩は、ここで有情のもののように、自身の枝先を若いと感受して」、「まだ花の咲かぬ枝先を露に傷めてしまう」と解釈されており、本書の理解ときわめて近い。

＊7　「Aハ［BヲCミ］D」という構造を想定し、主語Aが対象語Bに評価・判断を下す、という本書の理解は、山口（1980：278-297）で「対象を客語にすえて思惟や認識を表現する」と説かれる見方ともよく似ているのではないかと思う。異なるのは、「BヲCミ」に「思惟作用」という「動詞句的意味」を認めるか否かという点であろう。さらに村島（2002）では、「〜ミ」は状態指示に関わる形式動詞の一種であった、と結論づけられており、より積極的に動詞性を認める立場をとっている。
　ここで主張したいのは、形態から類推される動詞性の根拠が認められない以上、あえて動詞性を見出す必要はないのではないかということである。形容詞で表される評価・判断が、何らかの思惟作用を経たものであるという意味での動詞性ならば、それを否定するものではない。

＊8　このような表現性を、内田（1999）では「主観性」と呼んでいる。「主

観性」という用語は研究者によってその使用に幅があるため、本書では採用しないが、詳しくは内田論文を参照されたい。ミ語法が表す「主観性」については、松浦（2000）にも指摘がある。

＊9　「Bヲ」と「Cミ」が隣接することに、格システムの観点から何らかの意味を見出す可能性もあろうが、ここではその解釈はとらない。

＊10　例えば山口（1980：295）では、「中古を境に認められるミ語法の衰退には、〈中略〉形容詞已然形の整備と、「已然形＋ば」形式による確定条件法の一般化が深いつながりをもっていると考えられる」と述べられる。

＊11　「ガ」の連用用法として最も早いのは、(15)のように感情形容詞の対象語を標示したものである（石垣1955参照）。すなわち、「対象語―形容詞述語」という関係は、連用格としての「ガ」を生み出すのに重要な役割を果たしたのではないかと考えられる。もっとも、同じ「ガ」で標示されるものを「主語」「対象語」等に分けるべきでないという山口（1989）などもあり、このあたりの事情についての詳しい考察は今後にまちたい。

第13章
複合動詞の歴史

1. はじめに

　複合動詞の歴史を述べるに際しては、どこが変化し、どこが変化していないのかを見極める必要がある。「動詞連用形＋動詞」という形式（以下、「V1＋V2」と表記する）それ自体は、古代語から現代語を通じて存在するからである。まずは、現代共通語を基準にしたとき、古代語に特徴的とされる事象を列挙しておく。

(1) a.　複合語アクセントが見られない
　　 b.　V1とV2の間に助詞が介入する例がある
　　 c.　V1とV2を入れ替えても意味が変わらない例がある

　(1a) は、金田一（1953b）によって指摘されたもので、中古語のアクセントを反映した資料では、前項V1・後項V2それぞれの動詞のアクセントが差されており、全体として1つの山になっていない（＝複合語アクセントを示していない）というものである。この見解については、屋名池（2004）、上野（2011）でも支持されており、アクセント史研究の分野においては一般的な見方となっている。
　(1b) は形態論的観点からの提言である。V1とV2の間に助詞が入る現象については、吉沢（1952）、金田一（1953b）、沖森（1990）ほか、多くの文献で言及されている。以下、いくつか例を掲げておく。

(2) a.　慰もる心はなしにかくのみし恋ひや渡らむ（恋也度）月に日に異に
　　　　　　　　　　　　　　　　　　　　（万葉集・巻11・2596）

b.　宮城野の露吹き結ぶ風の音に小萩が本を<u>思ひこそやれ</u>
(源氏物語・桐壺)
c.　かく心ときめきし給へるを<u>見も入れ</u>給はねば、御返りなし
(源氏物語・真木柱)

（1c）は意味的観点に基づいたものである。「複合語」の典型は、2語の元の意味が融合しあって新たに別の意味が生じることであるから、V1とV2を入れ替えても意味が変わらないとすると、複合語とは見なしにくくなる。ここでは、「あがめかしづく」「かしづきあがむ」の例を挙げておく。

(3) a.　なほ人の<u>あがめかしづき</u>給へらんに助けられてこそ
(源氏物語・夕霧)
b.　この宮を父帝の<u>かしづきあがめ</u>奉り給ひし御心おきてなど
(源氏物語・若菜上)

こうした諸特徴に基づき、古代語の「V1 + V2」形式は複合動詞ではないとされることが多かった（吉沢1952、金田一1953b、百留2001、2002など）。しかし、本当にそのような見方は妥当であろうか。本章ではこうした問いを足がかりに、複合動詞の歴史的変化について俯瞰的に述べたいと思う。

2. 古代語の「動詞連用形＋動詞」

まずは、(1c) の指摘から検討していく。これは、すべての「V1＋V2」形式に当てはまるわけではなく、特定の語において見られる現象である。関（1977）では、「立ち出づ」「見入る」など、V1とV2を入れ替えると意味が変わる例が具体的に示されており、そうしたもののみを「複合動詞」と見なしている。きわめて妥当な見解であり、したがって（3）のような例が存在するからといって、古代語の複合動詞の存在を否定することにはならない。

次に（1b）であるが、「て」「つつ」のような接続助詞を問題に

する場合と、「は」「も」「や」「こそ」のような係助詞を問題にする場合（＝2）とがある。まずは接続助詞の場合について、これも関（1977）に言及があるが、意味的観点を交えた分析が行われている。たとえば「入り臥す」は、「て」が介入した「入りて臥す」との間に意味の差が見られない。その一方、「思ひ入る」は「深く思う」という意味であるのに対し、「思ひつつ入る」は「思いながら入っていく」という意味であり、差が見られる。したがって、「入り臥す」は「複合動詞」の資格を満たさない可能性があるが、「思ひ入る」は「複合語」としての意味を備えている。すなわち、すべての語が「入り臥す」のように「て」「つつ」の介入を許すわけではないから、これもまた、古代語の複合動詞の存在を否定する根拠にはならない。

　これに対し、（2）に挙げたような係助詞の介入は、「複合語」としての性格を疑わしめるものである。影山（1993）では「語」の定義として「形態的緊密性」が挙げられるが、V1とV2の間に助詞が入るのであれば、明らかにこれに反する。しかし、これについては、古代語独特の「係り結び」という現象を考慮に入れる必要がある。係り結びが述語内部で起こる場合、以下に掲げるような形で係助詞が入り込むのである。

(4) a.　大納言、南海の浜に吹き寄せられたる<u>にやあらん</u>と思ひて
　　　　　　　　　　　　　　　　　　　　　（竹取物語・龍の頸の玉）
　　b.　「<u>かたはらぞいたく思すらむ</u>」と言ふも、ただなるよりはいとほし。
　　　　　　　　　　　　　　　　　　　　　　　　　（源氏物語・東屋）
　　c.　逢坂の関に流るる岩清水いはで心に<u>思ひこそすれ</u>
　　　　　　　　　　　　　　　　　　　　　　　　　（古今和歌集・537）

　（4a）では、「なり」を「に＋あり」に分割したうえで、その間に「や」が介入している。（4b）も同様に、「かたはらいたし」を「かたはら＋いたし」に分解したうえで係り結び構文を作っている。このような例が見られるからといって、「なり」は「語」でないとか、「かたはらいたし」は2語であるとかいった議論にはならない

だろう。語源レベルに立ち返って分割し、係り結びによって結合することが可能だったわけである。(4c) に至っては、係り結びを作るために「思ふ」を「思ひ＋す」に分割している。V1 と V2 という2つの要素が存することが明らかな「V1 + V2」形式にあって、この間に係助詞を介入させることは容易に行われたのであり、このことをもって、複合語でないとみなすことは適当でないといえよう*1。

最後に、(1a) のアクセントの問題であるが、石川県白峰方言では、「V1 + V2」形式が2つのアクセント単位で現れるという興味深い報告が、新田 (2010) にある。しかも、意味的・統語的特徴は、現代共通語と同じであるという。こうした報告に鑑みると、複合語アクセントを示していないことをもってただちに複合語でないと決めつけることはできないといえよう。

3. 古代語と現代語の相違点

以上見てきたように、「古代語に複合動詞は存在しない」とする根拠は何もない。むしろ、意味的観点からは、現代語の「V1 + V2」を複合動詞と呼ぶのであれば、古代語のそれも同様に呼んでよいと考えられる。

まず、後項 V2 が補助的動詞としてはたらく場合から見ていく。

(5) a. よろづのものもめぐみもえはじめて〔万物毛萌毛延始天〕
 (続日本紀・宣命・神護景雲3年11月28日詔)
 b. やすみしし我が大君の夕されば見したまふらし〔召賜良之〕明け来れば問ひたまふらし（問賜良志）
 (万葉集・巻2・159)
 c. 世の中を憂しとやさしと思へども飛び立ちかねつ（飛立可祢都）鳥にしあらねば
 (万葉集・巻5・893)

上に (5) として掲げたものは、V2「はじむ」「たまふ」「かぬ」が、補助的動詞として「開始」「尊敬」「不可能」といった意味を添えて

いるものである。言うまでもなく、このようなタイプは現代語にも見られる。通時的に語彙的な出入りはあるものの、意味カテゴリー自体もほとんど変わっていない（青木2013c：225-227）。

　次に、前項V1が補助的動詞として意味を添えるようなタイプを観察する。V2の場合ほど多くはないが、これも古今を通じて見られることが分かる。(5)と同じく上代語の例を、いくつか掲げておく。

(6) a. 去年見てし秋の月夜は渡れども<u>あひ見</u>し妹は（相見之妹者）いや年離る　　　　　　　　　　　　（万葉集・巻2・214）
　　b. 聞くごとに心つごきて<u>うち嘆</u>き（宇知奈氣伎）あはれの鳥と言はぬ時なし　　　　　　　　　　（万葉集・巻18・4089）
　　c. 秋の野に咲きたる花を指折り<u>かき数</u>ふれば（可伎數者）七種の花　　　　　　　　　　　　　　（万葉集・巻8・1537）

　(6)におけるV1「あひ」「うち」「かき」は、「お互いに」とか「ぼんやりと」とかいった意味を添えるのみである。現代語にも「ひっこむ」「くっつく」「ぶっこわす」など様々な形式が見られ、中古以降に増えるという報告もあるが（関1977）、歴史的に大きく変化はしていない*2。

　また、これとは逆に、前項V1・後項V2ともに語彙的意味を保ったものを観察してみると、これも現代語、古代語ともに数多く見出される。現代語の「恋い慕う」「焼け死ぬ」「転げ落ちる」「切り倒す」にしても、上代語の「洗ひ濯ぐ」「思ひ死ぬ」「騒き泣く」「焼き滅ぼす」にしても、元の動詞の語彙的意味をほぼそのまま組み合わせた形で「複合」している。「焼けて死ぬ」「転げながら落ちる」のような「句」の形にパラフレーズできることが、そのことを示している。

　以上のように、意味的観点からは、現代語と古代語では大きく変わらないことが分かる。しかし一方で、現代語と異なる点が存在することも確かである。このとき、手がかりとなるのが、影山(1993)の「統語的複合動詞」の指標である。現代語では、「始め

る」「続ける」「尽くす」「そこなう」「得る」などの約 30 語に限り、尊敬語形や受身形・使役形、サ変動詞などの統語的な要素を V1 にとることができる。これに対し、古代語では、多くの語において、こうした統語的要素が V1 に現れるのである。

(7) a. 力及ばぬ身に思う<u>たまへ</u>かねてなむ、かかる道におもむ
きはべりにし　　　　　　　　　　　　（源氏物語・若菜上）
b. 物語を、いとわざとの事に<u>のたまひ</u>なしつ　（源氏物語・蛍）
c. 深き心ざしをだに<u>御覧じはて</u>られずやなりはべりなむ
　　　　　　　　　　　　　　　　　　　　　（源氏物語・若菜下）
d. おのれも限なきすき心にて、いみじくたばかり惑ひあり
きつつ、しひて<u>おはしまさせ</u>そめてけり　（源氏物語・夕顔）

　したがって、古代語の「V1 + V2」形式は、「統語的」であったものと考えられる。これは、「語」であるか否かという、「形態的緊密性」とは異なる次元の問題である。影山（1993）の「統語的複合動詞」は、あくまで「複合語」であることを前提としたものであるが、古代語の場合、これが「語」であるか「句」であるかを見極めることは難しい。意味論的には現代語と同じ「一まとまり性」が見られながら、音韻論的・形態論的にはそうした「一まとまり性」が見られないからである。本章では、古代語の「V1 + V2」が「語」か「句」かという議論はひとまず措き、V1 と V2 が「統語的」な関係で連続していた、と把握しておくこととする。

　このような理解は、この形式が連濁しないという事実とも符合する。これは、たとえば重複形における連濁を参照するとよく理解できる。副詞として語彙化した終止形重複「つくづく」「かはるがはる」「かへすがへす」、連用形重複「ちりぢり」「とりどり」「かねがね」は連濁するが、「句」を含む形で重複する「奥を兼ぬ兼ぬ（万3487）」「汗をふきふき」は連濁しないのである。すなわち、「V1 + V2」は後者同様、そもそも「句」を含む「統語的」な関係で連続していたため、連濁しないものと考えられよう[*3]。

4. 複合動詞の発達

　以上のように、「V1 + V2」形式は、そもそも「統語的」な関係で結びついていたと考えられるが、現代語に至ると、そのような統語的な要素は一部の語を除いて排除されている。つまり、大部分は「語彙的」な関係へと変化するのである。すなわち、複合動詞の歴史は、統語的要素を排除し、語彙的まとまりを強めていった過程として把握することができる。

　それでは、この歴史変化はどのようにして証明されるだろうか。まず、先に触れたアクセントにおける特徴は、こうした変化を反映している。すなわち、古代語における「V1 + V2」形式が2つのアクセント単位であったというのは、V1とV2が「統語的」な関係で連続していたことを示すものと考えられる。そしてこれが、時代が下った中世末期の言語を反映した資料（『補忘記』）になると、1つのアクセント単位として記されるようになるのである（金田一1953b）。「V1 + V2」が「語彙的」な関係で結びつくようになったことを示すものであろう。

　このように、古代語において、V1とV2が「統語的」な関係で連続することを許容する要因は、前項V1の「連用形」の機能にあると考えられる。以下のような例は、意味的観点からも「複合語」であるかどうか判断しにくい。

(8) a.　漕ぎたむる浦のことごと行き隠る（往隠）島の崎々隈も置かず思ひそ我が来る　　　　　　　　（万葉集・巻6・942）
　　b.　泣く泣く「夜いたう更けぬれば、こよひ過ぐさず御返り奏せむ」と急ぎ参る　　　　　　　　（源氏物語・桐壺）
　　c.　いまはむかし、あづまうどの歌いみじうこのみよみけるが　　　　　　　　　　　　　　　　（古本説話集・上）

(8a)は「行って隠れる」、(8b)は「急いで参上する」、(8c)は「好んで詠む」といった意味をそれぞれ表している。現代語であればいずれも「て」が必要とされるような、継起的な動作や副詞的に

第13章　複合動詞の歴史　**217**

修飾される動作を「V1 + V2」の形で表している。現代語の「テ形」に相当する古代語連用形の機能が、こうした形式を作り出していると考えられるのである*4。

　しかしながら、こうした連用形の使用は次第に見られなくなる。「V1 +て／つつ／ながら + V2」といった形式に取って代わられるようになるのである。このことはすなわち、「V1 + V2」形式におけるV1連用形が機能を縮小させ、語構成要素になっていったこと、「V1 + V2」が語彙的まとまりを強めていったことの裏側の側面を示しているといえる。

　このことを考えるにあたって、中世後期における次のような例は注目に値する。

(9) a.　横たへさされたりける刀をば紫宸殿の御後にして

(覚一本平家物語・巻1)

　　b.　横たえてさされたかの刀を紫宸殿の後で

(天草版平家物語・p.6)

(10) a.　白河ノ在家ニ火ヲ懸テ、下リヘ焼行バ

(百二十句本平家物語・巻4)

　　b.　白川の在家に火をかけて、下りへ焼いてゆくならば

(天草版平家物語・p.121)

　中世鎌倉期の『平家物語』では「V1 + V2」で表されていたもの（= 9a、10a）が、中世室町期の『天草版平家物語』では、「V1 +テ + V2」の形（= 9b、10b）で表されるようになっているのである。「V1 + V2」が「語彙化」を起こすのが語彙的な問題であるのと同様に、「て」を明示して「句」の形で表すようになるのもそれぞれの語彙によって事情が異なるため、当該の形式全体の趨勢を一般化するのは難しい。それでも、アクセント変化を反映した『補忘記』とほぼ同時期の資料にこうした例が多く見られるという事実は、この頃に上述のような変化が進んだことを示唆していよう。

　「て」を表示する形としてもう1つ注目されるのが、いわゆる「テ形補助動詞」である。「てみる」「ておく」「てやる」「てくれる」

「てもらう」「ている」など、これらはすべて中世期以降において発達しているのである。これらの形式は、「てやる／くれる／もらう」のように、授受益といった意味概念そのものが新しく生まれたものと、「ていく／いる／おく」のように、継続・進行・意図などの意味概念は以前からあり、文法化を「再出発」（金水2006）させたものの2種を考える必要がある。前者はまさに、新しい概念に新しい形式を使ったものであるといえる。一方、後者は連用形の機能の縮小により、V1連用形にV2が直接する「複合動詞」の形では文法化を果たせなかったものと考えられる。以下には、(11)として「てくれる」「てあげる」、(12)として「ている」「てくる」の例を掲げておく。

(11) a. 萬壽ヲバ宗繁ニ預ケツレバ心安シ、構テ此子ヲモ能々隠シテクレヨ。　　　　　　　　　　　　　　（太平記・巻10）
   b. お年寄のおいとしや、お足もすすぎ鼻緒もすげてあげませう。　　　　　　　　　　　　　　　　　　（冥途の飛脚）
(12) a. 親子三人念仏していたところに、竹の編戸をほとほとうちたたく音がした　　　　　　（天草版平家物語・p104）
   b. しかれば此ゆめハあふたといふて、むすめやどへ帰るといなや、ゑんづきをいふてきたるを、よきさいわひとそのままゑんについた。　　　（鹿野武左衛門口伝はなし）

たとえば、現代語でアスペクトを表す「ている」は、上代から「V1＋ゐる」の形も「V1＋テ＋ゐる」の形もあったが、「ゐる」が状態動詞化していないこともあって、前接する動詞には偏りがあり、したがって意味的にも制限があった。この頃の有標なアスペクト形式としては「り」「たり」（語源は「V1＋あり」「V1＋テ＋あり」）があったが、やはりパーフェクト的な意味に限られるという制限があった。こうした制限から解放され、動作進行も含めたあらゆる進行態を表しうるには、「V1＋テ＋いる」の形を待たなければならなかったのである。「ている」に限らず、上に掲げた(11)(12)の例は、現代語と同様の用法が見られる初期の例であるが、いずれも

中世後期から近世前期にかけてである（金水2006、森2010など参照＊5）。

　最後に、係助詞の介入について触れておく。係助詞がV1とV2の間に介入することができるのは古代語独特の「係り結び」に起因するため、係り結びが衰退すればこうした現象も見られなくなる。つまり、複合動詞の歴史変化と直接の関係はないのであるが、この衰退の過程には、一定の特徴が見られる。すなわち、中世後期以降の残存例は、「言ひもあへず」「思ひもよらず」「聞きも入れぬ」のような、打ち消しを伴った形にほぼ限定されるのである。古代語では自由に係り結び構文を作ることができたわけであるから、「イディオム化」が起こっているといってよいだろう。もちろん、直接の要因は係り結びの衰退であるから、イディオム化と「V1 + V2」形式の語彙化を直接重ね合わせることはできないが、それでも、構文史上の大きな変化と「V1 + V2」の変化が、ほぼ歩調を合わせる形で進んでいることは見てとれるだろう＊6。

5. 語彙化と文法化

　以上のように、本章では、「動詞連用形＋動詞」の形はそもそも「統語的」なものであり、そこから「語彙的」なものへと変化することを述べた。このように見ることで、複合動詞の歴史変化は、「語彙化」の問題として捉えられることになる。たとえば「見慣る」という語は、古代語だと「見て慣れる」といった意味を表すため、V1「見る」の格が現れ、「〜ヲ見慣る」のような形になる。これが「語彙的複合動詞」に変化すると、複合語における「右側主要部の原則」にしたがい、V2「慣れる」の格、つまりニ格をとって「〜ニ見慣れる」となるのである。

　上代語にも、「取る＋持つ」によって形成された「取り持つ」が、「取る」「持つ」といった動詞の構造・意味を失い、「政事を行う」の意味で語彙化した例が見られることから（阿部2011）、すでにそのような歴史変化は始まっている。こうした動的な「語彙化」の歴史的展開の最中にあって、本章では中世室町期にひとつの転換期を

見出した。このことは、音韻・統語（形態）・意味の様々な側面から跡付けることができる。

　このような歴史変化を引き起こした要因は、動詞連用形の機能にあるといえる。古代語動詞連用形は、現代語の「テ形」に相当する用法を持っていたのである。したがって、古代語の「V1 + V2」形式は、現代語の「テ形」の側から眺めると「句」といえるが、「統語的複合動詞」の側から見ると、統語的な要素を含む「語」と見ることもできる。また、このように言うとき、「統語的複合動詞」は、古代語の構造を引き継いだものということになる。

　しかし、現代語の統語的複合動詞が、古代語でも「統語的」であったかというと、必ずしもそうではない。本書第4章で「～きる」について記述したように、動詞の語彙的意味・項構造を保っていた「語彙的」段階から、意味の抽象化・項構造の消失とともに、V1の選択制限から解放された「統語的」段階へという変化が観察される。「文法化」の事象として位置付けることが可能なわけである。

　そうすると、歴史的観点から見た時、「統語的複合動詞」とは一体何者なのかという問いが残るが、これについては「語彙的複合動詞」の下位分類としての「アスペクト複合動詞」について述べられた、影山（2013：20–21）の以下の記述が、結果的にうまく言い表しているといえる。

(13)「完成」や「結果の強調」といった語彙的アスペクトの意味概念は普遍的に所与のものであり、その意味概念を表現するために、母語話者はその概念にふさわしい動詞表現（たとえば「上がる」）を選び、そこに当てはめる。

　影山（2013）では、語彙的複合動詞の「新体系」と銘打ち、「典型的な語彙的複合動詞である主題関係複合動詞と、統語的な複合動詞との間を取り持つように両者の中間に位置」する、「アスペクト複合動詞」の存在が指摘されている。これは、本章2節で、V2が「補助的動詞」としてはたらく場合と述べたものに相当し、現代語だとおよそ以下のような語例が挙げられる。

(14) **時間（完了、変化結果の強調、開始、継続、反復・多回・習慣）**：
あげる、あがる、おさめる、こむ、きる、つく、かかる、つける、そめる、しきる、返す、こむ、ならわす、…
強調：たてる、まわす、たつ、ちぎる、すさぶ、…
相互：あう、あわせる、かえる、かえす
不成立：違える、しぶる、悩む、あぐねる
空間：あげる、まわす、わたる、まわる
人称：あげる、さげる、くだす、つける、やる

そして、影山（1993）で示された「統語的複合動詞」の語例は、以下の通りである。

(15) **時間（始動、継続、完了、未遂、再試行、習慣）**：
かける、だす、始める、まくる、続ける、終える、終わる、尽くす、きる、通す、抜く、そこなう、損じる、そびれる、かねる、遅れる、忘れる、残す、誤る、あぐねる、直す、つける、慣れる、飽きる
過剰：過ぎる
相互行為：合う
可能：得る

(14)と(15)を比べると分かるように、その意味カテゴリーはほぼ一致する。したがって、両者の相違はV1の選択制限のみ、つまり、受身・使役形やサ変動詞、敬語動詞をとれるか否か、ということになる。

すでに見たように、古代語における「補助的動詞」の意味カテゴリーは、(14)(15)と何ら変わりはない。したがって、このような意味概念に適合する動詞を「想像力を働かせて選び出す」ことが通時的にも繰り返し行われており、あるものは「統語的」から「語彙的」へと機能を縮小し、あるものは「語彙的」から「統語的」へと拡張しているわけである*7。前者の例としては、中世語では「澄みちぎる」「冴えちぎる」のように状態変化動詞にも後接してい

た「強調」の「ちぎる」が、現代語だと「ほめちぎる」でしか使われなくなったことなどが挙げられよう。また後者の例としては、「出す」「きる」「まくる」における「開始」「達成」「強調」の用法が、中世、近世、近代にそれぞれ生まれた（百留2002、本書第4章、第14章）ことを挙げれば十分であろう。

こうした「語彙化」「文法化」の波は絶えず起こっており、「現代語」も、こうした歴史的展開の中の1コマにすぎない。歴史的所産によって現代語の様相が作り出されているわけであるから、(15)の所属語数として挙げられる"27"という数字は、偶然の産物である。文法的な機能を果たす「統語的」複合動詞も、「語彙の海」（寺村1984：118）と隣り合わせなのである。

6. おわりに

複合動詞の歴史的研究は、これまで「語彙」研究の分野に入れられることが多かった。個別の形式を扱う時点でそれは語彙的な問題であるので、ある意味妥当な措置であるといえるが、どこまでが語彙の問題で、どこからが文法の問題なのか見極められていなかったことも大きいように思う。本章は、結果的に語彙と文法の連続性を示すことにはなったが、そうした問題に自覚的に取り組むべきであることは示しえたのではないかと思う。

古代語に複合動詞はあったかなかったか、複合動詞史研究は成り立つか、といった議論から一歩進み、現代語と古代語ではどう違うのか、歴史的にどのような変化があったのか、という文法史の問題として捉えなおすことができたとすれば幸いである。

---

*1 関（1977）の現代的意義については、青木（2016c）を参照されたい。
*2 ただし、青木（2013c）でも述べたように、近代語以降にこうした「接頭語化」はあまり見られず、古代語に特徴的な語形成であることは認めてよい。ここでは、そうした語の存在そのものについて問題にしているのである。
*3 青木（2013c）では、古代語の「動詞連用形＋動詞」を、「句」形成に与

る構造であるとして、以下のような形で示した。

　　　・VP［VP［項＋V1（連用形）］［V2］］

これは、影山（2013）で示されるような現代語の様相に、どのような歴史変化を経てたどり着いたのかを示すためである。現代語を基準にすると、古代語の「動詞連用形＋動詞」は「句」と言わざるをえない。

＊4　この点は、韓国語の"複合動詞"の振る舞いと非常によく似ている。塚本（2012）によると、日本語であれば「焼いて食べる」「好んで食べる」のようにしか言えない場合、朝鮮語で「焼き食べる」「好み食べる」のような"複合動詞"が用いられるという。「韓国語連用形：古代語連用形：現代語テ形」の三者が、ほぼ同じような機能を果たしているということになろう（青木2013b）。

＊5　この他でも、たとえば「ておく」の「非難」の用法（「負けておいて反省しようとしない」）が見られるようになるのは、中世後期からである。「事前の処置」用法（「授業の前に単語の意味を調べておく」）などは、古くから「V1＋おく」の形でも表すことができたが、新しい「V1＋テ＋おく」の形で新しい意味を獲得しており、文法化が進んでいることが見てとれる（一色2016）。

＊6　鎌倉期の平家物語で「召しこそ返され候はめ」（覚一本・巻1）とある箇所が、室町期の平家物語で「召し返されてようござらうず」（天草版・p.72）のように書き換えられた例が見られる。語彙化が進んだ「召し返す」のV1とV2の間に、係助詞が挿入されることを嫌ったものであろう。

＊7　意味変化の方向の一般性として、抽象化することはあっても具体化することは考えにくいので、「語彙的複合動詞」へ縮小する場合でも、V2が語彙的意味や項構造を有した「主題関係複合動詞」（影山2013）へ変化することはありにくいだろう。そういう意味でも、影山（2013）で「語彙的複合動詞」と「統語的複合動詞」の「両者の中間に位置」する「アスペクト複合動詞」が認められたことの意義は、歴史的研究にとっては大きいといえる。本書第14章も参照されたい。

第14章
クル型複合動詞の史的展開

1. はじめに

　複合動詞に関する研究は数多く積み重ねられてきており、現代語・古典語を対象として様々なことが明らかとなっている。中でも、影山（1993：74–177）において指摘された、現代語における「語彙的複合動詞」と「統語的複合動詞」の2種の区別はきわめて重要であり、複合動詞研究を行う際には必ず言及されるものとなっている。

(1) a.　語彙的複合動詞：
　　　　飛び上がる、泣き叫ぶ、受け継ぐ、飛び込む、語り明かす、飲み歩く、聞き返す、…
　　b.　統語的複合動詞：
　　　　払い終える、行きすぎる、動き出す、食べまくる、走りぬく、数え直す、登りきる、…

　影山（1993）は現代語を対象としたものであるが、本書第4章でも述べたように、現代語の統語的複合動詞が古くは「語彙的」なレベルにとどまっており、歴史変化によって「統語的」なレベルへと展開する例は数多く見られる。したがって、こうした2種の区別が歴史的研究においてどのように位置づけられるべきか、ここであらためて考えてみる必要がある。
　本章では、具体的な事例として、現代語の統語的複合動詞「～まくる」を取り上げる。現代語における「～まくる」は、「継続」（影山1993：96）という意味にとどまらず、「〈いきおい〉のよさ」（宮島1972：236）、「うごきが休みなく、回数を重ね、激しく行わ

れることを示す」(城田 1998：146) など、ある程度の意味の広がりを持って非常によく用いられているからである。こうした「～まくる」の意味・用法については、以下に示すように、姫野 (1999：207-222) に詳しい記述がある。

(2) a. 対人行動：
    攻めまくる、おどしまくる、しごきまくる、押しまくる、どなりまくる、言いまくる、…
   b. 自己発散的行動：
    遊びまくる、騒ぎまくる、歌いまくる、書きまくる、稼ぎまくる、買いまくる、…
   c. 精神状態：
    焦りまくる、あわてまくる、怒りまくる、浮かれまくる、はまりまくる、照れまくる、…
   d. 運・不運の状態：
    (運が) つきまくる、(ギャグが) 受けまくる、ずれまくる、勝ちまくる、…
   e. 社会的現象：
    (魚が) とれまくる、売れまくる、目立ちまくる、(不況の嵐が) 吹きまくる、…

　姫野 (1999) では、「～まくる」の用法を上の (2) のように 5 つに分類したうえで、「「まくる」が結合する動詞は、人の行動に関する語がほとんどであり、特に多いのは対人行動と自己発散的行動に関する語である (p.217)」ことが、実例に基づいて指摘されている。また、(2c) 以下は、(2a) (2b) と比べて「新しい用法であろう (p.219)」とも述べられている。
　「～まくる」は、現代語の統語的複合動詞の代表的な形式であるといえるが、これまで歴史的観点から分析した研究は見られない。本章では、まずはこの「～まくる」という具体的な形式を観察・記述し、そのうえで複合動詞の歴史記述のあり方についても考えてみたい。

2.「～まくる」の文法化

2.1　中古・中世

　複合動詞「～まくる」を記述するにあたって、まずは本動詞の「まくる」の用法から見ていくこととする。本動詞の「まくる」は、以下に示すように中古からすでに存在する。

(3) a.　揎　衣出臂 曾天万久留　　　　　　（享和本新撰字鏡・77ウ）
　　b.　うへのきぬも、袖かいまくりて、よろとさし入れ、帯い
　　　　としたたかに結ひはてて　　　　　　（枕草子・63段）

「まくる」は、『日本国語大辞典』（小学館）などで「巻く」に関係する語と説明されるように、古代語においては主に「物の端を巻いて上にあげる」といった意味を表している。このような意味は近代語以降も引き続き用いられ、「腕まくりをする」といった用法は現代語にも残っている。
　中世以降になると、「まくる」は「巻き上げるように激しく追いたてる、追い散らす」といった意味で多く用いられるようになる*1。

(4) a.　汗馬東西ニ馳違、追ツ返ツ旌旗南北ニ開分レテ、巻ツ巻
　　　　ラレツ互ニ命ヲ惜マデ七八度マデ揉合タルニ
　　　　　　　　　　　　　　　　　　　　　　（太平記・巻26）
　　b.　周旋トハ、与虜ヲウツマクツツヒトイクサセント云義也
　　　　　　　　　　　　　　　　　　（四河入海・巻16ノ1・14オ）

(4a) は馬を駆りたてる様子、(4b) は人を追い散らす様子が描かれている。「まくっつまくられつ」「追うつまくっつ」のように、「…つ…つ」の並列用法の中でよく用いられる点が特徴的である。
　「まくる」は、中世後期頃から複合動詞の後項としても用いられるようになる。このとき、「激しく追い散らす」という原義を残している点は注目される。

(5) a. 寄手ハ小勢ナレドモ皆心ヲ一ニシテ、懸時ハ一度ニ颯ト懸テ敵ヲ<u>追マクリ</u>、引時ハ手負ヲ中ニ立テ静ニ引ク

(太平記・巻15)

b. 庭ニハ草ガ一ハイ有テ<u>雪</u>ヲ風ガ<u>吹マクツテ</u>寒テイゾ

(山谷抄・巻5・32オ)

c. 廷争ハ朝廷デ大ゼイノ臣下ト物ヲ云テアラソウ時ハタレデマリ<u>云マクラウズヤウナイゾ</u>　　(玉塵抄・巻12・86オ)

　(5a)の「追いまくる」のように、相手に対して激しく、一方的に動作がなされるさまを表す用法が、この時期では一般的である。また(5b)は、「雪を風が吹きまくる」といった格関係が表示されており、他動詞としての「まくる」の項構造が保たれていることが見てとれる。このような例に鑑みると、(5c)も単なる「盛んな様子」を表したものではなく、「相手に向かって追いたてんばかりの勢いで」という「まくる」の原義を残したものと見るべきであろう。このような「相手に向かって」という「まくる」の原義を残しているということは、前項動詞が「追う」「押す」のような「対人行動」を表す動詞に限られることからも裏付けられる*2。

　統語的複合動詞の後項として定着している現代語との相違は、「まくる」が複合動詞の前項としてもよく用いられるという点からも見てとれる。

(6) a. タカイ時ハ<u>マクリダイテ</u>可売ゾ。ヤスカラウ時ハ<u>マクリカケテ</u>買ベキゾ　　(史記抄・巻18・15ウ)

b. 折節東南ヨリ風ガ<u>マクリカケテ</u>吹ク也

(中華若木詩抄・巻上・4オ)

　(6)には抄物資料の例をいくつか挙げたが、いずれも相手に向かって「激しく、勢いよく」行う動作を表している。この他、日葡辞書には「捲り上ぐる」「捲り出だす」「捲り下ぐる」「捲り下ろす」「捲り落とす」「捲り立つる」といった語を見出すことができる。

　以上のように、中世後期頃から「まくる」は複合動詞後項として

も用いられるようになる。しかし、この頃の「まくる」は、本動詞としての用法、あるいは複合動詞前項としての用法も未だ残しており、複合動詞後項として用いられる場合も、その原義を色濃く残したものといえる。最後に、日葡辞書の「まくる」の項における記述を掲げておこう。

(7) Macuri, u, utta. マクリ、ル、ッタ（捲り、る、つた）ぐるぐる巻きながら剥ぐ、または、物をつかんで剥ぎめくる。¶ Yaneuo macuru.（屋根を捲る）屋根を剥ぎのける。¶ Vdeuo macuru.（腕を捲る）両腕の袖をまくり上げる。¶ Vôtçu macuttçu tatacŏ.（追うつ捲つつ戦ふ）敵を追い立てたり、後方へ取って返したりしながら戦う。¶ Ninjuuo macuritatçuru.（人数を捲り立つる）進撃戦とか遭遇戦とかの際に軍勢を追い立てて進む。¶ Ninjuuo macuri aguru.（人数を捲り上ぐる）軍勢を追い立てて山を進む、または山に登らせる、など。

(邦訳日葡辞書・p.377)

2.2 近世・近代、現代

それでは次に時代を下り、近世以降の様相について見ていきたいと思う。近世に入っても、複合動詞「～まくる」の用法は前代と変わらない。

(8) a. たわらをおろし、大臣柱の前におき、ばうをもつて<u>二度おいまくる</u>、三どめにあとへまはり、たわらをとりいだす
   （虎明本狂言・米市〈ト書〉）
   b. 親子が一世の別れ。命を捨る役目をいひ付。情らしい詞もなく。<u>呵まくって</u>追出せし　（源平布引滝1733・第2）
   c. なぶり殺しと止めの刀其間に大勢立かゝるを。薙ぎ立て〳〵<u>切まくり</u>　（夏祭浪花鑑1745・第9）
   d. もしや盗人でハ御座ませぬか。<u>追ひまくりましやうか</u>といへば　（笑の友1801・巻1・手前）

調査した資料は、狂言資料（虎明本、虎寛本、狂言記類）、岩波日本古典文学大系に収められる近世の諸資料、噺本大系、歌舞伎台帳集成である。用例はさほど多くなく、いずれも「相手に向かって激しく追いたてる」という意味で用いられている。たとえば（8a）は「二度追いまくる」となっており、「〜まくる」が「継続」の意味を表す現代語では用いられない言い方である。また、前接語を見ても、「追う」「叱る」「切る」のような、相手に向かう動作を表す動詞ばかりであり、したがって複合動詞としてはやはり「語彙的」レベルであるといえる*3。

　近代に入っても、明治期あたりまでは前接語に同種の制約が認められる。

(9) a. 髭先のはねあがりたる当世才子、高慢の鼻をつまみ眼鏡ゆゝしく、父母干渉の弊害を説まくりて御異見の口に封蝋付玉いしを　　　　　　　　　（幸田露伴・風流仏1889）
　　b. それ以上は耳もかさずに、関内は、刀を手にとび出し、その客たちを目がけ、左右に切りまくった
　　　　　　　　　　　　　　　　（ラフカディオ・ハーン・骨董1902）
　　c. このとき裏門を押し破ってはいった高見権右衛門は十文字槍をふるって、阿部の家来どもをつきまくって座敷に来た　　　　　　　　　　　　　　（森鴎外・阿部一族1913）

　上の（9）に示したように「切る」「突く」といったものが多く、「相手に向かって追い散らすように激しく〜する」といった意味で用いられている。特に（9b）は「左右に切りまくる」のであるから、相手を追い散らす様子を表していることがよく見てとれよう。
　「相手を追いたてる、追い散らす」といった意味が薄れるのは、大正期に入ってからのようである。

(10)a. 婆やは肥った身体をもみまくられた　（有島武郎・星座1918）
　　b. 戸外ではここを先途と嵐が荒れまくっていた
　　　　　　　　　　　　　　　　　　（有島武郎・生まれ出づる悩み1918）

c.　世界には嵐が吹きまくっている。思想の嵐が。

　　　　　　　　　　　　　　　　（武者小路実篤・友情1920）

　（10a）は「（体を）もむ」ということで、人が人へ働きかける動作ではあるが、「追う」「突く」のような「追い散らす」動作とは異なっている。さらに（10b）（10c）は非情物が主語となっており、「動作」ではなく「状況」について述べられたものである。

　したがって、「～まくる」が「統語的」レベルのものになったのは20世紀に入ってからのことと考えられ、相当新しい。また、後項「まくる」の意味変化は、相手を激しく追い散らす具体的な動作を表すものから、相手に向けての激しい動作を表すものへと抽象化し、さらにそのような激しさの「状況」を表すものへという方向で進んだものと見られる。したがって、姫野（1999：216-222）で示された意味の展開（「対人行動」から「状態・状況」へ）は、概ね正しいといえる*4。

　また、昭和期に入ると、「～して～して～しまくる」のような重複構文もしばしば見られるようになる（＝11b、11c）。

（11）a.　彼等は授業が終れば急に顔の筋肉がたるんで、それぞれ勝手放題のことをしゃべりまくるのである

　　　　　　　　　　　　　　　　（新田次郎・孤高の人1969）

　　　b.　そりゃ、初めの間は、蛸が脚をひろげるように、勝って勝って勝ちまくってみせる　（阿川弘之・山本五十六1965）

　　　c.　そしてなぐって、なぐって、なぐりまくった

　　　　　　　　　　　　　　　　（工藤精一郎訳・罪と罰1987）

　影山（1993）では、「飲みに飲む」のような「～ニ～」型の重複構文との共起が統語的複合動詞の指標の1つとされているが、こうした「～テ～テ～」型の重複構文にも、「ぬく」や「続ける」などの統語的複合動詞を形成する動詞が用いられる*5。ニ型（「飲みに飲みまくる」）だけでなくテ型（「飲んで飲んで飲みまくる」）でも「まくる」がよく用いられることは、「統語的」であるという性格を

反映したものといえるだろう。

3.「〜たくる」

　さて、前節では複合動詞「〜まくる」の歴史変化の過程について見てきたが、ここで注目されるのが「〜たくる」という複合動詞である。現代語において、たとえばブログのようなくだけた文章ではかなりの頻度で用いられており、意味・用法は「〜まくる」と等しいものと見られる。

(12) a.　娘3人がしぬほどわがままを言いたくり、母がそれにめげ、最終的に父が折れて年末にHDDレコーダーを購入
　　　　　　　　　　（http:// preiades.blog33.fc2.com/blog-entry＊＊＊）
　　b.　今日もパソコンをいじりたくってます〜！
　　　　　　　　　　（http://tag.rakuten.co.jp/tag/blog/＊＊＊）
　　c.　今日はずっと嬉しくて、焼き肉食べ放題に行って（笑）、お腹苦しい後も家で歌いたくりました
　　　　　　　　　　（http://rockleystill.blog＊＊＊）

　上に掲げた（12）の諸例は、いずれも共通語の「言いまくる」「いじりまくる」「歌いまくる」で置き換えられそうなものである。
　また、方言辞典を見てみると、以下に示すようにかなり広い地域で用いられていることが分かる。

(13)『日本方言大辞典』（小学館）「たくる」
　　　動詞の連用形に付いて、動作を猛烈な勢いで、あるいは繰り返し、また徹底的に行う意を表す。岩手県気仙郡「ぼったくる（追いまくる）」、静岡県志太郡「泣きたくる」、三重県度会郡、愛知県宝飯郡、名古屋市「相場もここが買い時と感じたので、買って買って買いたくった」滋賀県「やりたくる（し尽くす）」、和歌山県新宮、東牟婁郡、鳥取県西伯郡「笑いたくる」、徳島県「話したくる」、愛媛県、熊本県八代郡、鹿児

島県肝属郡「打ったくる」

　岩手から愛知・静岡、さらには和歌山・鳥取・徳島・鹿児島と全国各地にまたがっており、いわゆる地域方言とは異なった分布をしている。
　こうした現代語での使用状況をふまえ、今度は文献資料を使って中央語の歴史を見てみたいと思う。まず、室町末期の資料から次のような本動詞「たくる」が見られ始める。

(14)a.　落ちたが憎いと存て、ひつつかまへて、皮をきつう<u>たくつて</u>、わたくしが食べて御ざると云　　（天理本狂言・柑子）
　　b.　Tacuri, u, utta. タクリ、ル、ッタ（手繰り、る、つた）引っ張ったり、ぐるぐる巻いたりして取る。¶また、手から力ずくで奪う、あるいは、取り出す。
　　　　　　　　　　　　　　　　　　　　　　　（邦訳日葡辞書・p.600）
　　c.　何事か存ぜねども御堪忍とすがり付き箒を<u>たくれば</u>、荷物につけし鼻ねじ引ぬきかほも頭も割れてのけとつゞけ打にぞ打ったりける　　　　（堀川波鼓 1706・中）

　「たくる」が表す意味は、(14b)の日葡辞書の記述にあるように、「力ずくで奪う」といったものであると考えられる。(14a)(14c)ともに、相手から「柑子の皮」や「箒」を奪い取る動作が表現されている。
　「たくる」が複合動詞の後項として用いられる例は、近世期の資料から観察される。

(15)a.　文ねぢ<u>たくつて</u>ずんゞに引さきすて　　（本領曾我 1706）
　　b.　さらにしらはをばひあふてやうゞおとこも<u>ぎたくり</u>、手もとにをかじと力にまかせなぐるぬき身が一はづみ
　　　　　　　　　　　　　　　　　　　　　　　　　　（薩摩歌 1711）
　　c.　其上に此太刀ぬつくりと渡さふかと飛かゝつてひつ<u>たくる</u>　　　　　　　　　　　　　　　　　　　（艶狩剣本地 1714）

第14章　クル型複合動詞の史的展開　　233

(15)の諸例は、いずれも「奪い取る」という「たくる」の原義を残したものと見られる。(15a)は「ねじって奪い取る(むしりとる)」、(15b)は「無理やりもぎとる」といった意味であろう。(15c)の「ひったくる」は、現代共通語としても用いられている。

これが、以下に掲げる(16)では、「繰り返し」「激しく」といった意味で用いられており、「たくる」に備わっていた「奪い取る」という具体的な動作が捨象されている。

(16)a.　物はきながらむず〳〵としやつらを<u>ふみたくり</u>
　　　　　　　　　　　　　　　　　　　　　(慶長見聞集1614・巻4–9)
　　　b.　猫となつてね所へぐす〳〵とはひ入、爪を立てどこもかしこも<u>かいて〳〵かきたくり</u>、ひり〳〵させて我思ひ、一どははらし申さんと　　　　　　　　　(孕常盤1710)
　　　c.　それ見やあがれ、汝達つて出しやあがらねぇと、たゝツ殺して<u>ふんだくる</u>ぞ　　　　　　(船打込間白浪1866)

(16a)(16c)はいずれも「踏みたくる」の例であるが、現代共通語であれば「踏み(つけ)まくる」のように「〜まくる」が用いられそうなところである。(16b)は、「〜て〜て〜たくる」の例であり、やはり「〜まくる」との共通性が見られる(= 11b、11c)。

以上のように、「〜たくる」は、動作の「継続」「激しさ」を表すものとして近世期に成立したと考えられる。そしてこの語はある程度広く用いられたものと考えられ、現在でもブログや方言資料など口語を反映しているものには、その使用が認められるものとなっている*6。

4.「〜こくる」

近世期に「動作の激しさ」の意味を表す「〜たくる」が見られるということで思い出されるのが、「〜こくる」という複合動詞である。

(17) a. 傍若無人無極也……逐飛虫而人ヲツキコクツテトヲル也
　　　　　　　　　　　　　　　　　　　　（杜詩続翠抄・巻7・11オ）

　　b. 竹斎にいきあたりて、とんぼうがへりをせられしが、鼻を打て血がたれば、ぬりこくりかひで見て、ちくさいやつじやといひをつた　　　　　　　（竹斎はなし1672）

　　c. みの笠しほれし旅人一夜の宿と頼しを。非人か又は盗人の引入かと思ひ。たゝかぬ計にしかりこくつて追出した
　　　　　　　　　　　　　　　　　　　　　（日本振袖始1718）

　　d. ハテ、ありゃ去りこくってしまふて、われを女房にする。三千世界にわれ程可愛い者は無い　　（幼稚子敵討1753）

　(17a)に示すように抄物資料に用例が見られることから、古くは室町期から用いられていたようである。「傍若無人」さを表すエピソードとして、飛ぶ虫を追って人を「突きこくる」というわけであるから、「～こくる」は人に向かって激しい動作を行う様子を表しているものと見られる。

　近世期に至ると、(17b)から(17d)に示したように様々なジャンルの資料に用例が見られ、かなり広く用いられていたことが分かる。その意味については、『角川古語大辞典』において「徹底的に…する、手荒く…する」と記述されるとおり、「～まくる」「～たくる」のような「継続」というよりは、動作の「激しさ」が前面に現れているものと解釈される。

　複合動詞後項として用いられる以前の本動詞としての「こくる」は、中世鎌倉期から見られる。

(18) a. はぎのすねをこくる如何　　　　（名語記1275・巻8）

　　b. Cocuri, u, tta. コクリ、ル、ッタ（こくり、る、つた）強く摩擦する、あるいは、こする　　（邦訳日葡辞書・p.137）

　　c. いかなるむくりこくりがもと首でも、此の事触が太刀先にて、むくってこくって切りまくって
　　　　　　　　　　　　　　　　　　　　　（用明天王職人鑑1705・4）

表す意味は、(18b)にあるように「強くこする」あるいは「こすって取る」といったものであろう。このような具体的な動作が捨象され、「強く」「激しく」といった意味を残して複合動詞後項となったものが、「〜こくる」であると考えられる。

　「〜こくる」は、前節で見た「〜たくる」ほどではないが、現在方言にもいくらか残っている。

(19)『日本方言大辞典』(小学館)「こくる」
　　　動詞に付いて、その意味を強める。新潟県中頸城郡・西頸城郡「はりこくる」「しかりこくる」「むちゃくちゃに書っこくっとる」、長野県東筑摩郡「飲みこくる」、静岡県志太郡「やりこくる」

(19)の記述を見るかぎり、「しかりこくる」や「書きこくる」、「飲みこくる」「やりこくる」などの語があり、近世期の中央語同様、様々な動作動詞との結合を可能にしている。したがって、この「こくる」についてもやはり、「まくる」「たくる」と似たような変遷の過程を経て、生産的な複合形式へと発展を遂げたものと考えられる。

5．クル型動詞

　以上のように、これまで見てきた「まくる」「たくる」「こくる」は、動作を向ける相手があり、その相手に向かって強く、激しく働きかける動作を行うといった意味を表すところに、その共通性を見出すことができる。複合動詞の後項として用いられるうちに、「追い散らす」「奪い取る」「こすり取る」といった具体的な意味が薄れ、「繰り返し」「激しく」「徹底的に」といった意味へと抽象化することで、様々な動詞との結合を可能にした。ここに、文法的な形式へと変化した「文法化」の過程を見てとることができよう。

　このように、元の本動詞の意味は異なりながらも、きわめて類似した意味変化の方向性を示したことは、これらがいずれも「－クル」という形態を有することと無関係ではないと思う。ここで、こ

れまで見てきた「-クル」という共通の形態を有する複合動詞を、「クル型複合動詞」と呼ぶこととしよう*7。

そうすると、以下のような「泣きじゃくる」も「クル型複合動詞」に含まれようか。

(20) a. 「うんにゃ。」楢夫は<u>泣きじゃくり</u>ながら頭をふりました
 （宮沢賢治・ひかりの素足）
 b. その中に婆やが畳の上に握っていた碁石をばらりと撒くと、<u>泣きじゃくり</u>をしていた八っちゃんは急に泣きやんで （有島武郎・碁石を呑んだ八っちゃん）

上の (20) は、いずれも大正期の文学作品に見られる例である。

複合動詞を形成する以前の本動詞「しゃくる」であるが、これは「さくる」とつながるもので、平安末鎌倉初期には存している*8。

(21) a. 哽噎　ムセブ　サクル　ナク（観智院本類聚名義抄・佛中 51）
 b. いふままに<u>しゃくり</u>もよよと泣くを聞くに、いとかかること、思ふ人もあるよなりけりと　　（有明の別・2）
 c. 「いままでつれなくやみぬるかなしさよ」とて、<u>しゃくり</u>もあへず泣くめり　　　　　　　　　（撰集抄・9-8）

これと「泣く」とが複合したものが、「泣きじゃくる」である。上の (21) の諸例においても、すでに「泣く」との関連が示されている。

ただし、「しゃくる」はそもそも「息を吸い込むようにして泣く」ということであるから、「しゃくり泣く」の語もあるように（「ふさは顔を上げもせず、たゞあいあいと<u>しやくりなき</u>（心中重井筒1707・中)」)、「泣く」としか結びつかない。典型的な語彙的複合動詞であるから、その点においてこれまで見てきた「クル型」とは異なっている*9。

しかしながら、現代共通語で「たくる」は「<u>塗りたくる</u>」しか用いられず、「こくる」は「<u>黙りこくる</u>」しか用いられない。完全に

語彙化しているため、これと同じ"仲間"として「泣きじゃくる」を認めてもよいように思う。しかも、「泣きじゃくる」は、本来「しゃくりあげて泣く」ということであるから、すすり上げる様子であって「激しさ」を表すわけではない。(20a)は、その前に「するとだんだん泣きやんでつひにはたゞしくしく泣きじゃくるだけになりました」という文がある。(20b)も「すすり泣き」をしていたが泣きやんだ、という場面である。しかしながら、現在の「泣きじゃくる」は「継続的に」「激しく」泣く様子を表しているように思う。

(22) a. 朝青龍が泣きじゃくり、番組収録を中断
    (2009.12.12 SANSPO.COM)
   b. 駒野が泣きじゃくる…しかし松井、稲本らが抱きかかえて慰める (2010.6.30 2ちゃんねる)
   c. 「怖い、怖い」と泣きじゃくる園児ら。
    (2011.4.5 MSN産経ニュース)

(22)の諸例は、いずれも「すすり泣き」ではなく、「激しく」泣く様子を表したものであろう。「泣きじゃくる」のこのような意味は、「クル型」であるがゆえに生じたものではないかと考えられる。
　この他、富山県に「～さくる」という形式がある。

(23) a. 「ものすごい勢いで何かをする」ということ。寝さくる、食べさくるなんかは日常よく使います。「"～さくる"を富山弁辞典で探しサクッタけど載ってなかったわいね。」
    (ずっこけ富山弁辞典
    http://www.bea.hi-ho.ne.jp/cgi-bin/user/omizu/jiten.cgi)
   b. サクル　動詞の連用形に付いて「激しく…する」「…しまくる」などの語を作る。「言いサクル／食べサクル」
    (『日本のまんなか富山弁』北日本新聞社)

(23)は、いずれも地元の人による観察である。「ものすごい勢い

で」「激しく」という説明があり、やはり共通語の「～まくる」に相当することが見てとれる。『日本方言大辞典』（小学館）では、「たくる」の項にこの「さくる」の形式が挙がっているが、「たくる→さくる」の音変化の蓋然性は低いように思う。掘って穴をあける意の「さくる（抉）」が関係するかどうかなど、この語の由来については今後の課題とする。しかしいずれにしても、「勢いのよさ」を表す「クル型」の1つであることは疑いないといえよう。

6. クル型複合動詞の展開

　「～たくる」「～こくる」は文法的な形式となったものの、「塗りたくる」「黙りこくる」といった語の中にその姿をとどめるのみとなった。これは、新しく出来た「～まくる」が、「程度の甚だしさ」を表す「クル型」のいわば代表となり、結果的にこれらを駆逐したということになるのであろう（「塗りたくる」「黙りこくる」は、マイナスのニュアンスも帯びている）*10。それでも、「～たくる」は、口頭語の中では未だ勢力を保っている。共通語に存しないものは「方言」として記載されることになるのであろうが（＝13）、その分布は全国各地に亘っており、方言形というよりは「口頭語形」と見たほうがよいかもしれない。

　「激しさ」「程度の甚だしさ」を表す語彙として連想されるのが、副詞である。「とても」「すごく」「全然」「マジ」「すごい」「チョー」「めっちゃ」「ばり」「でら」「なまら」など、共通語的なものから方言的なものまで、挙げていくとキリがないほどである。このとき、「めっちゃ」などは方言形であろうか、それとも共通語における口頭語形であろうか。「程度強調を表す副詞」語彙は、方言語彙を取り込みながら、次々に新しい言い方を生みだしている。日常のコミュニケーションの中で、こうした「強調」の類の言い方は常に必要とされているのであろう。そうした需要の中で、「クル型」もそれぞれに展開していったものといえる。これらの副詞同様、「～まくる」をはじめとする「クル型」は、いずれもきわめて口頭語的な性格を有している。

「クル型」のような複合動詞群の発達は、日本語の語形成の特徴を示していると思う。動詞の複合という方法で、動作の強調・勢いのよさ・激しさなどを表そうとすることが、歴史上繰り返し起こっているわけである。もちろん、「クル型」以外にも、「まくした<u>てる</u>」「しゃべり<u>ちらす</u>」「ほめ<u>ちぎる</u>」「鳴き<u>しきる</u>」「言い<u>つのる</u>」など、そうした意味を表す複合動詞は数多く存する。そしてこのような語形成は、昨日今日始まったようなものではまったくない。青木（2010：263–281）において、日本語では動詞述語でできることはできるだけ動詞述語でやろうとしているのではないか、との仮説を述べた。副詞のような修飾句の力を借りずとも、動詞語形成で表しうる部分はできるだけ表そうとしているのではないか、ということである。「動詞＋動詞」の複合が歴史を通じてこれだけ生産的であるということは、そうした日本語の特徴を反映しているものと思う。

7. 歴史的観点から見た「統語的複合動詞」

　それでは最後に、本章で記述した具体的な事例をふまえ、歴史的観点から見た統語的複合動詞の位置づけについて考えてみたい。特に問題となるのは、影山（1993）における以下のような主張である。

(24) a.　語彙的複合動詞と統語的複合動詞の相違は形成される部門（語彙部門と統語部門）の差異であり、両者の区別は厳然として存在する（中間的なものは存在しない）。
　　 b.　日本語学で「補助動詞」と呼ばれているものは、大部分が統語的複合動詞のV2に相当するものの、完全に対応するわけではない。また、補助動詞を見分ける基準は明瞭とは言えないから、独立した範疇として補助動詞なるものを立てる根拠はない。

　まず、(24a) について検証してみよう。これについては、「クル

型」と呼んだ個々の形式が「語彙的」から「統語的」へ、あるいは逆に「統語的」から「語彙的」へと変化したことに鑑みると、理論上「中間的なもの」を設定すべきではないかと考えられる。

　実は、現代語研究においても、森山（1988：45–55）において語彙的と統語的の間にある「中間的なもの」が提案されたことがあった。統語的複合動詞の認定は、「そうする」や「られ」「させ」、サ変動詞などの統語的な成分を含むか否かのテストによるものであるが、「～尽くす」や「～きる」などテストが成り立たないものもあり（「*そうし尽くす」「??焼かれきる」）、これらを「中間的」としたわけである。しかしこれについては、影山（1993：93–94）で以下のように否定されている。

(25) テストの総てが十全に成立しないからといって、統語的と語彙的の中間が存在すると結論するのは短絡的である。統語規則が意味的あるいは語用論的条件によって左右されうることは広く知られており、森山の挙げる例は意味的な不整合として処理することができる。たとえば「尽くす」は定（definite）の目的語を補文に要求するため、漠然とした内容を指す「そう」は不適合になる。「それをし尽くす」とすれば問題は解消される。

　こうした議論に拠ると、歴史上のどの段階においても共時的観点から分析すれば、必ず「語彙的」か「統語的」かに帰属されることとなる。たとえば現代語の「～出す」のようなものは、同じ形式であっても、ある場合は「語彙的」、ある場合は「統語的」と記述されることになる。

(26) a.　彼ハソノ虫ヲ箱カラツマミ出シタ
　　 b.　虎ガ檻カラ逃ゲ出シタ
　　 c.　赤ン坊ガ泣キダシタ

(26) は寺村（1984：169）に挙げられる例であるが、影山

（1993：94-95）のテストに拠れば（26c）だけが統語的、（26a）（26b）は語彙的ということになる。

　しかしながら、このように異なる用法が共存するという状況は、歴史的所産の上に成り立ったものである。百留（2002）によると、（26c）のような「統語的」なものの例は、「語彙的」なものよりも時代が下ってから見られるという。また「クル型」の場合、現在「〜まくる」は「統語的」、「〜たくる」「〜こくる」「〜しゃくる」は「語彙的」に固定しているが、ある時代にいきなりチャンネルが切り替わるわけでなく、現代語の「〜出す」のように両用法が共存した時代もあったはずである。したがって、歴史的観点からは「語彙的」と「統語的」の両者はやはり連続的と見るべきであると思う。

　ここであらためて、統語的複合動詞とは何であるかを考えてみると、先に見たように、「そうする」や受身形などの統語的な成分（＝句）を含むものであった。複合語たる複合動詞において、語以上のものを含むか含まないかを問題にしているわけである。しかもこれは、テストによってしか検証できないわけであるから、過去の時代の言語を対象とすることはできない。「〜まくる」がいつ「統語的」になったのかは、確かめようがないのである。

　このように見てくると、歴史研究にとって、統語的複合動詞というカテゴリーに拘る必要はもはや無いものと考えられる。これはテストを用いて検証することができないという技術上の問題よりもむしろ、複合動詞の歴史において何を記述すべきかという問題である。これまでの研究においても、いわゆる補助動詞化については、後項動詞における「意味の抽象化」「脱範疇化」などの形で様々に報告されてきた。本書第4章においても、前項動詞の選択制限などの観点も併せて、複合動詞の文法化の問題として記述してきた。その中にあって、前項動詞に語以上のものを取れるか取れないかという観点は、後項動詞が文法的かどうか（文法化を果たしているかどうか）の指標とはならない。姫野（1999：18）でも述べられるように、補助動詞の中から「さらに選別されたもの」と見るべきであると考えられる。

　しかしそうすると、今度は補助動詞の認定が問題となる。（24b）

を否定するのであれば、補助動詞を「見分ける基準」が求められるだろう。影山（1993）の分析はこのような問題に突き当たるのであるが、本書第13章で示したような歴史的研究の成果等を承けて、影山（2013）では大きな修正が加えられた。すなわち、「語彙的複合動詞」の中に、「縫いあげる」「寝こむ」「降りしきる」など広く「事象の展開の仕方」を表す「アスペクト複合動詞」があることが認められたのである。後項動詞V2は項構造や格支配の力を失い、補助的な機能動詞になっているというわけであるから、これはまさに「補助動詞」そのものである。本書第13章では、これを「補助的動詞」と呼んでおいた。「ている」「てやる」などの「テ形補助動詞」と区別するためである。そして、この「アスペクト複合動詞」は、語彙的複合動詞と統語的複合動詞との「間を取り持つように両者の中間に位置し」、これらの「相互の連続性」を示していると述べられている。こうした記述は、歴史的観点から見た、変化の過程の記述とも符合する。現代語研究と歴史的研究の対話を通じ、ここにおいて、複合動詞研究は大きく進展したといえるだろう*11。

---

*1　現代語において、競輪などで用いられる「まくり」（外側から激しく追い込む走法）は、この意味の延長上にあるものであろう。
*2　今回調査した範囲において、「～まくる」の前項動詞は、「追う」「言う」「押す」「吹く」くらいしか見当たらなかった。
　「風が雪を吹きまくる」のような例は「対人行動」ではないが、自然現象を表す文が、動作主を主語にとるいわゆる他動性を有した文となりうることについては、本書第11章で述べた。
*3　近世の資料について、上方と江戸を分けることは特に行なっていないが、顕著な差異は見られないようである。
*4　ただし、姫野（1999）で「精神状態」「運・不運の状態」「社会的現象」の3つに分けられる用法（2c～2e）は、歴史的観点から見ても、「状況・状態」を表すものとして一括りにしてよいように思う。
*5　青木（2010：263-281）参照。
*6　日野（未公刊）には、インターネットの複数のサイトで見られた用例として、「焦りたくる」「余りたくる」「（雨が）降りたくる」などが挙げられている。これらは動作動詞ではないので、この記述に従うならば、「～たくる」は「～まくる」同様、「状況・状態」についても使える語であるということになる。

*7　小松（1981：78-85）では、「よじる」「やじる」「ほじる」「なじる」「いじる」「かじる」「アジる」といった、「－ジル」という形態を有する動詞群を「ジル型動詞」と呼び、「どれ一つとして紳士淑女に似つかわしいものがない」「いわば、いやらしい動作・行為の表現」であると述べている。「じる」の「じ」の音がもつ濁音という属性、そして濁音がもつ属性のひとつである「いやらしさが、この場合には選択的に強調されることになった」と言う。ダ行からザ行に変わったものや外来語など様々なものを含みながら、「－ジル」という共通の形態を持つがゆえに同じ"仲間"になったというわけである。「まくる」「たくる」「こくる」が「－クル」という共通の形態を有するがゆえに、素性は異なりながらも共通の意味を表すようになったことは、これとよく似ていよう。「クル型」の命名は、この「ジル型」を敷衍したものである。

ただし「ジル型」の場合、「閉じる」「恥じる」のような「いやらしさ」を含まない語についても、「はみ出した」存在としての説明を可能にしている。これに対し、「クル型」は、「つくる（作）」「おくる（送）」「めくる」など、同じ"仲間"と認められない語も多数存在する。その点、「ジル型」のような汎用性は持たないが、これは濁音ほどの有標性は持ち得なかったということであろう。

*8　ただし、「さくる」という動詞形よりも「さくり」という形の方が、文献に現れる例は早い。

・歔欷　二合涕泣皃 泣餘声也 悲也 左久利　　　（享和本新撰字鏡・80ウ）
・いらへもせで、さくりもよよに泣く　　　　　　（蜻蛉日記・中）

*9　「泣きじゃくる」は連濁を起こしている点も注目される。通常の複合動詞は連濁しないため、語彙化したものの典型であると見られる。「生け捕る」「飽き足る」「連れ添う」など、連濁した「複合動詞」の詳細な記述については、別稿に譲る。

*10　「むやみに、べたべたと塗る」などの意味で近世以降の文献に見られる「ぬたくる」は、「塗りたくる」の転かと思われる。

・隣りのおよしおたにんも、向のおいわお竹まで、とり〴〵化粧ぬたくりて　　　　　　　　　　　　　　　　　　　　　（艶道通鑑1719・巻3-18）

しかしその一方で、「うねうねと進む、はい回る」から転じて「下手な字などをうねうねと書く」といった意味を表すとされる「のたくる」もある。

・かくと申程な事では御ざらぬが、みみずののたくつたやうな事や、とりのふんだあし跡のやうな事を致て　　　　　（虎明本狂言・腹不立）
・一流を書出すのじゃとのたくつて
　　　　　　　　　　　　　　　　　（唐子おどり 1704-16頃：日本国語大辞典）

このように見てくると、文献資料や現在方言に見られる「字や絵を下手に、乱暴に書く」といった意味を表す「ぬたくる」を、「塗りたくる」に由来するものか「のたくる」に由来するものかを決めることは難しい。

・遊ぶ金がほしさに、ただ出鱈目にカンヴァスに絵具をぬたくって
　　　　　　　　　　　　　　　　　　　　　　　　（太宰治・斜陽1947）

*11　青木（2013c）ではさらに、この影山（2013）を承けた分析を示した。

終章
まとめと今後の課題

　以下、本書で述べ来った内容をまとめておく。
　第1章は、本書の序論にあたるものである。形式名詞が機能語化するケースとして、接続節末における接続助詞、主節末における助動詞の2つがあることを示し、このとき、名詞を修飾する連体節が脱範疇化を起こすことを述べた。名詞句を形成する節の脱範疇化現象が、接続部と文末述部において同じように見られること、これは本書第1章から第9章までの一貫したテーマである。
　第2章では、述部における連体節の脱範疇化とそれに伴う助動詞の文法化として、近代語における「げな」の成立について記述した。そして、同じような文法化の過程を辿った語として、「さうな」「ようだ」「らしい」があることを指摘した。このとき、「連用形＋げなり／さうなり」「体言＋らしい」のように、文法語としての歴史変化に接辞の段階があったことは重要で、次章の「句の包摂」の分析へとつながってゆく。
　第3章では、1章・2章の分析を承け、歴史的観点から見た「用言句の包摂」現象について俯瞰的に記述した。「語」が「句」を包摂するという見方に拠ると、その場合の文法語は接辞ということになる。そうした接辞から語へ拡張するものもあれば、語から接辞へと収縮するものもあり、語彙と文法の連続性がうかがえ非常に興味深い。また、こうした「句への拡張」が、やはり述部と接続部で同じように起こるという点も重要である。
　第4章では、「文法化」の観点から、複合動詞「～きる」、助動詞「げな」の歴史変化について整理した。文法化を果たした「きる」は、さらに一部の方言では「可能」の意味へと展開する。こちらは「主観化」に沿うものであるが、「げな」は「推量」から「伝聞」へと客観的な表現へ変化し、さらに一部の方言では、とりたて助詞へ

245

という統語位置の変化も起こっている。変化の「一方向性仮説」を検証する上で、重要な事例であるといえよう。

　第5章から第8章は、準体句の歴史的変化を扱ったものである。まず、第5章では、述語の項という、名詞性が高い場所で準体助詞「の」が発生する過程を記述した。準体句は、〈モノ〉〈ヒト〉を表す関係節タイプと〈コト〉を表す名詞節タイプに分けられるが、「の」は代名詞が文法化したもので、前者から後者へ拡張する形で発達したことを述べた。「の」の発達が準体句を衰退させたとする見方が、本章の主張の重要な点である。

　第6章では、コピュラの「なり」を伴って述部で用いられる準体句、いわゆる「連体なり」文が、「のだ」文へと展開する過程について記述した。近世期では、「φだ／のだ」「φだろう／のだろう」の間で形態と意味が対応をなしていないが、「事情」「実情」などの意味は、「名詞句＋コピュラ」の形が生みだす構文的意味である。述部における節の構造変化の分析をふまえ、名詞句としての構造を保つところに「の」が用いられることを述べた。

　第7章では、接続部における準体助詞「の」の発達について、特に接続助詞「のに」に注目して記述した。「の」の発生の動機は名詞性の保証といえるが、その発達の様相は名詞性という観点からだけでは説明できない。脱範疇化を起こした、「のだ」「のに」などの形式の成立が重要な契機であったことを示した。文法変化は、発生、発達、定着といった、いくつかの段階に分けて捉えるべきというのも、本章における重要な主張の1つである。

　第8章では、接続部の中でも特に、条件節における「の」について記述した。条件節では「φなら」と「のなら」の間に、現代でも大きな差が見られないことが特徴的である。「のだ」「のだろう」「のに」「のなら」といった、助動詞・接続助詞の中に「の」を含む形式が有する「既定性」「承前性」といった意味について確認し、歴史的観点から統一的な説明を与えた。

　第9章では、終止形と連体形が合流するという現象について、連体形が文終止に立つようになるという観点から記述した。古代語では名詞節としての準体句を文末に置くことで喚体文が形成されるが、

その置かれた位置のために述語句へと再分析されることを、8章までの記述をふまえて示した。ただし、活用語そのものが名詞から述語へ再分析されることは通常は認められないため、この変化の契機として係り結び文を想定した。

第10章では、第5章を承け、補文を構成する「こと」の機能について考察した。石垣法則を手がかりに、あらためて主語となる場合の「準体句」と「コト名詞句」について比較し、前者のみ、主節述語に［状態性＋］という制限が見られることを示した。「準体句」と「ノ句」は直接つながっており、「コト句」はこれらとは異なるという点も、本書の重要な主張の1つである。

第11章では、第10章を承け、〈コト〉を意味する名詞句が他動文の主語となる場合について、通時的観点から考察した。これは結果的に、「非情の受身」を裏側から考察したものになっている。主語名詞句が「原因」という意味役割をもつタイプの他動文は古代日本語にも見られるが、資料的にも意味的にも偏っていた。これが近代の欧文翻訳を契機として、用法を拡大させたことを示した。文体史的観点からも興味深い材料を提示していよう。

第12章では、上代語資料に見られる「ミ語法」について、複文における従属節研究の一環として考察した。「…を〜み」の形をとることから、「を」は対格の格助詞、「〜み」は他動詞相当の述語、という解釈が一般的であったが、「…を」は対象語、「〜み」は形容詞述語、とする新しい解釈を示した。感情形容詞構文相当と見ることで、意味の面からも『万葉集』という和歌資料で多用されることへの合理的な説明を与えた。

第13章では、複合動詞の歴史的変化について、俯瞰的に記述した。古代語における「動詞連用形＋動詞」は、「統語的」な関係で結びついており、これは動詞連用形の機能の広さに由来する。中世室町期頃を境に、「語彙的」な関係で結びつくようになり、したがって、統語的な関係を示す場合は「テ形」へとシフトするようになったことを述べた。

第14章では、「〜まくる」などの「クル型動詞」の展開を記述し、これを手がかりとして、歴史的観点から「統語的複合動詞」という

概念を再検証した。第4章・第13章の内容をもふまえると、「語彙的」と「統語的」は連続的であると考えざるをえず、また、複合動詞の歴史変化を論じるには「統語的動詞」よりも「補助的動詞」の方が有効であることを述べた。歴史的研究からの提言によって、研究史が動いた事例であることも示しえたように思う。

　今後の課題としては、関連する研究成果を十分に取り入れられなかった点がまず挙げられる。名詞句の脱範疇化やそれに伴う助動詞の文法化は、他言語でも様々に見られるようで、たとえば最近の日本言語学会ではこうした興味深い発表を聞く機会が多い（ネワール語、ラワン語、ニヴフ語、ブリヤート語など）。他言語との比較対照という観点、あるいは類型論的観点から多くの知見が得られることは、定延利之編『日本語学と通言語的研究との対話―テンス・アスペクト・ムード研究を通して―』（くろしお出版、2014年）、藤田耕司・西村義樹編『日英対照・文法と語彙への統合的アプローチ―生成文法・認知言語学と日本語学―』（開拓社、2016年）などを繙くだけでも明らかである。今後はこうした成果にも目を向け、自身の研究に積極的に取り込んでいきたい。

　これは、文法化研究に対しても同様である。筆者は、英語を中心とした「文法化理論」に対しては、いわば一歩引いた所から眺めてきたわけであるが、文法化研究それ自体も発展してきている。語用論や認知言語学だけでなく、生成文法からのアプローチも見られるようであるし、さらには「語彙化」との関連にとどまらず、構文文法研究の高まりを受けて、「構文化」との関係も議論されるに至っている。一方で、小柳智一「機能語生産―文法変化の種類Ⅰ―」（『国語研究』76、2013年）、「文法制度化―文法変化の種類Ⅱ―」（『聖心女子大学論叢』121、2013年）をはじめとする小柳氏の一連の論考において、日本語の側から「文法化」に対してどのように向き合うべきか、ひいては文法変化をどのように記述すべきかといった、傾聴すべき提言がなされている。これらをふまえ、あらためて正面から「文法化」に向き合う時が来ているように思う。

　その一方で、「他人の褌で相撲を取る」ことを固く戒められてき

たことが思い出される。理論化を目指すのは結構なことであるが、用例は自らの手で蒐集し、慎重な吟味を経た上で使用しなければならない、というものである。もちろん、基礎的な研究が進んだ今日にあって、一から用例を探す必要はなくなってきているのであるが、先学のそうした鋭利な眼差しは忘れてはならないだろう。今回の立論にあたっては、たとえば準体助詞「の」の問題に関しては、湯沢（1929、1936）、土屋（2009）、鶴橋（2013）をはじめとする、近代語研究の礎を築いてきた成果に多くを負っているが、解釈を取ったら何も残らないのではないか、一般化して述べることで本当に歴史的研究は進んだといえるのか、といった批判は甘んじて受け入れたいと思う。文献学（フィロロジー）をふまえないところに歴史的研究は成り立たない。この点を自覚的に実践していくことを、今後の重要な課題の1つとして挙げておきたいと思う。

　この他にも、本書では「名詞」に注目したとは言っても、そこで扱ったものはごく一部の現象にすぎない。現代語では、たとえば西山佑司『日本語名詞句の意味論と語用論―指示的名詞句と非指示的名詞句―』（ひつじ書房、2003年）、丹羽哲也『日本語の題目文』（和泉書院、2006年）、大島資生『日本語連体修飾節構造の研究』（ひつじ書房、2010年）、新屋映子『日本語の名詞指向性の研究』（ひつじ書房、2014年）など、興味深い研究が次々に産み出されている。こうした成果を歴史的研究に反映できるよう、今後考察の幅を広げていきたい。また、形式名詞の文法化に関しても、本書で排除した「だけ」「きり」のような副助詞化する形式もあれば（宮地1997など）、コピュラを伴って助動詞化する形式も数多くある（井島1998など）し、両者を統合的に考察する視座もあろう。歴史統語論的研究の可能性は、限りなく広がっている。

参考文献

青木博史（2010）『語形成から見た日本語文法史』ひつじ書房.
青木博史（2012）「異言語接触と日本語文法史」『文献探究』50: pp.72–86, 文献探究の会.
青木博史（2013a）「日本語文法史研究の射程」『国語研プロジェクトレビュー』4–2: pp.82–88, 国立国語研究所.
青木博史（2013b）「文法史研究の方法―複合動詞を例として―」『日本語学』32–12: pp.56–68, 明治書院.
青木博史（2013c）「複合動詞の歴史的変化」『複合動詞研究の最先端―謎の解明に向けて』影山太郎編, pp.215–241, ひつじ書房.
青木博史（2015）「接続部における準体助詞「の」―「のなら」の成立―」シンポジウム「日本語条件文の諸相―地理的変異と歴史的変遷―」（文京シビックホール, 2015年1月11日）発表資料.
青木博史（2016a）「日本語文法史の再構をめざして―「二段活用の一段化」を例に―」『日本語史叙述の方法』大木一夫ほか編, pp.169–185, ひつじ書房.
青木博史（2016b）「文献国語史の研究動向と方言研究との接点」『方言の研究2』日本方言研究会編, pp.117–130, ひつじ書房.
青木博史（2016c）「文法史の名著：関一雄著『国語複合動詞の研究』」『日本語文法史研究3』青木博史ほか編, pp.267–278, ひつじ書房.
青木伶子（1956）「書評　石垣謙二著「助詞の歴史的研究」」『国語と国文学』33–6: pp.64–67, 東京大学国語国文学会.
秋元実治（2002, 増補版2014）『文法化とイディオム化』ひつじ書房.
阿部裕（2011）「上代日本語の動詞連接「トリ－」について―複合動詞の存否を中心に―」『Nagoya Linguistics』5: pp.1–14, 名古屋言語研究会.
天野みどり（2011）『日本語構文の意味と類推拡張』笠間書院.
天野みどり（2014）「接続助詞的な「のが」の節の文」『日本語複文構文の研究』益岡隆志ほか編, pp.25–54, ひつじ書房.
池上尚（2013）「接尾辞－クサシ再考―古代・近代の使用状況から―」『早稲田大学大学院教育学研究科紀要 別冊』21: pp.25–38.
伊坂淳一（2000）「中古和文の使役文について」『千葉大学教育学部研究紀要 Ⅱ　人文・社会科学編』48: pp.1–7.
石垣謙二（1955）『助詞の歴史的研究』岩波書店.
井島正博（1998）「形式名詞述語文の多層的分析」『成蹊大学一般研究報告』30–2: pp.1–93.
出雲朝子（1985）「「はさみこみ」について―文法史的考察―」『国語学』143: pp.14–26, 国語学会.

一色舞子（2016）「日本語の「-おく」の歴史的変遷」『日本語文法史研究3』青木博史ほか編，pp.213–240，ひつじ書房．

井上和子（1976）『変形文法と日本語』大修館書店．

岩崎真梨子（2014）「「-くさい」の史的変遷―近現代を中心に―」第317回近代語研究会発表資料．

ウェスリー・M・ヤコブセン（1989）「他動性とプロトタイプ論」『日本語学の新展開』久野暲・柴谷方良編，pp.213–248，くろしお出版．

上野和昭（2011）『平曲譜本による近世京都アクセントの史的研究』早稲田大学出版部．

内田賢徳（1999）「人麻呂歌集のミ語法」『声と文字　上代文学へのアプローチ』稲岡耕二編，pp.157–171，塙書房．

恵村奈都美（未公刊）『接頭辞の歴史的研究』2013年度九州大学大学院人文科学府修士論文．

大鹿薫久（2004）「モダリティを文法史的に見る」『朝倉日本語講座6　文法Ⅱ』尾上圭介編，pp.193–214，朝倉書店．

大島資生（1996）「補文構造にあらわれる『こと』と『の』について」『東京大学留学生センター紀要』6: pp.47–69．

大野晋（1993）『係り結びの研究』岩波書店．

大秦一浩（2001）「上代形容詞連用形の一側面―萬葉集においてミ語法との関係から―」『京都大学国文学論叢』6: pp.1–20，京都大学大学院文学研究科国語学国文学研究室．

岡部嘉幸（2000）「江戸語における終止形承接のソウダについて」『国語と国文学』77–9: pp.43–55，東京大学国語国文学会．

岡部嘉幸（2002）「江戸語におけるソウダとヨウダ―推定表現の場合を中心に―」『国語と国文学』79–10: pp.58–72，東京大学国語国文学会．

小川栄一（1988）「連体形終止表現の本質―前提の提示―」『福井大学国語国文学』27: pp.25–35．

沖森卓也（1990）「古典語の複合動詞」『別冊国文学 古典文法必携』，pp.55–63，学燈社．

奥津敬一郎（1974）『生成日本文法論：名詞句の構造』大修館書店．

小田勝（2006）『古代語構文の研究』おうふう．

小田勝（2015a）『実例詳解 古典文法総覧』和泉書院．

小田勝（2015b）「古代語の品詞はどう捉えられるか」『日本語文法』15–2: pp.3–16，日本語文法学会．

尾上圭介（1982）「文の基本構成・史的展開」『講座日本語学2 文法史』pp.1–19，明治書院．

尾上圭介（2001）『文法と意味Ⅰ』くろしお出版．

尾上圭介編（2004）『朝倉日本語講座6　文法Ⅱ』朝倉書店．

影山太郎（1993）『文法と語形成』ひつじ書房．

影山太郎（1996）『動詞意味論：言語と認知の接点』くろしお出版．

影山太郎（2013）「語彙的複合動詞の新体系」『複合動詞研究の最先端―謎の解明に向けて―』影山太郎編，pp.3–46，ひつじ書房．

勝又隆（2009）「語順から見た強調構文としての上代「-ゾ-連体形」文につ

いて」『日本語の研究』5-3: pp.80-95, 日本語学会.
勝又隆（2014）「古代日本語におけるモノナリ文と連体ナリ文の構造的差異について」『西日本国語国文学』1: pp.58-71, 西日本国語国文学会.
上村孝二（1968）「南九州方言文法概説－助動詞・助詞－」『国語国文薩摩路』12: pp.11-21, 鹿児島大学.
かめいたかし（1970）「中華若木詩抄の寛永版について－とくに言語資料としてのその個性の一面－」『方言研究年報』13: pp.1-20, 広島方言研究所.
川端善明（2004）「文法と意味」『朝倉日本語講座6　文法Ⅱ』尾上圭介編, pp.58-80, 朝倉書店.
神部宏泰（1992）「九州方言における可能表現法－形式の隆替と表現特性－」『九州方言の表現論的研究』pp.301-324, 和泉書院.
菊田千春（2011）「複合動詞テミルの非意志的用法の成立－語用論的強化の観点から－」『日本語文法』11-2: pp.43-59, 日本語文法学会.
北原保雄（1981）『日本語助動詞の研究』大修館書店.
北原保雄（1996）『表現文法の方法』大修館書店.
衣畑智秀（2001）「いわゆる逆接を表すノニについて－語用論的意味の語彙化－」『待兼山論叢 文学編』35: pp.19-34, 大阪大学大学院文学研究科.
木下正俊（1975）「ミ語法私按」『国文学』52: pp.143-155, 関西大学国文学会.
京極興一（1965）「終止形による条件表現－「平家物語」を中心として－」『成蹊大学文学部紀要』1: pp.29-35.
金水敏（1991）「受動文の歴史についての一考察」『国語学』164: pp.1-14, 国語学会.
金水敏（1993a）「受動文の固有・非固有性について」『近代語研究 第九集』pp.473-508, 武蔵野書院.
金水敏（1993b）「古典語の「ヲ」について」『日本語の格をめぐって』仁田義雄編, pp.191-224, くろしお出版.
金水敏（1995）「日本語史からみた助詞」『月刊言語』24-11: pp.78-84, 大修館書店.
金水敏（2003）「所有表現の歴史的変化」『月刊言語』32-11: pp.38-44, 大修館書店.
金水敏（2004）「日本語の敬語の歴史と文法化」『月刊言語』33-4: pp.34-41, 大修館書店.
金水敏（2006）『日本語存在表現の歴史』ひつじ書房.
金水敏（2011）「第3章 統語論」『シリーズ日本語史3 文法史』pp.77-166, 岩波書店.
金田一春彦（1953a）「不変化助動詞の本質（上）（下）－主観的表現と客観的表現の別について－」『国語国文』22-2: pp.67-84, 22-3: pp.149-169, 京都大学国語学国文学研究室.
金田一春彦（1953b）「国語アクセント史の研究が何に役立つか」『金田一博士古稀記念言語民俗論叢』pp.329-354, 三省堂.
久島茂（1989）「連体形終止法の意味するもの－係り結びの意味構造とその崩壊－」『静大国文』34: pp.36-47, 静岡大学人文学部国文談話会.

工藤真由美（1985）「ノ，コトの使い分けと動詞の種類」『国文学解釈と鑑賞』50-3: pp.45-52，至文堂．
久野暲（1973）『日本文法研究』大修館書店．
久保薗愛（2011）「中央語と鹿児島方言における「動詞連用形＋サマニ」の史的展開」『語文研究』112: pp.61-77，九州大学国語国文学会．
黒木邦彦（2010）「名詞節と主節の連続性―焦点作用域が拡張された節の観察を通して―」第35回関西言語学会ワークショップ「日本語における名詞節の脱範疇化」発表資料．
黒田成幸（2005）『日本語から見た生成文法』岩波書店．
小池清治（1967）「連体形終止法の表現効果―今昔物語集・源氏物語を中心に―」『言語と文芸』54: pp.12-21，東京教育大学国語国文学会．
此島正年（1966，増訂版1973）『国語助詞の研究　助詞史素描』桜楓社．
此島正年（1973）『国語助動詞の研究　体系と歴史』桜楓社．
小林賢次（1996）『日本語条件表現史の研究』ひつじ書房．
小林千草（1994）『中世のことばと資料』武蔵野書院．
小松英雄（1981）『日本語の世界7　日本語の音韻』中央公論社．
小柳智一（2013）「言語変化の段階と要因」『学芸国語国文学』45: pp.14-25，東京学芸大学国語国文学会．
小柳智一（2014）「「主観」という用語―文法変化の方向に関連して―」『日本語文法史研究2』青木博史ほか編，pp.195-219，ひつじ書房．
近藤泰弘（2000）『日本語記述文法の理論』ひつじ書房．
近藤要司（1990）「上代における助詞カ（モ）について」『四国女子大学紀要』10-1: pp.123-138．
佐伯梅友（1953）「はさみこみ」『国語国文』22-1: pp.62-66，京都大学国語学国文学研究室．
坂井美日（2015）「上方語における準体の歴史的変化」『日本語の研究』11-3: pp.32-50，日本語学会．
坂井美日（2016）「上方語における分裂文の歴史的変化」『日本語文法史研究3』青木博史ほか編，pp.131-153，ひつじ書房．
阪倉篤義（1966）『語構成の研究』角川書店．
阪倉篤義（1970）「「開いた表現」から「閉じた表現」へ―国語史のあり方試論―」『国語と国文学』47-10: pp.22-35，東京大学国語国文学会．
阪倉篤義（1993）『日本語表現の流れ』岩波書店．
坂梨隆三（2006）『近世語法研究』武蔵野書院．
佐佐木隆（1992）「上代語における「－か－は－」の構文」『国語国文』61-5: pp.17-33，京都大学国語学国文学研究室．
佐治圭三（1993）「『の』の本質―『こと』『もの』との対比から―」『日本語学』12-11: pp.26-33，明治書院．
佐田智明（1972）「中世末期の「サウナ」について」『北九州大学開学二十五周年記念論文集』pp.107-123．
佐藤順彦（2009）「前期上方語のノデアロウ・モノデアロウ・デアロウ」『日本語文法』9-1: pp.20-36，日本語文法学会．
佐藤順彦（2011）「後期上方語におけるノデアロウの発達」『日本語文法』11-

1: pp.3–19，日本語文法学会．
重見一行（1994）『助詞の構文機能研究』和泉書院．
信太知子（1970）「断定の助動詞の活用語承接について―連体形準体法の消滅を背景として―」『国語学』82: pp.29–41，国語学会．
信太知子（1976）「準体助詞「の」の活用語承接について―連体形準体法の消滅との関連―」『立正女子大国文』5: pp.16–25．
信太知子（1987）「『天草本平家物語』における連体形準体法について―『覚一本』との比較を中心に消滅過程の検討など―」『近代語研究 第七集』pp.121–139，武蔵野書院．
信太知子（1995）「近世後期の連体形準体法―上方洒落本を中心に―」『神女大国文』6: pp.66–82，神戸女子大学国文学会．
信太知子（1996）「古代語連体形の構成する句の特質―準体句を中心に句相互の関連性について―」『神女大国文』7: pp.172–189，神戸女子大学国文学会．
信太知子（2002）「句を構成する用言よりみた連体形準体法―古代語と現代語を対照させながら―」『神女大国文』13: pp.79–92，神戸女子大学国文学会．
信太知子（2004）「古代語における「といふ」型名詞節について―付「絶えむの心」―」『神女大国文』15: pp.99–108，神戸女子大学国文学会．
信太知子（2007）「古代語終止形の機能―終止連体形同形化と関連させて―」『神女大国文』18: pp.1–16，神戸女子大学国文学会．
渋谷勝己（1993）「日本語可能表現の諸相と発展」『大阪大学文学部紀要』33–1．
渋谷勝己（2005）「日本語可能形式にみる文法化の諸相」『日本語の研究』1–3: pp.32–46，日本語学会．
寿岳章子（1954）「接頭辞「こ」のもつ問題」『人文（西京大学学術報告）』4: pp.133–143，京都府立大学．
城田俊（1998）『日本語形態論』ひつじ書房．
新屋映子（1989）「"文末名詞"について」『国語学』159: pp.75–88，国語学会．
菅由美子（2004）「近世期資料にみる「はず」のモダリティ化」『日本語文法』4–2: pp.186–201，日本語文法学会．
鈴木庸子（2002）「「そうだ」の意味―「そうだ」以前「そうな」の時代　天草版「平家物語」を中心に―」『甲南大学紀要（文学編）』123: pp.58–69．
関一雄（1977）『国語複合動詞の研究』笠間書院．
関一雄（1993）『平安時代和文語の研究』笠間書院．
関谷浩（1971）「「ただあきに」の構成について―「ただ」は、はたして副詞か―」『国語研究』31: pp.25–33，国学院大学国語研究会．
仙波光明（1972）「終止連体形接続の「げな」と「さうな」」『佐伯梅友博士喜寿記念国語学論集』pp.513–535，表現社．
田上稔（1999）「準体助詞「の」について」『女子大国文』126: pp.74–89，京都女子大学国文学会．
高宮幸乃（2004）「ヤラ（ウ）による間接疑問文の成立―不定詞疑問を中心に

―」『三重大学日本語学文学』25: pp.110–124.

高山善行（2002）『日本語モダリティの史的研究』ひつじ書房.

高山善行・青木博史編（2010）『ガイドブック日本語文法史』ひつじ書房.

竹内史郎（2004）「ミ語法の構文的意味と形態的側面」『国語学』55–1: pp.83–97，国語学会.

竹内史郎（2007）「節の構造変化による接続助詞の形成」『日本語の構造変化と文法化』青木博史編，p.159–179，ひつじ書房.

竹内史郎（2008）「古代日本語の格助詞ヲの標示域とその変化」『国語と国文学』85–4: pp.50–63，東京大学国語国文学会.

竹内美智子（1977）「助動詞（1）」『岩波講座日本語7 文法Ⅱ』pp.29–112，岩波書店.

田中章夫（2001）「近代語の表現」『近代日本語の文法と表現』pp.581–637，明治書院.

田野村忠温（1990）『現代日本語の文法Ⅰ―「のだ」の意味と用法―』和泉書院.

塚本秀樹（2012）『形態論と統語論の相互作用』ひつじ書房.

土屋信一（2009）『江戸・東京語研究―共通語への道』勉誠出版.

角田太作（1996）「体言締め文」『日本語文法の諸問題』鈴木泰・角田太作編，pp.139–161，ひつじ書房.

角田太作（2011）「人魚構文：日本語学から一般言語学への貢献」『国立国語研究所論集』1: pp.53–75.

坪井美樹（2001、増訂版2007）『日本語活用体系の変遷』笠間書院.

坪本篤朗（1984）「文の中に文を埋めるときコトとノはどこが違うのか」『国文学』29–6: pp.87–92，関西大学国文学会.

鶴橋俊宏（2013）『近世語推量表現の研究』清文堂出版.

寺村秀夫（1984）『日本語のシンタクスと意味Ⅱ』くろしお出版.

寺村秀夫（1992）『寺村秀夫論文集Ⅰ 日本語文法編』くろしお出版.

土井忠生（1938）「近古の語法」『国語と国文学』15–10: pp.60–80，東京大学国語国文学会.

時枝誠記（1941）『国語学原論』岩波書店.

中平詩織（2012）「「感」の文法的性格」『日本語文法学会第13回大会発表予稿集』pp.83–90.

西尾光雄（1977）「準体言の用法」『東京女子大学論集』28–1: pp.1–25.

仁科明（2009）「「対象提示」と「解釈」―源氏物語の連体形終止文―」『源氏物語の言語表現 研究と資料―古代文学論叢第18輯―』pp.109–135，武蔵野書院.

西山國雄（2012）「活用形の形態論、統語論、音韻論、通時」『活用論の前線』三原健一・仁田義雄編，pp.153–189，くろしお出版.

新田哲夫（2010）「石川県白峰方言の複合動詞アクセント」『日本語研究の12章』上野善道監修，pp.413–428，明治書院.

仁田義雄（2000）「認識のモダリティとその周辺」『日本語の文法3 モダリティ』pp.79–159，岩波書店.

野田春美（1997）『「の（だ）」の機能』くろしお出版.

野村剛史（1993a）「上代語のノとガについて（上）（下）」『国語国文』62-2: pp.1-17, 62-3: pp.30-49，京都大学国語学国文学研究室．

野村剛史（1993b）「古代から中世の『の』と『が』」『日本語学』12-10: pp.23-33，明治書院．

野村剛史（1995）「カによる係り結び試論」『国語国文』64-9: pp.1-27，京都大学国語学国文学研究室．

野村剛史（2002）「連体形による係り結びの展開」『シリーズ言語科学5　日本語学と言語教育』上田博人編，pp.11-37，東京大学出版会．

野村剛史（2005）「中古係り結びの変容」『国語と国文学』82-11: pp.36-46，東京大学国語国文学会．

ハイコ・ナロック（2016）「テーマ解説：文法化」『日本語文法史研究3』青木博史ほか編，pp.241-254，ひつじ書房．

橋本修（1990）「補文標識『の』『こと』の分布に関わる意味規則」『国語学』163: pp.101-112，国語学会．

橋本修（1994）「『の』補文の統語的・意味的性質」『文芸言語研究・言語篇』25: pp.153-166，筑波大学文芸・言語学系．

橋本四郎（1962）「ミの形をめぐる問題」『万葉』42: pp.1-15，万葉学会．

長谷川清喜（1969）「す・さす—使役〈古典語〉」『古典語現代語助詞助動詞詳説』松村明ほか編，pp.79-86，学燈社．

早野祐子（1986）「洞門抄物における「ゲナ」「サウナ」について」『福岡教育大学国語国文学会誌』27: pp.10-20．

原口裕（1971）「「ノデ」の定着」『国文研究』4: pp.31-43，静岡女子大学．

原口裕（1973）「江戸語の推量形」『静岡女子大学研究紀要』6: pp.79-89．

原口裕（1978）「連体形準体法の実態」—近世後期資料の場合—『春日和男教授退官記念 語文論叢』pp.431-450，桜楓社．

日野怜（未公刊）「「～たくる」についての考察」京都府立大学2008年度卒業論文．

姫野昌子（1999）『複合動詞の構造と意味用法』ひつじ書房．

百留康晴（2001）「動詞連接から複合動詞へ—「入る」の補助動詞化を中心に—」『文芸研究』152: pp.79-92，日本文芸研究会．

百留康晴（2002）「複合動詞後項「－出す」における意味の歴史的変遷」『文化』66-1・2: pp.17-33，東北大学文学会．

福田嘉一郎（1998）「説明の文法的形式の歴史について—連体ナリとノダ—」『国語国文』67-2: pp.36-52，京都大学国語学国文学研究室．

堀江薫（2015）「日本語の「非終止形述語」文末形式のタイポロジー—他言語との比較を通じて—」『日本語研究とその可能性』益岡隆志編，pp.133-167，開拓社．

前田桂子（1993）「江戸噺本におけるゲナとサウナ—伝聞の例を中心に—」『筑紫語学研究』4: pp.8-20，筑紫国語学談話会．

前田桂子（2002）「ニテアラムからデアロウへ」『語文研究』93: pp.52-66，九州大学国語国文学会．

前田直子（2009）『日本語の複文：条件文と原因・理由文の記述的研究』くろしお出版．

益岡隆志（1997）『複文』くろしお出版．
益岡隆志（2006）「日本語における条件形式の分化―文の意味的階層構造の観点から―」『シリーズ言語対照：外から見る日本語6　条件表現の対照』益岡隆志編，pp.31-46，くろしお出版．
益岡隆志（2013）『日本語構文意味論』くろしお出版．
松浦清美（2000）「形容詞におけるミ語尾の文法性―引用と評価―」『万葉』172：pp.21-33，万葉学会．
松尾拾（1956）「書評　石垣謙二著「助詞の歴史的研究」」『国語学』25：pp.128-137，国語学会．
松尾弘徳（2009）「新方言としてのとりたて詞ゲナの成立―福岡方言における文法変化の一事例―」『語文研究』107：pp.61-77，九州大学国語国文学会．
南芳公（2002）『中古接尾語論考』おうふう．
宮内佐夜香（2003）「江戸後期から明治初期における接続助詞ニ・ノニの消長」『日本語研究』23：pp.105-119，東京都立大学．
三宅知宏（2005）「現代日本語における文法化」『日本語の研究』1-3：pp.61-75，日本語学会．
宮島達夫（1972）『動詞の意味・用法の記述的研究』秀英出版．
宮地朝子（1997）「形式名詞の文法化―名詞句としての特性から見る―」『日本語の構造変化と文法化』青木博史編，pp.1-31，ひつじ書房．
村島祥子（2002）「上代の「－ヲ－ミ」語法について」『国語と国文学』79-2：pp.45-58，東京大学国語国文学会．
村田菜穂子（2005）『形容詞・形容動詞の語彙論的研究』和泉書院．
村山実和子（2014）「動詞「めかす」の成立」『国語語彙史の研究33』pp.129-145，和泉書院．
森勇太（2010）「移動を表さない「－てくる」の成立」『待兼山論叢文学篇』44：pp.1-16，大阪大学大学院文学研究科．
森岡健二（1999）『欧文訓読の研究―欧文脈の形成―』明治書院．
森山卓郎（1988）『日本語動詞述語文の研究』明治書院．
矢毛達之（1999）「中世前期における「文相当句＋ナレバ・ナレド（モ）」形式」『語文研究』88：pp.32-44，九州大学国語国文学会．
矢島正浩（2013）「認識的条件文の成立」『日本語文法学会第14回大会発表予稿集』pp.58-65．
屋名池誠（2004）「平安時代京都方言のアクセント活用」『音声研究』8-2：pp.46-57，日本音声学会．
柳田征司（1977）「原因・理由を表わす「～サニ」の成立と衰退―「史記抄」を資料として―」『近代語研究　第五集』pp.103-127，武蔵野書院．
柳田征司（1993a）「無名詞体言句から準体助詞体言句（「白く咲けるを」から「白く咲いているのを」）への変化」『愛媛大学教育学部紀要第Ⅱ部　人文・社会科学』25-2：pp.11-36．
柳田征司（1993b）「「の」の展開，古代語から近代語への」『日本語学』12-10：pp.15-22，明治書院．
柳田征司（1994）「意志動詞の無意志的用法―あわせて使役表現のいわゆる許

容・放任・随順用法について―」『国語論究 5　中世語の研究』pp.327–361, 明治書院.
山内洋一郎（2003）『活用と活用形の通時的研究』清文堂.
山口明穂（1987）「源氏物語の文法」『国文法講座 4　時代と文法―古代語』pp.128–225, 明治書院.
山口明穂（1989）『国語の論理：古代語から近代語へ』東京大学出版会.
山口堯二（1980）『古代接続法の研究』明治書院.
山口堯二（1996）『日本語接続法史論』和泉書院.
山口堯二（2000）『構文史論考』和泉書院.
山口堯二（2003）『助動詞史を探る』和泉書院.
山口佳紀（1984）「ミ語法の成立」『論集上代文学 13』pp.173–196, 笠間書院.
山田潔（2006）「『玉塵抄』における助動詞「さうな」の用法」『学苑』783: pp.151–164, 昭和女子大学近代文化研究所.
山田潔（2011）「抄物における助動詞「げな」の用法」『近代語研究 第十五集』pp.65–82, 武蔵野書院.
山田昌裕（2010）『格助詞「ガ」の通時的研究』ひつじ書房.
山田元凖（1944）「『山を高み』『山高み』攷」『国語国文』14-2: pp.1–16, 京都大学国語学国文学研究室.
山田孝雄（1908）『日本文法論』宝文館.
山村祐樹（2013）「形式名詞「よう（だ）」の歴史的変遷―統語構造の観点から―」『京都教育大学国文学会誌』39: pp.52–66.
山本佐和子（2012）「モダリティ形式「ラシイ」の成立」『日本語文法史研究 1』高山善行ほか編, pp.165–188, ひつじ書房.
湯沢幸吉郎（1929）『室町時代言語の研究』大岡山書店.
湯沢幸吉郎（1936）『徳川時代言語の研究』刀江書院.
湯沢幸吉郎（1957）『増訂 江戸言葉の研究』明治書院.
吉川泰雄（1950）「形式名詞「の」の成立」『日本文学教室』3: pp.29–38, 蒼明社.
吉沢典男（1952）「複合動詞について」『日本文学論究』10: pp.32–42, 國學院大學国語国文学会.
吉田茂晃（2001）「文末用言の活用形について」『山辺道』45: pp.1–16, 天理大学.
吉田茂晃（2005）「"結び" の活用形について」『国語と国文学』82-11: pp.47–57, 東京大学国語国文学会.
吉田永弘（2000）「ホドニ小史―原因理由を表す用法の成立―」『国語学』51-3: pp.74–84, 国語学会.
レー・バン・クー（1988）『「の」による文埋め込みの構造と表現の機能』くろしお出版.
Hopper, Paul J. & Traugott Elizabeth Closs. (1993) *Grammaticalization*. Cambridge: Cambridge University Press.（日野資成（2003）『文法化』九州大学出版会.）
Horie, Kaoru (1999) "From Core to Periphery: A Study on the Directionality

of Syntactic Change in Modern Japanese." *Cognition and Function in Language*: pp.1–14. Stanford: CSLI.

Tomohide Kinuhata, Miho Iwata, Tadashi Eguchi, and Satoshi Kinsui (2009) Genesis of 'Exemplification' in Japanese. *Japanese/Korean Linguistics* 16: pp.87–101.

Traugott Elizabeth Closs. (1995) Subjectification in grammaticalization. In Dieter Stein and Susan Wright (eds.) *Subjectivity and Subjectivization*: pp.31–54. Cambridge: Cambridge University Press.

使用テキスト

使用したテキストは次のとおりである。ただし引用にあたっては、漢字表記や句読点、濁点など、私意に改めた箇所がある。

○古事記・日本書紀・日本霊異記・仏足石歌・竹取物語・伊勢物語・大和物語・古今和歌集・後撰和歌集・宇津保物語・落窪物語・更級日記・枕草子・紫式部日記・和泉式部日記・栄花物語・夜の寝覚・浜松中納言物語・大鏡・今昔物語集・毎月抄・愚管抄・宇治拾遺物語・沙石集・徒然草・方丈記・義経記・太平記・猿源氏草紙・堀川波鼓・丹波与作待夜の小室節・冥途の飛脚・博多小女郎波枕・用明天王職人鑑・国性爺合戦・夏祭浪花鑑・仮名手本忠臣蔵・源平布引滝・新版歌祭文・幼稚子敵討・軽口御前男・遊子方言・傾城買四十八手・浮世風呂・春色梅児誉美・春色辰巳園・東海道中膝栗毛……日本古典文学大系（岩波書店）
○万葉集・続日本紀・土佐日記・蜻蛉日記・古本説話集・平家物語（覚一本）・海道記・東関紀行・狂言記・古今夷曲集……新日本古典文学大系（岩波書店）
○源氏物語・狭衣物語・心中重井筒……新編日本古典文学全集（小学館）
○玉台新詠・文選……新釈漢文大系（明治書院）
○東大寺風誦文稿……中田祝夫『東大寺諷誦文稿の国語学的研究』（風間書房）
○金光明最勝王経古点……春日政治『金光明最勝王経古点の国語学的研究』（勉誠社）
○新撰字鏡……京都大学文学部国語学国文学研究室編『新撰字鏡 増訂版』（臨川書店）
○類聚名義抄……正宗敦夫『類聚名義抄』（風間書房）
○名語記……田山方南校閲・北野克写『名語記』（勉誠社）
○六代勝事記……中世の文学（三弥井書店）
○撰集抄・本朝廿四孝・誹風柳多留・当世手打笑・花暦八笑人……岩波文庫
○教訓抄・浮世床……日本古典全書
○有明の別・好忠集……古典文庫
○三宝絵詞・雑兵物語……勉誠社文庫
○平家物語（百二十句本）……慶応義塾大学付属研究所斬道文庫編『百二十句本平家物語』（汲古書院）
○史記抄・毛詩抄・蒙求抄・四河入海……抄物資料集成（清文堂）
○山谷抄・杜詩続翠抄・漢書抄……続抄物資料集成（清文堂）
○玉塵抄（叡山本）・詩学大成抄……新抄物資料集成（清文堂）
○応永本論語抄・中華若木詩抄・玉塵抄（国会本）……抄物大系（勉誠社）

- 碧厳雷沢抄……金田弘『洞門抄物と国語研究』（桜楓社）
- 高国代抄……禅門抄物叢刊（汲古書院）
- 天草版平家物語……江口正弘『天草版平家物語対照本文及び総索引』（明治書院）
- エソポのハブラス……大塚光信・来田隆『エソポのハブラス本文と総索引』（清文堂）
- 邦訳日葡辞書……土井忠生・森田武・長南実編訳『邦訳日葡辞書』（岩波書店）
- ロドリゲス日本大文典……土井忠生訳『ロドリゲス日本大文典』（三省堂）
- 虎明本狂言……北原保雄・池田廣司『大蔵虎明本狂言集の研究』（表現社）
- 天理本狂言……北原保雄・小林賢次『狂言六義全注』（勉誠社）
- 無量義経古点・地蔵十輪経元慶点……古点本資料叢刊（勉誠社）
- 慶長見聞集……江戸叢書（名著刊行会）
- 佛母摩耶山開帳・けいせいぐぜいの舟・本領曾我・孕常盤・薩摩歌・艶狩剣本地・日本振袖始……近松全集（岩波書店）
- 諸鞍奥州黒・男伊達初買曽我……歌舞伎台帳集成（勉誠出版）
- 竹斎はなし・鹿野武左衛門口伝はなし・露休置土産・年忘噺角力・笑の友・落咄熟志柿……噺本大系（東京堂出版）
- 南遊記・粋町甲閨・楠下埜夢……洒落本大成（中央公論社）
- 通俗南北朝梁武帝軍談……対訳中国歴史小説選集（ゆまに書房）
- いろは文庫……有朋堂文庫
- 七偏人……講談社文庫
- 好色伝授……坂梨隆三ほか編『好色伝授 本文・総索引・研究』（笠間書院）
- 春色恋の染分解……浅川哲也『春色恋廼染分解翻刻と総索引』（おうふう）
- 艶道通鑑……江戸時代女性文庫（大空社）
- 船打込間白浪……黙阿弥全集（春陽堂）
- 花暦封じ文……人情本集（人情本刊行会）
- あゆひ抄……中田祝夫・竹岡正夫『あゆひ抄新注』（風間書房）
- 浮雲・金色夜叉・雁・阿部一族・骨董……CD-ROM版 新潮文庫明治の文豪
- 破戒・或る女・生まれ出づる悩み……CD-ROM版 新潮文庫大正の文豪
- 星座・友情・孤高の人・山本五十六・罪と罰……CD-ROM版 新潮文庫の100冊
- 蒲団・土・風流仏・ひかりの素足・碁石を呑んだ八っちゃん・斜陽……青空文庫 http://www.aozora.gr.jp/

あとがき

　本書と既発表論文の関係は、以下の通りである。収載にあたっては、若干の改訂を加えるにとどめた。

第1章：名詞の機能語化―形式名詞を中心に―（『日本語学』29-11、明治書院、pp.40–47、2010年9月）

第2章：近代語における述部の構造変化と文法化（『日本語の構造変化と文法化』、青木博史編、ひつじ書房、pp.205–219、2007年7月）

第3章：語から句への拡張と収縮（『日英対照・文法と語彙への統合的アプローチ―生成文法・認知言語学と日本語学―』、藤田耕司・西村義樹編、開拓社、pp.408–422、2016年5月）

第4章：日本語における文法化と主観化（『ひつじ意味論講座 第5巻 主観性と主体性』、澤田治美編、ひつじ書房、pp.111–126、2011年6月）

第5章：複文における名詞節の歴史（『日本語の研究』1-3、日本語学会、pp.47–60、2005年7月）

第6章：述部における名詞節の構造と変化（『日本語文法の歴史と変化』、青木博史編、くろしお出版、pp.175–194、2011年11月）

第7章：接続助詞「のに」の成立をめぐって（『日本語文法史研究2』、青木博史・小柳智一・高山善行編、ひつじ書房、pp.83–107、2014年10月）

第8章：青木（2015）に基づき書き下ろし

第9章：終止形・連体形の合流について（『日英語の文法化と構文化』、秋元実治・青木博史・前田満編、ひつじ書房、pp.271–298、2015年11月）

第10章：コトの機能（『筑紫語学論叢』、迫野虔徳編、風間書房、

pp.236–255、2001 年 4 月）
第 11 章：原因主語他動文の歴史（『筑紫語学論叢 II』、筑紫国語学談話会編、風間書房、pp.274–293、2006 年 5 月）
第 12 章：ミ語法の構文的性格（『日本語文法』4–2、日本語文法学会、pp.38–49、2004 年 9 月）
第 13 章：青木（2013b、2013c）に基づき書き下ろし
第 14 章：クル型複合動詞の史的展開―歴史的観点から見た統語的複合動詞―（『日本語文法史研究 1』、高山善行・青木博史・福田嘉一郎編、ひつじ書房、pp.189–210、2012 年 12 月）

　本書の出版にあたっては、いつもながら、ひつじ書房に大変お世話になった。初めての出版となった『日本語の構造変化と文法化』（編著、2007 年）を端緒とし、それ以後も『ガイドブック日本語文法史』（編著、2010 年）、『語形成から見た日本語文法史』（2010 年）、『日本語文法史研究 1、2』（編著、2012 年、2014 年）、『日英語の文法化と構文化』（編著、2015 年）と、自身の研究史を振り返るとき、ひつじ書房とのご縁は切っても切れないものである。あらためて、心より感謝申し上げたい。

　本書に収めた論文の出典は最も古いもので 2001 年と、15 年以上前のものも含まれる。本書全体で統一を図るために手を加えた箇所もあるが、基本的な考え方は変わっていないため、大きな変更は行なっていない。自らの成長の乏しさを感じるが、究極の目的は不変でよいのだとも思う。10 年前の 2007 年の編著の「はしがき」に記したこととほぼ同じ内容を、本書でも繰り返し述べている。

　日本語の歴史的研究は深化しているのだろうか。ただ先学の業績を利用して、解釈を弄んでいるだけではないのだろうか。絶えず私の頭の中を巡るこうした問いに対して、私にできることはこのような形で成果を示すことしかないように思う。大方のご批正をお願いしたい。

2016 年 8 月

青木博史

索　引

い

石垣法則　65, 78, 171, 176, 179
一方向性　47, 60
イディオム化　205-207, 220
意味役割　168, 187, 193, 195, 196, 198, 203

か

解説　144, 145, 148-150, 154, 162
外接モダリティ形式　24, 134
係助詞　156, 213, 214, 220
係り結び　158, 213, 214, 220
係り結び文　155-158, 160
書きことば　42, 44, 143, 162
格　111-113, 122, 139, 152, 164, 165, 228
格助詞　9, 13, 105, 106, 108, 109, 112, 114, 118, 120, 122, 128, 131, 151, 199
拡張　22, 32-36, 39-41, 43-45, 76, 109, 123, 149, 192, 222
仮定　125, 136-139
可能　51-53, 60, 61
「が／の」交替　8, 14, 16, 90, 153, 162
関係節タイプ　74-76, 79, 109, 123
感情形容詞　200, 201, 203-205, 207, 210
喚体　99, 147, 148, 150, 155, 157, 161
感動　143, 144, 146-148, 150, 154, 160, 162

き

擬人法　184, 198, 204
機能語　7, 8, 11, 12, 14, 15, 26, 27, 53, 56, 60, 132
希望　147
競合　158, 161

く

句の包摂　10, 12, 22, 29, 31-34, 37, 40, 42, 44, 45

け

繋辞　81-84, 86-95, 98, 100, 110-112, 115, 116, 122, 124, 127, 131, 148, 152, 154
形式名詞　7, 8, 11, 12, 14, 16, 22, 24, 26, 27, 56, 60, 77, 95, 100, 111, 123, 126, 127, 140, 147
形態的緊密性　44, 213, 216
形容詞語幹　12, 18, 21, 24, 29, 199
「げな」　17-24, 37, 53-60
「げなり」　17, 18, 21, 54
原因　177, 178, 182, 185-188, 191, 195, 197
原因・理由　9, 152, 199, 201, 204, 208

こ

語彙化　218, 220, 223, 224, 238, 244
語彙的　31, 43, 48, 50, 60, 217, 218, 220, 221-225, 230, 237, 241-243
語彙的意味　107, 215, 221, 224
項　13, 65, 76, 79, 205
口語　46, 234
後項　50, 211, 214, 215, 227, 233, 236, 242

項構造　221, 224, 228, 243
口頭語　239
構文的意味　98, 123, 131, 132, 135, 140
〈コト〉　63, 66, 73, 74, 76, 77, 81, 123, 174, 176
《コト》　187, 188, 194–196
「こと」　15, 63, 68, 71, 77, 126, 147, 163, 166, 176
コピュラ　7, 11, 14, 24–27, 60, 101, 132, 134–137, 140, 153

さ

再分析　37, 38, 40, 91, 92, 97, 98, 112, 127, 128, 134, 150, 151, 153, 154

し

事情推量　96, 98, 100, 117, 134, 135, 138, 139
自然現象　187–190, 193, 194, 198, 243
実情仮定　138, 139
終止形終止文　82
収縮　41–44
終助詞　84, 86, 124
主格　9, 108, 156, 209
主観化　23, 26, 47, 48, 51, 53, 56, 57, 59–61
主観性　19, 20, 23, 55, 210
縮小　218, 219, 222, 224
主節　8, 10, 13, 38, 91, 97, 98
述体　147, 148, 150, 154, 156, 157, 160
準体句　16, 38, 40, 63, 64, 73, 76, 77, 79, 81, 96, 106, 110, 111, 116, 123, 126, 127, 130–132, 135, 136, 140, 146, 148–150, 153, 154, 156, 160, 170–172, 175, 176, 179
準体助詞　103, 104, 109, 110, 115, 118, 121, 123, 125, 126, 130
準体節　9, 10, 13
証拠的　57
状態性　66, 171–174, 179
抄物資料　29, 84, 87, 88, 92, 93, 235

助動詞　7, 8, 12, 14, 26–28, 37, 39, 42, 43, 53, 54, 56, 60, 90, 92, 97, 101, 111, 112, 122, 124, 127, 139, 153, 154, 162

す

推量　17, 19, 23, 24, 53, 56, 57, 60, 82, 84, 87–90, 96–100, 116, 117, 119, 120, 124, 133, 135, 138–140, 155, 156, 162

せ

接辞　11, 12, 18, 26, 29, 31, 35, 38, 39, 43, 45, 46, 54, 124
接続詞　86, 87, 136
接続助詞　7, 9, 12, 13, 104–106, 108, 113, 118–120, 122–124, 128, 129, 131, 135, 136, 139, 151, 154
接頭辞　33–36, 41
節の語化　12
接尾辞　20, 26, 32, 36, 37, 39, 56
説明　115, 127, 149, 150
前項　50, 60, 211, 215, 217, 228, 242

そ

属性形容詞　200, 201, 204, 205, 207

た

対格　108, 200, 201, 207
体言締め文　14, 154
対象　68, 69, 166, 168–171, 177, 178, 206
対象語　40, 202, 203, 205, 207, 208, 210
代名詞　74, 77, 79, 109, 126
脱範疇化　8–10, 12, 16, 41, 111, 112, 115, 118, 126, 127, 129–131, 134, 151, 155, 162, 242
他動性　178, 181

ち

抽象化　49, 50, 60, 75, 76, 221, 224, 236,

242
直訳 191, 192

て

丁寧形 28, 101
テ形 218, 221, 224, 243
伝聞 17, 24, 25, 37, 45, 53, 56–58, 60

と

統語的 48, 51, 53, 60, 215–217, 220–226, 231, 240–243
動作主 60, 177, 178, 182, 185, 191, 193, 195, 196, 198
とりたて助詞 58, 60

に

人魚構文 14, 16, 154

の

「の」 13, 63, 74–77, 79, 83, 94, 100, 103, 109–112, 115, 116, 118, 119, 121, 122, 125–127, 129, 130, 135, 138, 139, 148, 149, 153
「のだ」文 90, 92, 115, 148–150, 153

は

話しことば 162, 197
判断 20, 22, 23, 25, 26, 37, 56, 134, 137, 138

ひ

非情物 192–195, 207, 231
非対格自動詞 166, 169, 170, 174
非対格性 78, 166, 171, 172, 174
非対格性の仮説 172
否定的特立 58
否定的評価 60

〈ヒト〉 64, 73, 74, 123
《ヒト》 184, 194–196
漂白化 47

ふ

複合語アクセント 46, 211, 214
副詞節 9, 12, 13, 104, 192, 197
不十分終止 159, 162
文法化 7, 14, 15, 23, 27, 29, 44, 47, 48, 53, 56, 60, 61, 75, 77, 131, 132, 139, 155, 219, 221, 223, 224, 236, 242
文末名詞 14, 100
文末名詞文 14, 154

ほ

方言 13, 17, 42, 51–53, 58, 79, 214, 232, 236, 239
補助的動詞 214, 215, 221, 222, 243

む

無生物 182–184, 198, 204

め

名詞述語文 8, 14, 16, 56, 81, 83, 91, 95, 98, 147, 153
名詞性 13, 14, 76, 80, 100, 110, 115, 122, 123, 130, 131, 139, 140, 152, 154, 160
名詞節 9, 10, 13, 63, 70, 73, 77, 81, 83, 86, 89–94, 97–100, 104, 105
名詞節タイプ 74–76, 79, 109, 123

も

モダリティ 20, 23–25, 28, 82, 134
モダリティ形式 18, 19, 23–29, 37–39, 54, 55
〈モノ〉 73–77, 123
《モノ》 184, 187, 190, 195
「もの」 15, 95, 126, 140

索引 267

よ

「ようだ」 11, 25, 29, 91, 97, 112, 117, 153
様態 23, 25, 26, 27, 29, 37, 42, 45, 56

れ

連続性 44, 48, 112, 113, 223, 243
連体形 12, 19, 22, 28, 38, 73, 91, 97, 106, 141, 146, 156, 160
連体形終止文 10, 16, 81, 82, 143, 150, 160
連体節 8, 10, 11, 13, 91, 92, 97, 154
「連体なり」文 81, 83, 90, 92, 149, 150, 153–155, 160, 161
連濁 216, 244
連用形 12, 18, 19, 21, 22, 24, 29, 55, 217–219, 221, 224

青木博史（あおき　ひろふみ）

略歴
1970年生まれ。福岡市出身。九州大学大学院博士課程修了。博士（文学）。京都府立大学講師・助教授・准教授を経て、現在、九州大学准教授、国立国語研究所客員教授。

主な著書
『日本語の構造変化と文法化』（ひつじ書房、2007、編著）、『ガイドブック日本語文法史』（ひつじ書房、2010、共編著）、『語形成から見た日本語文法史』（ひつじ書房、2010）、『日本語文法の歴史と変化』（くろしお出版、2011、編著）、『日本語文法史研究1、2、3』（ひつじ書房、2012、2014、2016、共編著）、『日英語の文法化と構文化』（ひつじ書房、2015、共編著）など。

ひつじ研究叢書〈言語編〉第145巻
日本語歴史統語論序説
An Introduction to Historical Syntax in Japanese
Aoki Hirofumi

発行	2016年11月11日　初版1刷
定価	7200円＋税
著者	© 青木博史
発行者	松本功
ブックデザイン	白井敬尚形成事務所
印刷・製本所	亜細亜印刷株式会社
発行所	株式会社 ひつじ書房

〒112-0011　東京都文京区千石2-1-2　大和ビル2階
Tel: 03-5319-4916　Fax: 03-5319-4917
郵便振替 00120-8-142852
toiawase@hituzi.co.jp　http://www.hituzi.co.jp/

ISBN978-4-89476-834-5

造本には充分注意しておりますが、落丁・乱丁などがございましたら、小社かお買上げ書店にておとりかえいたします。
ご意見、ご感想など、小社までお寄せ下されば幸いです。

刊行のご案内

〈ひつじ研究叢書（言語編）　第 55 巻〉
日本語の構造変化と文法化
青木博史 編　定価 6,800 円＋税

〈ひつじ研究叢書（言語編）　第 90 巻〉
語形成から見た日本語文法史
青木博史 著　定価 8,200 円＋税

〈ひつじ研究叢書（言語編）　第 132 巻〉
日英語の文法化と構文化
秋元実治・青木博史・前田満 編　定価 7,200 円＋税

ガイドブック日本語文法史
高山善行・青木博史 編　定価 1,900 円＋税